로컬 브랜드 리뷰 2023

# CONTENTS

### 들어가며

**04** 로컬이 '강한' 도시와 동네를 탐하다

### PART 1 로컬이 강한 도시와 동네

| | | |
|---|---|---|
| 10 | 1 | 서울 마포구 | 서교동, 망원동 |
| 32 | 2 | 서울 서대문구 | 연희동 |
| 46 | 3 | 서울 성동구 | 성수동 |
| 60 | 4 | 부산 부산진구 | 전포동 |
| 72 | 5 | 부산 영도구 | 봉래동 |
| 84 | 6 | 대구 중구 (동성로) |
| 90 | 7 | 강원 강릉시 |
| 98 | 8 | 경기 수원시 | 행궁동 |
| 110 | 9 | 경북 경주시 | 황남동 (황리단길) |
| 124 | 10 | 전북 전주시 | 풍남동 (한옥마을) |
| 138 | 11 | 제주도 | 제주시 삼도 2동 (탑동) |
| 152 | 12 | 광주 남구 양림동 |
| 160 | 13 | 충남 홍성군 홍동면 (홍동마을) |

## PART 2 뉴 로컬브랜드 리뷰

**170**   2023년 주목할 만한 로컬브랜드

## 나아가며

**222**   로컬의 미션

## 부록

**226**   로컬 브랜드, 로컬 브랜드 상권이란?
**230**   포틀랜드스쿨 로컬 콘텐츠 창업 교육 과정: BLC
**234**   Naver Agenda Research
**236**   감사의 말

― 들어가며 ―

## 바야흐로 로컬 전성시대
# 로컬이 '강한' 도시와 동네를 탐探하다

세상 변화를 실감한다. 옛말에 '말은 제주로 보내고, 사람은 한양으로 보내라'고 했지만, 요즘은
그도 아닌 듯하다. 지역을 떠났던 지역 인재들이 다시금 고향을 찾아 창업에 나서고 있다.
전국 이곳저곳, 그리고 중앙정부까지 로컬 창업을 강조하는 목소리가 들린다. 각 지역 정체성을
살린, 로컬 전성시대가 도래했다고 단언하기에 부족함이 없는 흐름이다.
로컬의 현재와 미래를 점검하기 전에 먼저 개념을 정리할 필요가 있다. 로컬은 일상적으로
더 큰 공동체와 대비되는 개념으로 사용된다. 기준점이 글로벌이라면, 국가를 포함한
글로벌보다 작은 모든 공동체가 로컬이 된다. 글로벌 관점에선 한국도 로컬이다.
기준이 내셔널이라면 국가보다 낮은 단위인 지역, 지방, 동네가 로컬이다. 로컬을 어떻게
정의하든 문화경제 시대에 중요한 것은, 로컬의 문화적 가치다. 지역이 독립적인 문화를 창출할
수 있어야 로컬로서 의미가 있다. 로컬의 정의도 독립적인 문화를 창출하는 최소 생활권 단위로
정의하는 것이 맞다.
각 지역 정체성을 담은 문화 창출에 이토록 목을 매는 이유는 무엇일까. 미래학자들은
오래전부터 기계가 인간을 대체하면 사람이 크리에이터가 되어야 한다고 주장했다. 문화적
창조가 인간만이 할 수 있는 활동이라고 믿었기 때문이다. 그런데 문화 가치 창출이 개인에게만
한정되는 기술일까? 국가와 국가, 동네와 동네, 로컬과 로컬이 경쟁하는 문화경제 시대에는
로컬도 문화를 창출해야 생존할 수 있다. 문화 창출 능력 관점에서 볼 때 로컬이 강한 나라,
즉 문화적 가치를 담은 로컬이 많은 나라가 현재 우리가 지향해야 하는 국가 모델이다.

우리나라에서도 이러한 흐름은 수년 전부터 감지되고 있다. 로컬 특색이 도드라지고, 사람들이 모이는 곳을 중심으로 로컬 문화가 태동하기 시작해, 이제는 다양한 지역에서 로컬 시대가 도래했다. 로컬의 가치는 '모든 지역은 다른 지역과 구분되는 특색과 개성을 지니고 있다'는 전제에서 시작된다. 그러나 그렇다고 해서 모두 산업 자원으로서 가치를 가진 로컬로 성장하는 것은 아니다. 다른 나라들과 마찬가지로 국내에서도 지역마다 로컬 산업화 수준이 다르다. 지역 문화가 생활 문화를 넘어 산업 문화로 구현되는 지역이 로컬 산업화에 성공한 곳이다. 로컬 산업 문화가 강한 지역은 지역 자원을 활용해 새로운 가치를 창출하는 로컬 크리에이터와 로컬 브랜드를 쉽게 찾을 수 있다.

<로컬 브랜드 리뷰 2023>은 서울 마포구·서대문구·성동구, 부산 부산진구·영도구, 대구 중구, 강원 강릉시, 경기 수원시, 경북 경주시, 전북 전주시, 제주도, 광주 남구, 충남 홍성군 등 로컬 크리에이터 활동이 활발한 13개 지역을 선정해 그 지역의 로컬 역사와 현황을 소개한다.

이 책을 준비하면서 항상 머릿속에 같은 질문이 맴돌았다. 왜 이 지역일까? 로컬의 특성이 강한 지역에는 공통적으로 네 가지 자산이 존재한다.

**첫째, 중심지 문화다.** 대한민국 중심지는 서울이지만, 지역마다 그 지역의 행정과 문화 중심지 역할을 하는 소(小)중심지를 찾을 수 있다. 경기 수원시, 전북 전주시, 경북 경주시, 강원도 강릉시 등은 지역 행정 중심지로서 오랫동안 지역의 문화 자원을 집결해 새로운 문화를 창출하는 능력을 키워왔다. 제주도와 충남 홍성군은 행정과 무관하게 각자의 강점을 내세워 중심지 역할을 한다. 제주도가 천혜의 자연환경을 바탕으로 한 '자연주의' 중심지라면 홍성군은 유기농과 협동조합 운동의 중심지다.

**둘째, 청년 인구 밀집 여부다.** 로컬에서 감성을 찾고 콘텐츠를 생산하는 문화는 기본적으로 MZ 세대다. 현재 40대인 X 세대가 2000년대 중반 골목 상권 중심으로 로컬 문화를 개척했다면, 현재 로컬 현상을 견인하는 것은 MZ 세대다. 따라서 MZ 세대를 배후 인구로 보유하지 않은 지역과 상권이 로컬 문화를 만드는 것은 구조적으로 쉽지 않은 일이다. 서울 마포구·서대문구·성동구가 로컬 문화 중심지로 자리 잡은 배경에는 그 지역 1인 가구와 대학이 있다. 대학가가 유리한 이유는 대학 문화 때문만이 아니다. 대학가 주변에 형성된 원룸, 1인 가구 지역이 대학촌 로컬을 강하게 만들기 때문이다. 서울시 관악구·은평구 같이 대학촌을 보유하지 않아도 대학과 직장 지역에 대한 접근성이 좋은 지역이 많은 1인 가구를 유치한다.

**셋째, 원도심 형태 건축 환경이다.** 로컬은 시각적 화려함과는 거리가 멀다. 은은한 멋과 정취가 흐르는 '옛 색'이 짙은 곳이 가치를 인정받는다. 로컬이 강한 지역과 동네는 거의 예외 없이 원도심이다. 다양한 연대에 건축된 건물과 걷기 좋은 길로 연결된 저층 주거지, 저층 상업 환경을 갖추고 있다. 중로(4차선 이하)와 배후 골목길로 연결된 격자형 지역이 걷기 좋고 장사하기 좋은 가로를 보유하고, 상권 확산을 촉진한다. 서울 마포구·성동구 상권이 현재 규모로 확장한 데는 이런 건축 환경이 크게 기여했다. 오래된 건물이 많은 지역은 로컬 문화형성에 유리하다. 현재 전국 골목 상권은 한옥, 적산 가옥, 1970년대 단독주택 등 '세월 깃든' 건축물이 풍부한 지역이다. 건축 연대가 다양한 건물이 만드는 문화 콘텐츠가 골목 상권의 큰 자산이다. 오래된 건축물은 청년, 중산층, 예술가를 유인한다.

**마지막 요인은 로컬 크리에이터의 존재다.** 아무리 환경이 우수해도 이를 활용해 로컬 브랜드를 창업할 사람이 없으면 로컬 문화로 연결되지 않는다. 각 지역 로컬 크리에이터는 현지에서 태어나 자란 '찐' 지역인도 있고 다른 지역에서 이주한 이들도 있다. 2010년대 초반, 전국 여러 지역에서 자신이 좋아하는 동네에서 재미있게 살고 싶다는 로컬 크리에이터가 등장하기 시작했다. 이 책에서 소개하는 지역 역시 2010년대 1세대 로컬 크리에이터가 개척한 로컬 상권이 많은 곳이다.

결론부터 말하자면, 제아무리 천혜의 자연과 역사적 자원이 있어도 결국 '사람'이다. 로컬 가치 발굴은 결국 로컬 크리에이터의 몫이다. 물리적 환경이 열악해도 그 지역에서 뿌리를 내리고 가지를 치는 로컬 크리에이터가 진입하면 물리적 한계를 극복할 수 있다. 정부와 지자체가 로컬 크리에이터 산업과 상권을 육성하기에 앞서 충분한 인력 자원을 발굴하고 육성해나가는 일이 무엇보다 중요한 이유가 여기에 있다. 그렇다고 해서 당장 로컬 크리에이터를 양성하기 위해 학교라도 세울 생각을 한다면, '노땡큐'. 로컬에서 미래를 개척하는 청년들이 모이는 커뮤니티면 충분하다. 요즘 MZ 세대는 개인과 커뮤니티 학습 능력이 뛰어나다. 한곳에 모아주면 알아서 서로 돕고 교육한다. 기관이 현장에 필요한 교육과 훈련 교재를 개발해 보급하면, 각 지역 청년 커뮤니티가 자체적으로 로컬에 필요한 로컬 크리에이터를 배출할 것이다. 한마디로 '판'만 깔아주면 '놀' 청년들은 여기저기서 모여든다는 뜻이다.

우리가 사랑하는 로컬은 언제까지 지속될 것인가. 로컬이 오래도록 가치를 이어가기 위해서는 사회적 지속 가능성과 경제적 지속 가능성을 살펴봐야 한다. 로컬의 사회적 지속 가능성은 지역사회의 연대에 달렸다. 지역사회를 설득하려면 로컬 크리에이터가 먼저 나서서 그 지역의 가치와 미래에 대한 비전을 제시해야 한다. 아무리 좋은 아이디어가 번쩍대더라도 지역사회와의 연대와 투자가 없다면 빛을 보지 못하고 사그라들 수 있다.

경제적 지속 가능성도 중요하다. 한마디로 '뭉치면 살고 흩어지면 죽을 수도(?) 있다'라는 의미다. 로컬 크리에이터 커뮤니티와 산업을 지속 하려면 개인의 역량과 노력만으로는 부족하다. 로컬 크리에이터를 지속적으로 배출하는 생태계가 필요하다. 로컬 스쿨, 로컬 생산 단지(로컬 제조 기반일 경우), 로컬 콘텐츠 타운(로컬 콘텐츠를 한곳에 모은 앵커 상업 시설), 로컬 브랜드 상권(로컬 브랜드 중심 상권)으로 구성된 로컬 브랜드 생태계, 이것이 로컬이 강한 지역과 동네가 궁극적으로 추구해야 할 목표다.

로컬의 사회적 지속 가능성, 경제적 지속 가능성이 약속하는 미래는 한마디로 창조 도시다. 많은 지역이 다양한 용어로 포장하지만, 결국 모두가 향해 가는 목표는 같다. 창조 도시는 지역의 힘으로 지역에 필요한 인재가 모이고 일자리가 창출되며 그것이 문화가 되는 도시를 의미한다.

**로컬이 강한 지역의 4가지 자산**

- 로컬 크리에이터 존재
- 중심지 문화
- 원도심 형태 건축 환경
- 청년인구 밀집 여부

# PART 1

## 로컬이 강한 도시와 동네

### 그 지역만의 스토리로 무장하다

### '로컬 파워'를 보여주는 도시 그리고 동네

'대한민국은 어디를 가도 비슷하다'라는 말은 이제 통하지 않는다. 부지런히 돌아다니지 않은 이들의 게으른 푸념일 뿐. '로컬' 문화가 주요 산업으로 떠오르며, 구석구석 개성 넘치는 콘텐츠가 생겨나기 시작했다. 대한민국 로컬의 힘을 보여주는 도시와 동네, 그리고 그들이 담은 이야기를 전한다.

<로컬 브랜드 리뷰 2023>에서는 인구, 인구밀도, 저층 주택 비중, 1인 가구 비중, 네이버의 스마트스토어 소상공인 비중 등 다섯 가지 기준으로 데이터를 수집했습니다. 대체적으로 로컬특성이 강한 도시와 동네의 저층 주택 비중, 1인 가구 비중이 전국 평균보다 높다는 점을 알 수 있습니다. 네이버 스마트스토어 소상공인 비중에서는 로컬브랜드가 강한 지역일수록 소상공인 스마트스토어 비중이 높다는 것을 확인할 수 있습니다.

### 전국
① 인구(명)[1] 51,450,829
② 인구밀도[2](명/km²) 15,468
③ 저층 주택 비중[3](%) 36.5
④ 1인가구비중[4](%) 31.7
⑤ 스마트스토어 소상공인 비중[5](%) 63.5

① 인구: 구 단위 조사는 KOSIS 2021 참조, 동 단위 조사는 KOSIS의 최신 통계 참조
② 인구밀도: 구 단위 조사는 KOSIS 2021 참조, 동 단위 조사는 KOSIS의 최신 통계 참조
③ 저층 주택 비중: KOSIS의 최신 통계 참조
④ 1인 가구 비중: KOSIS 2020 참조
⑤ 스마트스토어 소상공인 비중: 지역별 총 스마트스토어 사업자 수 대비 소상공인 스마트스토어 사업자 수로 계산했으며, 소상공인의 기준은 국세청 기준 영세, 중소1, 중소 2, 중소3 등급에 해당되는 사업자입니다.

PART 1: 로컬이 강한 도시와 동네

## 서울 마포구

# 직주職住, 거기에 락樂이 더해지다

마포구는 서울을 근거지로 하는 MZ 세대의 직장이자, 주거지 그리고 놀이터다. '직주락(職住樂)'을 모두 갖추고 있는 대표 지역으로도 꼽힌다. 서교동, 망원동, 연남동으로 이어지는 로컬 문화는 다른 도시 문화에도 영향을 끼치며 성장해나가고 있다.

서울 마포구
① 인구(명) 368,905
② 인구밀도(명/km²) 15,468
③ 저층 주택 비중(%) 42.5
④ 1인 가구 비중(%) 39.3
⑤ 스마트스토어 소상공인 비중(%) 75

서울 마포구 | 서교동, 망원동

로컬 브랜드 기준으로 마포구를 넘어서는 지역을 찾기란 쉽지 않은 일이다. 'LBR 2023' 조사에서 81개 마포구 로컬 브랜드를 발굴했는데, 이번 조사 포함된 지역 중 가장 많은 수다. 로컬 브랜드 업종도 다양하다. 디자인, 소품, 콘텐츠, 서점, 커피, 베이커리, 스테이, 복합 문화 공간, 패션, 마켓 등 로컬 브랜드 전 영역을 망라한다. 마포구는 사람이 모이는 곳이다. 최근 10년 동안 마포구 전체 등록 세대수는 지속적으로 늘었으나, 전체 등록 인구는 오히려 감소해왔다. 최근 1인 가구가 많이 늘어나 전체 세대수가 증가했고, 1인 가구인 청년들이 다양한 이유에서 마포구에 자리 잡은 것으로 예측해볼 수 있다. 실제로 서울연구원 통계에 따르면 서울시 내 청년층 1인 가구 수 상위 10개 동 중 마포구 서교동이 강북에서 유일하게 순위에 들었다. 큰 기업체가 모여 있는 강남구, 산업 단지가 밀집한 구로구, 대학생과 공무원 시험 준비생이 많이 모여 있는 관악구는 눈에 띄는 이유가 있다. 그러나 마포구는 '왜?'라는 물음표가 떠오른다. 청년들은 어떠한 이유에서 마포구에 정착하게 되었을까.

마포구 통계에 의하면 마포구 주민들의 거주 이유 중 '학교 혹은 회사가 가깝다'는 응답이 전체의 약 25%로 가장 높았다. 이 지역 인구의 1/4은 직장이 거주지와 가깝고, 일자리를 구하기 쉬워서 마포구를 선택했다는 의미다. 지하철과 도로 접근성, 그리고 편리한 버스 노선이 영향을 미쳤을 것이다.

2006년 본격적으로 상암동 미디어 산업

단지가 조성되면서 방송 미디어업체들이 홍대 인근에 자리 잡았다. 서울시는 합정동, 서강동, 연남동을 영화·비디오물, 방송 프로그램 제작 배급업이 집적된 지역으로 분류하고 있다. 홍대 주변의 예술, 음악, 출판 문화 산업과 최근 스타트업, 금융 관련 회사들이 자리 잡은 공덕동에 이르기까지 일자리 스펙트럼이 다양해졌다. 여기에 교통 접근성까지 좋으니 관련 업종 종사자들이 마포구를 거부할 이유가 없는 셈이다. 도시계획 관점에서 보면 마포구는 근거리에서 일, 생활, 놀이를 해결할 수 있는 '직주락'을 갖춘 지역이다. 직장이 있고, 주거가 있으며, 놀 거리가 있다는 뜻이다. 마포구 직주락 구조는 '락(樂·상권)'으로부터 시작되었다.

마포구는 2005년에 골목 상권을 바탕으로 청년 문화 지역으로 자리 잡았다. 서울을 대표하는 골목 상권인 '홍대 앞'을 보유한 마포구에서 직주락 현상이 발생한 것은 우연이 아니다. '락'에 이어 '직(職·일자리)'과 '주(住·거주지)'가 변화했다. 일자리는 2010년 이후 오피스 기능이 확대되면서 생겨나기 시작했다. 오피스텔 등 1인 거주자의 편의를 극대화한 건물이 다수 들어서기 시작한 것도 이때부터이다.

마포구가 '뜬' 스토리를 이야기할 때 빼놓을 수 없는 건 2015년 연결된 경의선숲길이다. 서교동, 대흥동, 공덕을 지나 효창공원까지 이어지는 이 철길에서 새로운 문화가 생겨났다. 6.3km 달하는 버려진 철길은 시민들의 문화 산책로로 거듭났다. 현재는 '연트럴파크'라는 애칭까지 생기며 인기가 급상승했다. 도시를 가로지르는

# 마포구 All Local Brands

① 농부시장마르쉐
농부, 셰프가 함께하는 농산물 직판장

② 책방이올시다
독서 경험을 제공하는 독립 서점

③ 디자인샤우어
1세대 안경 디자이너가 만든 안경

④ 하이놀리
비건 빵 전문 베이커리

⑤ 샐러마리
비건 메뉴 분식집

⑥ 타이거릴리
비건 향수와 화장품 전문 숍

⑦ 알맹상점
제로웨이스트 편집숍

⑧ gaga77page
취향을 발견할 수 있는 독립 서점

⑨ 어라운드그린
비건 브런치 전문 레스토랑

⑩ 이후북스
엄선한 책을 소개하는 독립 서점

⑪ WWW Space
예술 분야 작가들의 전시 공간

⑫ 제로스페이스 망원(제로퍼제로)
제로퍼제로의 쇼룸 겸 소품 숍

⑬ 고카페인클럽
너트아일랜드 커피가 맛있는 카페

⑭ 피융 스튜디오
리소 스튜디오

⑮ 유어굿즈
체험형 문화 콘텐츠 기획사

⑯ STUDIO BELONGINGS
3인의 아티스트가 만든 소품 숍

⑰ 웜그레이테일
일러스트레이션 기반의 소품 숍

⑱ 웅크린선인장
'웅크린선인장' 캐릭터의 소품 숍

⑲ 노브워크샵
식물성 수제 비누 숍

⑳ 어글리베이커리
건강한 비건 빵 베이커리

㉑ 르봉땅
비건 베이킹 아틀리에

㉒ 예서향기공방
양말 목공예 공방

㉓ 사심굿즈
사심굿즈의 쇼룸

㉔ 스캐터북스
책과 커피가 있는 독립 서점

㉕ 바스큘럼
식물 패턴 제작소

㉖ 동네정미소 성산
쌀 전문 편집숍

㉗ 슬금슬금
다양한 모임이 열리는 비건 카페

㉘ 지구샵 그로서리
제로 웨이스트를 추구하는 식료품점

㉙ 다이브인
예술을 경험하는 공간

㉚ 서점 리스본
'책 상담'을 제공하는 독립 서점

㉛ 카페창비
창비 출판사가 운영하는 카페

㉜ 오브젝트아파트먼트
콘셉트 스토어

㉝ 유유출판사
자신만의 콘텐츠를 만드는 출판사

㉞ 조구만 스튜디오
스토리텔링 기반의 소품 숍

㉟ 책방 사춘기
어린이 청소년 문학 전문 독립 서점

㊱ 성실화랑
디자인 제품 쇼룸

㊲ SPRING FLARE
일상을 예술로 만드는 독립 서점

㊳ 스태리라운지
핸디 크래프트 스튜디오

㊴ 봉트리살롱
연남동 바느질 공방

㊵ 띠옷
제철 재료로 만든 로컬 디저트 숍

㊶ 얼스어스
환경을 생각하는 카페

㊷ 지구샵 제로웨이스트홈
제로 라이프를 실천하는 생활용품 숍

㊸ 메종 키티버니포니 서울
패브릭 쇼룸 겸 소품 숍

㊹ 포인트 프레드릭
빈티지 감성의 비건 펍

㊺ 인생도서관
라이프 콘텐츠 기반의 복합 문화 공간

㊻ 로컬스티치 서교
크리에이터를 위한 커뮤니티

㊼ 팀버샵
서울을 대표하는 스케이트보드 숍

㊽ 민지맨션
MZ 세대 취향의 복합 문화 공간

㊾ 1984
출판 브랜드의 편집 공간 및 카페

㊿ 오포르
원석으로 엮어 만든 액세서리 숍

51 홍합밸리
지역 산업 생태계를 만드는 플랫폼

52 메이드바이 홍대
작가와 팬이 만나는 디자인 소품 숍

53 온더랜드
빛이 가득한 키덜트 소품 숍

54 어도러블미
아늑한 공간의 소품 숍

55 서울콜렉터
빈티지 감성의 복합 문화 공간

56 브로이스터
한국의 산을 담은 패션 브랜드

57 빈브라더스 합정
스페셜티 원두 전문점

58 무대륙
힙한 복합 문화 공간

59 TUNAPAPER
종이 조형물 디자인 스튜디오

60 디벙크
아트북이 있는 카페

61 종이잡지클럽
잡지 전문 서점

62 땡스북스
감각적인 독립 서점

63 리틀바이리틀
디자인 스튜디오

64 Whatreallymatters
마포 디자인 출판지원센터

65 커버낫 플래그쉽 홍대점
스트리트 캐주얼 브랜드

66 KT&G 상상마당
복합 문화 예술 공간

67 디스이즈네버댓
스트리트 패션 브랜드

68 매거진랜드
해외 매거진 전문 서점

69 라이즈오토그래프컬렉션
라이프스타일 호텔

서울 마포구 | 서교동, 망원동

- 70 책익다
  와인이 있는 독립 서점
- 71 오벌
  빈티지 문구 숍
- 72 스타일난다
  플래그십 스토어
- 73 오브젝트 서교점
  전시와 팝업 스토어 공간
- 74 책방 연희
  도시 인문학 독립 서점
- 75 소극장 산울림
  대한민국 대표 소극장
- 76 플리츠마마
  친환경 소재 패션 브랜드
- 77 스트리트H
  홍대를 기록하는 잡지
- 79 구름아양조장
  도심 속 막걸리 양조장
- 80 마블로켓
  도시 콘텐츠 매거진
- 80 보틀앤스쿱
  제로 웨이스트 식료품점
- 81 프릳츠 도화점
  커피 전문가 6명이 만든 카페

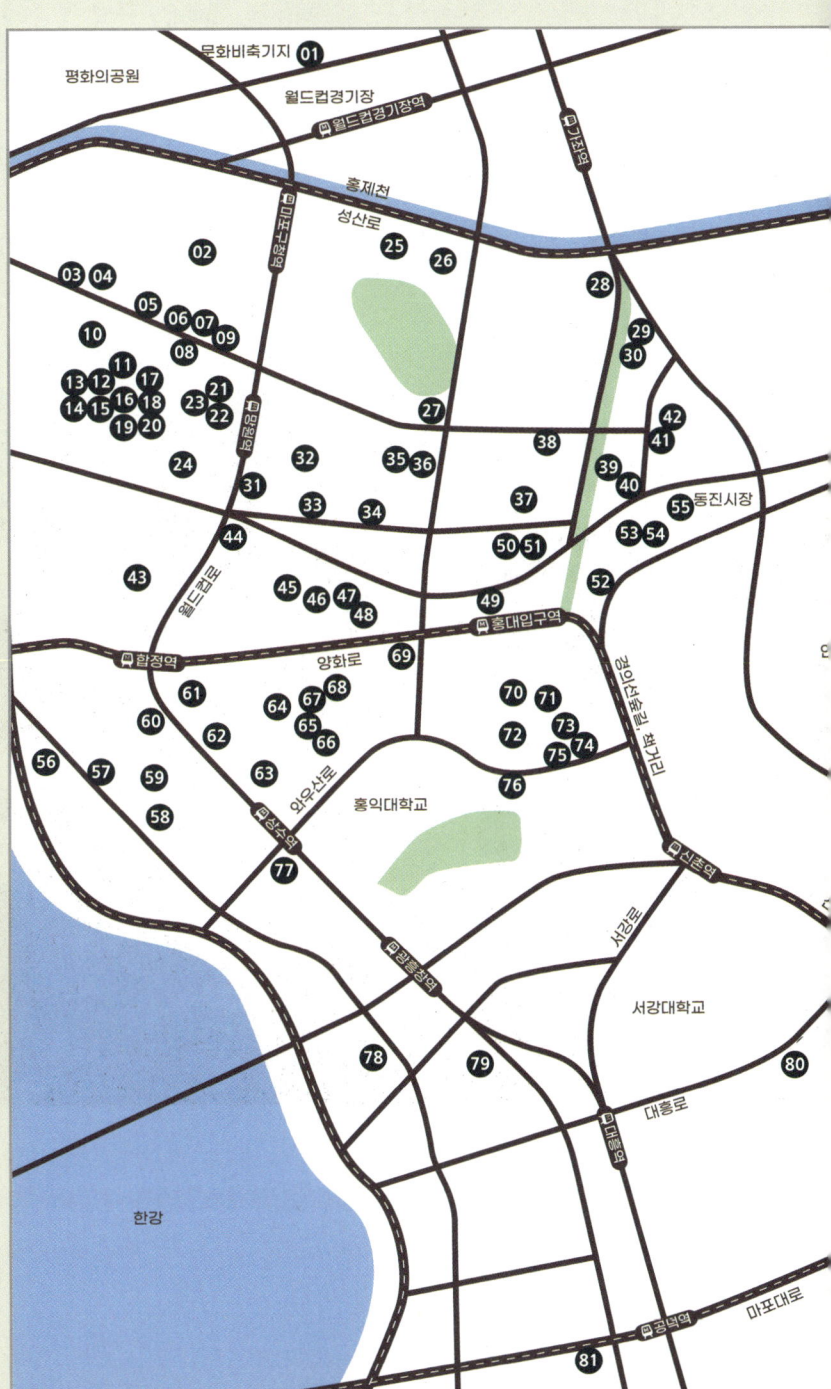

PART 1: 로컬이 강한 도시와 동네

숲길을 따라 걷다 보면, 기차가 운행되던 당시 모습을 그대로 복원해놓은 철도 건널목 풍경을 마주치게 된다. 주말이 되면 이 길을 따라 다양한 행사가 열린다. 숲길 따라 늘어선 '경의선 책거리'도 만나볼 수 있다. 숲길 전체가 도시 재생 공간이자 복합 문화 공간인 것이다. 문화는 유동적인 것이어서 한 공간에 국한되지 않는다. 숲길을 따라 시작된 문화는 동네를 넘고, 골목을 따라 점차 큰 의미의 로컬 문화를 생성해나가게 된다.

경의선숲길이 조성되기 이전에도 마포구는 접근성이 좋았다. 조선시대에는 마포나루, 서강나루, 양화나루가 있어 수상 교통 요충지로 불렸다. 남쪽 지방에서 오는 곡물을 저장하는 창고가 발달한 어촌이었다. 여전히 많은 사랑을 받고 있는 마포농수산물시장이 이곳에 위치한 이유일 것이다. 마포구는 수상 교통뿐 아니라 사통팔달의 대표 지역으로 꼽힌다. 인천, 시흥, 일산, 수원에서 오는 직행버스가 많고 2호선, 6호선, 공항선, 경의중앙선 등 다양한 지하철 노선이 지나간다. 청년들에게 인기가 많은 지역(이태원, 망원, 합정, 상수, 한남 등)과 직장(상암, 합정, 공덕, 삼각지 등)이 몰려 있는 동네를 관통하는 지하철 6호선은 일명 '힙스터 라인'이라고 불린다. 시내 중심지의 높은 집값이 부담스러운 사회 초년생 중에는 6호선 라인을 따라 거주 지역을 선택한 이들이 많다.

마포구는 관광지로도 각광받는다. 마포구 통계에 따르면 최근 약 1년 이내에 12개였던 관광호텔 수가 23개로 2배 가까이 증가했다. 공항선이 상암동과 홍대 앞을 지나며 게스트하우스 수도 몇 배가 늘어났다. 해외 관광객들에게도 매력적인 동네라는 사실을 유추해 볼 수 있다. 2010년 이후 도시 문화를 주도하는 공유 경제가 시작된 곳도 마포구다. '로컬스티치'가 2013년 마포구의 허름한 여관을 리모델링해 동네 호텔을 운영하다가 코리빙 스페이스 사업을 시작했다. '어반플레이'도 연남동과 연희동 일대 지역 청년에게 콘텐츠, 커뮤니티를 제공하는 7개의 복합 문화 공간을 운영한다. 마포구에 여행자, 스타트업, 예술가가 많아 플랫폼 역할을 해줄 코워킹, 코리빙 수요자가 많았기 때문이다.

처음부터 마포구가 주민들이 살고 싶어 하는, 사랑받는 지역은 아니었다. 서부 한강변에는 난지도 매립지가 있어 지역 발전에 큰 걸림돌이 됐다. 정부와 지자체의 노력으로 상암지구 택지 개발, 2002년 서울월드컵경기장 유치, 대단위 아파트와 공원 등 녹지 조성으로 이미지를 조금씩 바꿔나갔다. 2002년 서울월드컵경기장을 지으며 6호선이 개통되었고, '디지털미디어시티' 도시계획으로 많은 방송국과 IT 기업이 상암동으로 이전해왔다. 2003년 대단지 아파트가 들어서고 누리꿈스퀘어에 많은 IT 벤처기업이 입주하기 시작하며 상암동의 직주락 시대가 열렸다. SBS plus, tvN, KBS media center 등 다양한 채널과 함께 2014년 MBC가 여의도에서 이곳 상암동으로 자리를 옮기며, MBC 앞 광장을 중심으로 상업지구가 본격적으로 발달하게 되었다. 이전에는 상암지구 직장인, 거주민이 주로 상권을 이용했다면 최근에는 외부 방문객, 관광객이 찾아오게 된 것이다. 방송국을 중심으로 많은 일자리와 관련 산업이 파생되고, 문화 행사가 열리며 주민 삶의 질도 높아졌다. 할리우드 영화의 배경으로도 쓰였던 MBC 앞 광장은 사람이 모여드는 지역 명소가 되었다. 광장에서 쉬거나 종종 열리는 축제를 즐길 수 있게 된 상암동은 '직주락' 환경이 잘 조성된 마포구 대표 지역이다. 현재 마포구는 재개발로 변화를 겪고 있는 중이다. 상암동, 성산동, 대흥동, 공덕동 등 많은 지역이 대단지 아파트로 바뀌었다. 그러나 청년 1인 가구들은 서교동, 연남동, 망원동 등 주택 혹은 빌라에 거주하며 그들의 새로운 라이프스타일을 즐기고 있다. 재개발 열풍 속에서도 특색 있는 로컬 문화는 지켜가야 한다. 다른 지역에서 절대 복제할 수 없는 개성을 지닌 로컬 문화는 지역의 힘이다. 서교동, 연남동, 망원동이 골목마다 자리한 콘텐츠를 잃는다면 어떨까. 특색 없는, 그저 그런 평범한 아파트 왕국만 남게 될 것이다. 그리고 그 문화를 누리던 청년들은 또 다른 골목을 탐(探)하며 떠나게 될지도 모른다.

### 홍대 앞 문화를 잉태하고 키워내다
# 서교동

**서울 서교동**
① 인구(명) 26,549
② 인구밀도(명/km²) 16,090
③ 저층 주택 비중(%) 73.7
④ 1인 가구 비중(%) 59.0
⑤ 스마트스토어 소상공인 비중(%) 78.6

누군가 서울에서 문화 예술을 느낄 수 있는 지역을 묻는다면 많은 사람들이 '홍대 앞'을 꼽을 것이다. 큰 공연장이나 미술관이 하나도 없는데 왜 우리는 홍대 앞을 예술의 거리로 생각할까? 홍대 앞을 '예술의 상징'으로 생각하는 이유는 아마도 인디, 소셜, 디자인이라는 키워드에 있을 것이다. 큰 공연 전시장에서는 정제된 예술을 받아들이고 공부한다는 느낌이 들지만, 홍대 앞에서는 예술가의 경험과 삶을 골목에서 공유한다. 우리는 거장의 작품은 '감상'하지만 홍대 앞 골목에서 예술을 '경험'한다. 홍대 앞은 단순히 대학교 앞이라는 의미를 넘어 그만의 가치를 담은 로컬 키워드로 자리 잡았다. 홍대 앞 문화는 2010년경 로컬 브랜드로 확대되었다. 홍대 앞 중심지인 서교동은 한국 로컬 발상지라고

## 서교동 All Local Brands

- **31 카페창비**
  창비 출판사가 운영하는 카페
- **32 오브젝트아파트먼트**
  콘셉트 스토어
- **33 유유출판사**
  자신만의 콘텐츠를 만드는 출판사
- **34 조구만 스튜디오**
  스토리텔링 기반의 소품 숍
- **35 책방 사춘기**
  어린이 청소년 문학 전문 독립 서점
- **36 성실화랑**
  디자인 제품 쇼룸
- **37 SPRING FLARE**
  일상을 예술로 만드는 독립 서점
- **38 스태리라운지**
  핸디 크래프트 스튜디오
- **39 봉트리살롱**
  연남동 바느질 공방

- **44 포인트 프레드릭**
  빈티지 감성의 비건 펍
- **45 인생도서관**
  라이프 콘텐츠 기반의 복합 문화 공간
- **46 로컬스티치 서교**
  크리에이터를 위한 커뮤니티
- **47 팀버샵**
  서울을 대표하는 스케이트보드 숍
- **48 민지맨션**
  MZ 세대 취향의 복합 문화 공간
- **49 1984**
  출판 브랜드의 편집 공간 및 카페
- **50 오포르**
  원석으로 엮어 만든 액세서리 숍
- **51 홍합밸리**
  지역 산업 생태계를 만드는 플랫폼
- **52 메이드바이 홍대**
  작가와 팬이 만나는 디자인 소품 숍

- **60 디벙크**
  아트 북이 있는 카페
- **61 종이잡지클럽**
  잡지 전문 서점
- **62 땡스북스**
  감각적인 독립 서점
- **63 리틀바이리틀**
  디자인 스튜디오
- **64 Whatreallymatters**
  마포 디자인 출판지원센터
- **65 커버낫 플래그쉽 홍대점**
  스트리트 캐주얼 브랜드
- **66 KT&G 상상마당**
  복합 문화 예술 공간
- **67 디스이즈네버댓**
  스트리트 패션 브랜드
- **68 매거진랜드**
  해외 매거진 전문 서점

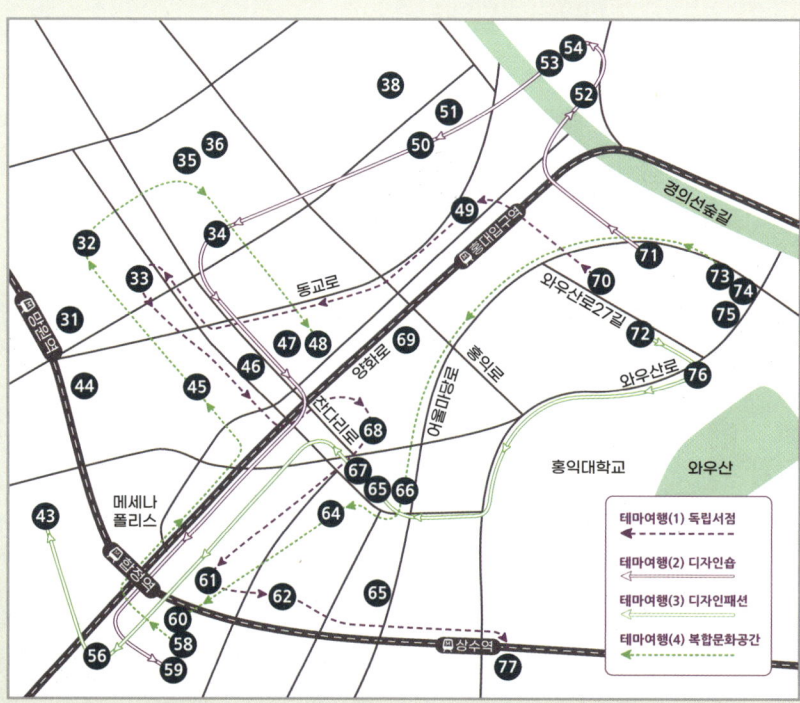

(69) **라이즈오토그래프컬렉션**
라이프스타일 호텔

(70) **책익다**
와인이 있는 독립 서점

(71) **오벌**
빈티지 문구 숍

(72) **스타일난다**
플래그십 스토어

(73) **오브젝트 서교점**
전시와 팝업 스토어 공간

(74) **책방 연희**
도시 인문학 독립 서점

(75) **소극장 산울림**
대한민국 대표 소극장

(76) **플리츠마마**
친환경 소재 패션 브랜드

(77) **스트리트H**
홍대를 기록하는 잡지

**서교동 테마 여행**

**독립 서점**
- ㉝ 유유출판사
- ㊾ 1984
- (70) 책익다
- (68) 매거진랜드
- (61) 종이잡지클럽
- (62) 땡스북스
- (77) 스트리트H

**디자인 숍**
- (54) 어도러블미
- (53) 온더랜드
- (52) 메이드바이 홍대
- ㊿ 오포르
- ㉞ 조구만 스튜디오
- (71) 오벌
- (59) TUNAPAPER

**디자인 패션**
- ㊸ 메종 키티버니포니 서울
- (72) 스타일난다
- (76) 플리츠마마
- (67) 디스이즈네버댓
- (65) 커버낫 플래그쉽 홍대점
- (56) 브로이스터

**복합 문화 공간**
- ㉜ 오브젝트아파트먼트
- ㊺ 인생도서관
- ㊽ 민지맨션
- (73) 오브젝트 서교점
- (66) KT&G 상상마당
- (64) Whatreallymatters
- (60) 디벙크
- (58) 무대륙

과언이 아니다. 이곳에 집적된 로컬 브랜드는 독립 서점, 디자인 숍, 디자인 패션, 복합 문화 공간 등이다. 특정 업종이 집적된 로컬 상권은 하나의 도시 산업 생태계를 이룬다. 도시산업 단지로 진화하는 서교동, 특화 업종을 중심으로 한 테마 투어가 가능한 곳이다. 그렇다면 홍대 앞이 문화 예술, 그리고 로컬 브랜드 성지로 발전하게 만든 강한 장소성은 무엇으로 완성되었을까.

홍대 앞 상권의 원동력 중 하나는 접근성이다. 홍대 상권은 1984년 지하철 2호선 홍대입구역 개통으로 형성됐다. 2001년 개통한 6호선 역세권인 상수동, 합정동, 망원동은 홍대 앞 상권이 확장한 지역이기도 하다. 2010년 인천공항으로 연결되는 공항선이 개통되면서 홍대 앞은 해외여행객들의 관문이 되었다. 연남동에는 여행객을 상대로 하는 많은 게스트하우스가 생겨나기도 했다.

홍대 앞을 카페거리, 유흥가, 문화 예술지구 등 다양한 관점에서 이해하지만 '산업 단지'로서 이곳을 정의할 수도 있다. 홍대 앞을 유흥가로 생각하는 사람은 이런 인식에 공감하지 않을 것이다. 그들에게 이곳은 저렴한 클럽, 술집, 식당, 옷 가게가 많아 젊은이들이 하루를 즐길 수 있는 소비 공간처럼 보일 수도 있다. 하지만 홍대 앞에는 분명 중심 산업이 존재한다. 상업 지역으로 머물러 있는 서울 다른 골목 상권과 달리 이곳은 하나의 산업 단지를 형성한다.

관광, 음악, 연예, 문화 예술, 디자인, 출판, 영상, IT 등 다수의 산업이 상생하면서 새로운 문화와 비즈니스를 창출하고 생산, 주거, 오락 활동이 한 곳에서 일어나는 창조적 산업 단지다.

홍대 앞이 산업 단지임을 가시적으로 느낄 수 있는 산업이 관광 산업이다. 홍대 앞은 국내외 젊은 여행자에게 인기 있는 관광지로 여행객에게 어필할 수 있는 요소가 많다. 외국인이 선호하는 청년 문화, 공항철도 한 번으로 인천공항에서 서울 도심으로 들어올 수 있는 접근성, 외국 음식점, 게스트하우스 등 외국 여행객을 위한 편의 시설을 갖추었기 때문이다.

2017년 서울시설공단의 통계를 기반으로 한 서울연구원 도시정보센터가 분석한 자료에 의하면 서울 전체 따릉이 대여소 중 마포구 대여수가 78만 건으로 가장 많다. 이는 비슷한 개수의 따릉이 대여소가 있는 서초구, 강남구의 대여 건수보다 5배나 높은 수치다. 다수의 청년이 주차나 교통난에서 자유로운 따릉이를 선택했기 때문이라고 볼 수 있다. 서교동만의 특별한 라이프스타일이 어떻게 생성되는지 알 수 있는 대목이다.

1990년대 중반 홍대 앞을 강북 핫 플레이스로 만든 여러 요인 중 하나는 클럽 문화다. 이전에는 청년들이 신촌, 이대 앞 등의 나이트클럽을 많이 찾았다. '마이너'로 분류됐던 버스킹과 공연 문화가 클럽으로 확장되어 새로운 문화를 만들어냈다. 유명 기획사, 연예인이 클럽을 오픈하고, 디제잉을 하며 '메이저' 문화로 이끌었다. 새벽까지 클럽 투어를 다니는 사람들로 주변 가게는 늦은 시간까지 불을 밝혔다. 1996년부터 합정동에 자리 잡은 'YG엔터테인먼트(이하 YG)'는 새로운 인디 밴드와 언더그라운드 아티스트를 발굴하고 '삼거리포차', '삼거리푸줏간' 등 홍대 앞 상업 시설과 부동산에 투자함으로써 '홍대 정체성'을 적극적으로 홍보했다.

인디 뮤직과 더불어 미술, 디자인 분야도 홍대 앞 정체성에서 빼놓을 수 없다. '미대'로 유명한 홍대 주변에 작업실, 학원, 갤러리가 들어서면서 관련 골목 문화가 시작됐다. 홍대 앞 미술 인프라는 디자인 산업의 기반이 됐고, 현재 많은 디자인 기업이 홍대 지역에 집적돼 있다.

홍대 앞 고유의 문화 예술 정체성 형성에는 국내 최대 미술대학을 보유한 홍익대학교의 역할이 컸다. 1980년대 화랑과 작업실, 미술 전문 서점 등이 들어서면서 문화 예술인이 모여들었다. 이후 대형 미술 학원 거리가 조성되고 창작 활동을 하는 화가, 실험 예술가 등이 모여들며 골목 문화가 탄생했다.

2002년부터 홍대 앞 놀이터에서 플리마켓을 시작했던 팀은 예술가와 소비자를 이어주고 네트워크를 확장하는 데 힘을 쏟았다. 그리고 현재 '일상창작예술센터'라는 회사로 성장해 '서울국제핸드메이드페어' 사업을 매년 진행하고 있다. 골목에서 즐기던 문화가 국제적인 행사로 성장한 것이다. 이를 가능하게 한 것은 홍대 앞이 지닌 다양한 골목 인프라의 힘이다.

2000년대 후반에는 청년 문화와 독립 문화의 중심지인 홍대 앞에 스타트업이 몰리기 시작했다. 홍대 문화를 좋아하는 사람들이 모여 형성된 지역 산업이 새로운 창업으로 이어졌다. 이러한 흐름을 산업 생태계로 발전시키는 데 중심적인 역할을 했던 기업 플랫폼 '홍합밸리'가 2013년 탄생했는데, 대표적인 행사인 '데모데이', '아트데이'를 진행하며 다양한 네트워크가 이루어졌다. 결과적으로 이러한 노력들은 홍합밸리는 물론, 이 네트워크에 속한 다양한 스타트업이 발전하는 좋은 자양분이 됐다. 현재 홍대, 합정 지역만의 특별한 문화 예술에 기술 산업 스타트업이 더해져 독특한 생태계를 만들어가는 중이다.

인디 뮤직을 바탕으로 성장한 음악·연예 산업도 홍대 앞 문화를 빼놓고 이야기할 수 없다. 산업 분포를 분석하면 홍대 앞은 강남 일대와 함께 오디오물 출판과 원판 녹음업 중심지로 두각을 나타낸다. 현재 YG를 필두로 10개 이상의 연예 기획사가 홍대 앞에 둥지를 틀고 있다. 홍대 앞 문화 예술 산업은 'KT&G 상상마당', '산울림소극장', '비보이전용극장' 등 소극장을 중심으로 발전해왔다.

홍대 앞은 우리나라를 대표하는 출판 산업 단지이기도 하다. 서울시는 이 지역을 종로, 강남 일대와 함께 서적, 잡지 등 인쇄물 출판업 클러스터링이 가장 높은 지역 중 하나로 지목한다. '창작과비평', '문학동네', '문학과지성사' 등 대규모 출판사들이 이 지역에 터를 잡고 본사 건물에 북 카페를 운영해 지역 문화를 풍요롭게 만든다. 상암동에 미디어 산업 단지가 조성되면서 많은 영상, 미디어 업체가 접근성 좋은 홍대 앞에 창업한다. 합정동, 서강동, 연남동은 영화, 비디오 제작, 방송 프로그램 제작과 배급업체가 클러스터링되어 있는 지역으로 분류된다.

지역 창업 생태계를 육성하는데 있어 활용해야 할 자원은 지역 문화다. 지식, 창조경제 시대에는 전통적인 입지 조건보다 창조적 인재를 유인하는 도시 문화가 경쟁력이다. 현재 세계경제를 주도하는 많은 도시가 내재된 가치와 문화를 키움으로써 도시를 발전시켰다. 그런 점에서 서울시가 홍대 앞에 새로운 실리콘밸리를 인위적으로 조성하는 것이 '홍대다운' 사업인지는 더 고민해봐야 한다. 오히려 홍대 앞 정체성에 기반한 산업을 육성하고 투자하는 것이 옳다는 생각에서다. 강남과 홍대 앞의 차이는 상가 구성에서 뚜렷하게 나타난다. 강남이 고급 식당, 부티크, 명품 가게 등 기득권 수요를 만족하는 상점으로 채워진 것에 비해 홍대 앞은 인디 뮤직, 거리 공연, 독립 서점, 독립 브랜드, 실험 예술 등 대안 문화를 추구하는 곳으로 이루어져 있다. 서울시와 마포구는 기존 홍대 앞 산업의 잠재력을 극대화하는 방향으로 지원해 나가야 할 것이다. 홍대 앞 장소 마케팅을 강화하고 외국 여행객에게 매력적인 인디 문화와 크리에이티브 예술 문화를 이곳 브랜드로 각인시켜야 한다. 그리고 교육, 주택, 의료 등 인프라를 강화해 살고 싶은 지역으로 만드는 노력이 필요하다. 서교동은 홍대 앞 골목 문화가 작은 로컬 콘텐츠를 이루는 데서 시작했다. 그리고 개성 넘치는 콘텐츠들이 기반이 돼 큰 기업으로 성장한 사례가 많은 역동적인 곳이다. 로컬 문화의 살아 있는 역사인 홍대 앞 문화가 이제껏 그래왔듯, 앞으로도 다른 로컬 문화에 영감을 주는 선구자 역할을 해나가길 기대한다.

### '홍대 앞'의 확장, '망리단길' 시대를 열다
# 망원동

망원동은 지역 랜드마크와 같은 눈에 띄는 건물이 없는 조용한 동네다. 홍수 피해 등으로 재난 뉴스에 자주 등장해 기성세대에게는 별다른 매력이 없는 곳으로 생각되기도 했다. 하지만 최근 젊은층 사이에서 망원동의 이미지는 사뭇 다르다. 서교동이 홍대권의 '구도심'이라면, 망원동은 홍대권의 '신도심'이다. 이 신도심에 집적된 로컬 콘텐츠는 제로 웨이스트, 비건, 디자인 숍, 페미니즘 등이다. 유명한 문화재, 빌딩, 랜드마크 하나 없는 이 동네에 대체 무슨 일이 있었던 것일까. '핫플'이 된 '망리단길'이 어디에서부터 시작되었는지 되짚어볼 필요성이 있다.

망원동은 한강에 가장 가깝게 맞닿아 한강을 편리하게 이용할 수 있다는 것이 이점이다. 또 강변북로, 자유로, 성산대교 등이 가깝게

**망원동**
① 인구(명) 39,115
② 인구밀도(명/km²) 46,016
③ 저층 주택 비중(%) 69.5
④ 1인 가구 비중(%) 36.6
⑤ 스마트스토어 소상공인 비중(%) 78.0

연결되어 있는 교통 요지다. 차가 없어도 지하철 6호선 망원역이 지척에 있고, 2호선 합정역, 상암동은 도보로 접근 가능하다. 강변북로, 내부순환로 등 도로 접근성도 높은 편이어서 출근하기에도 좋은 환경이다. 최근 망원동 포은로는 '망리단길'로 불리며 로컬 상권이 커진 곳 중 하나다. 망원동은 얼핏 보면 발전되지 않은 옛 마을 같지만 많은 주변 인프라를 이용할 수 있어, 생활 인프라가 풍부하게 느껴지는 동네다. 청년들에게는 망원동은 '원하는 것은 무엇이든 얻을 수 있는' 동네로 통한다. 주머니가 가벼운 이들은 망원시장에서 필요한 것을 구입한다. 망원시장은 식료품, 간식거리가 저렴하기로 유명하다. '올리브영', '스타벅스', '맥도날드', '다이소' 등 청년들에게 없어서는 안 될 생활권 브랜드도 골목에 알차게 들어서 있다.

다른 로컬 상권과 달리 전통시장인 망원시장이 활성화되어 있다는 것도 특별하다. 특히 30대 직장인 싱글족이 망원시장과 주변 상권 분위기를 망원동에 정착한 이유로 꼽는다는 인터뷰도 볼 수 있다. 망원시장은 1인 가구가 많은 동네 특성을 감안해 1인 가구를 위한 포장, 배달 대행 서비스, 맞춤형 메뉴 개발 등을 선보였다.

'전통'에 안주하지 않는 망원시장의 꾸준한 노력이 젊은 정착민들에게 큰 매력으로 다가왔다.

자전거를 타면, 한강, 홍대, 합정, 월드컵경기장 등 한국에서 보기 드문 평지 라이딩도 가능하다. 한강공원 망원지구는 늘 라이딩족과 친구, 가족 단위 방문객이 많다. 망원동은 전체적으로 평지를 이루고, 한강공원과 가까워서 근처 숍들에 자전거 거치대가 설치되어 있을 정도로 라이딩을 즐기기 좋은 동네다.

한산한 망원동 골목에 'WM엔터테인먼트'가 자리해 신기해하는 사람도 있다. WM엔터테인먼트는 'B1A4', '오마이걸' 등 유명 아이돌 그룹이 소속된 유명 중소 기획사다. 이 작은 골목에 엔터테인먼트 기업이 생긴 것은 우연이 아닐 것이다. 망원동은 방송국이 많은 DMC와 매우 인접해 있다. 그 때문에 방송, 미디어 관련 종사자도 다수 거주한다. 청년 1인 가구가 많은 동네 특성상 중심 상권 골목인 포은로는 청년층을 대상으로 한 가게가 많다. 청년 거주자들이 직접 운영하는 가게도 많다. 제로 웨이스트, 비건, 공방, 디자인 소품, 독립 출판, 그리고 성 소수자 *LGBT* 문화까지 모두 망원동에서는 익숙하게 마주할 수 있다.

망원동은 소규모 그룹 혹은 커뮤니티가 많은 동네다. 특히 페이스북 '망원동 좋아요'의 팔로어는 3만 명이나 된다. 지역 소식, 캠페인,

중고 물품 거래, 가게 홍보 등 정보와 의견을 나누는 온라인 소통 창구 역할을 한다. 이사할 집을 알아보거나 물건을 잃어버렸을 때도 이곳에서 도움을 받을 수 있고 일상에서 필요한 소소한 조언과 도움이 커뮤니티를 통해 오간다. 1인 가구가 많은 망원동에서는 '가족처럼' 이웃과 서로 도우며 함께 살아가는 길을 도모한다. 망원동 좋아요 페이지는 다양한 사람들이 모이게 할 뿐 아니라, 소속감을 느끼게 하는 플랫폼 역할을 한다. 망원동표 '당근마켓'인 셈이다.

망원역에서 하차하면 한강을 향해 난 골목이 몇 개 있다. 골목은 쉴 틈 없이 작고 다양한 가게들이 이어진다. 구경하는 재미에 지루할 틈이 없다. 망원시장은 망원동 골목의 중심 역할을 한다. 시장 안에도 맛있는 먹거리와 생활용품을 판매하는 가게가 늘어서 있다. 시장을 살짝 벗어난 포은로에 들어서면 망원시장과는 전혀 다른 분위기가 펼쳐진다. 현재의 망원동을 있게 한 망리단길을 따라 개성 넘치는 가게가 즐비하다. 줄지어 선 맛집, 가게를 구경하며 걷다 보면 한강공원을 마주할 수 있다. 그곳에서는 자전거를 타는 사람, 돗자리를 펼쳐놓고 여유를 즐기는 사람들이 어우러져 그들만의 시간과 여유를 보낸다. 이처럼 시장, 로컬 콘텐츠 숍, 한강 등 전혀 다른 매력을 지닌 구역이 모여 있는 지리적인 특성 덕분에 망원동은 항상 사람들로 북적인다.

망원동을 이야기할 때 망원시장을 빼놓을 수 없다. 망원시장은 다른 전통시장과 달리 청년층에게 '핫플' 중 하나로 꼽힌다. 망원동에 거주하는 청년들 중 망원시장에 반해 이 동네에 자리 잡았다고 얘기하는 경우가 부지기수다. 망원시장은 합정 주상 복합 단지 내 대형 마트가 입점하는 과정에서 위기를 맞았다. 반대 시위를 하기도 했고, 시장이 곧 사라질 것이라는 절망적인 의견도 많았다. 하지만 망원시장 상인들은 이 위기를 커뮤니티와 결속, 활성화하는 전환점으로 삼았다. 지역 주민을 겨냥해 망원시장만의 배달·카드 결제 서비스를 만들고 SNS 계정을 개설하며 청년층과 소통하고자 했다. MBC와 엔터테인먼트사가 인접해 방송 관계자의 방문이 많고, 대중 매체를 통한 노출도 활발한 편이다. 그에 더해 MBC프로그램 <나혼자 산다> 방송 초기, 출연자가 망원시장을 수시로 방문해 먹거리를 사는 모습이 시청자들의 호기심을 자극했다. 주변 인프라와 지역 주민, 그리고 청년층과의 소통이 위기를 기회로 만든 것이다. 현재는 청년 상인들의 유입으로 다른 시장에서 찾아볼 수 없는 매력이 가득한 곳으로 계속 발전 중이다.

# 망원동 All Local Brands

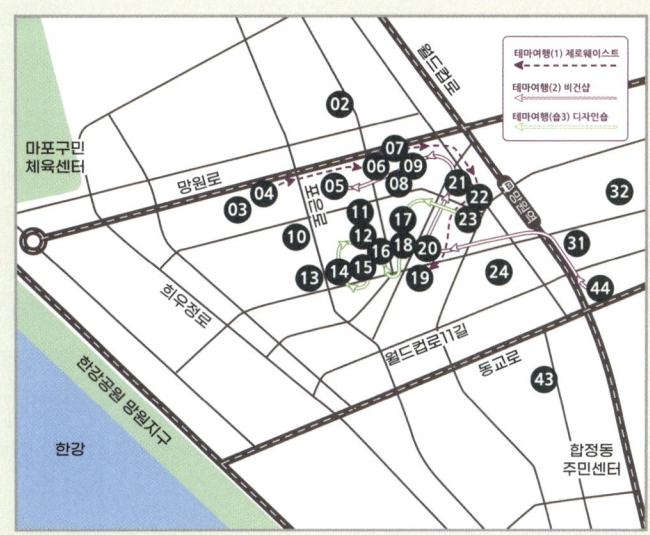

- **02 책방이올시다**
  독서 경험을 제공하는 독립 서점
- **03 디자인샤우어**
  1세대 안경 디자이너가 만든 안경
- **04 하이놀리**
  비건 빵 전문 베이커리
- **05 샐러마리**
  비건 메뉴 분식집
- **06 타이거릴리**
  비건 향수와 화장품 전문 숍
- **07 알맹상점**
  제로 웨이스트 편집숍
- **08 gaga77page**
  취향을 발견할 수 있는 독립 서점
- **09 어라운드그린**
  비건 브런치 레스토랑
- **10 이후북스**
  엄선한 책을 소개하는 독립 서점
- **11 WWW Space**
  예술 분야 작가들의 전시 공간
- **12 제로스페이스 망원(제로퍼제로)**
  제로퍼제로의 쇼룸 겸 소품 숍
- **13 고카페인클럽**
  너트아일랜드 커피가 맛있는 카페
- **14 피융 스튜디오**
  리소 스튜디오
- **15 유어굿즈**
  체험형 문화 콘텐츠 기획사
- **16 STUDIO BELONGINGS**
  3인의 아티스트가 만든 소품 숍
- **17 웜그레이테일**
  일러스트레이션 기반의 소품 숍
- **18 웅크린선인장**
  '웅크린선인장' 캐릭터의 소품 숍
- **19 노브워크샵**
  식물성 수제 비누 숍
- **20 어글리베이커리**
  건강한 비건 빵 베이커리
- **21 르봉땅**
  비건 베이킹 아틀리에
- **22 예서향기공방**
  양말 목공예 공방
- **23 사심굿즈**
  사심굿즈의 쇼룸
- **24 스캐터북스**
  책과 커피가 있는 독립 서점

### 망원동 테마 여행

**제로 웨이스트**
- 04 하이놀리
- 06 타이거릴리
- 07 알맹상점
- 19 노브워크샵
- 22 예서향기공방

**비건**
- 05 샐러마리
- 09 어라운드그린
- 20 어글리베이커리
- 21 르봉땅
- 44 포인트 프레드릭

**디자인 숍**
- 12 제로스페이스 망원(제로퍼제로)
- 14 피융 스튜디오
- 15 유어굿즈
- 16 STUDIO BELONGINGS
- 17 웜그레이테일
- 18 웅크린선인장
- 23 사심굿즈

망원동 상권은 홍대 앞 상권의 확장으로 생긴 새로운 로컬 상권이다. 홍대 앞 상권은 상수, 합정, 연남, 연희동까지 확장되었고, 상대적으로 임대료가 싼 망원동으로까지 예술가들이 많이 옮겨 왔다. 덕분에 비건 식당 '다이너재키', 제로 웨이스트 숍 '알맹상점', 디저트 카페 '망원동 티라미수', 디자인 숍 '제로퍼제로', 독립 서점 '이후북스' 등 실험적인 사업을 시작하는 로컬 상점이 여럿 생겨났다.

망원동에서 이러한 특색 있는 사업과 콘텐츠가 자리 잡을 수 있었던 이유는 무엇일까. 2020년 망원동에 문을 연 리필스테이션 알맹상점의 대표 3인(이주은, 고금숙, 양래교)은 '망하지만 말자'가 목표였다고 입을 모은다. 환경 운동을 하는 세 사람은 제로 웨이스트를 실천할 수 있도록 비닐, 포장과 플라스틱 용기를 전혀 제공하지 않고 알맹이만 파는 가게를 운영하기로 했다. 망하지만 말자고 시작한 가게는 예상외로(?) 성공을 거두었다. 불만 없이 에코 백이나 용기 등을 가지고 와 상품을 직접 담아 가는 이들이 점점 늘어났다. 최근 다양한 사회문제에 관심을 가지고 행동하는 MZ 세대가 주로 많이 방문하고, 10대 손님도 많다고 한다. 생소한 판매 방식에 기성세대는 난색을 표하지만, 젊은 세대는 낯선 방법을 즐기며 찾는다. 환경보호에도 참여할 수 있는 프로젝트 성격은 이들에게 번거로움이 아닌 새로운 마케팅으로 작용했다.

사실 망원동은 처음부터 인기가 있는 곳은 아니었다. 예전 망원동은 쓰레기와 분뇨 등 1970년대 경제성장의 폐기물을 받아들이던 곳이다. 비가오면 한강이 범람해 저층부 침수 피해가 자주 뉴스에 보도되어 불편함이 많은 거주 지역 이미지가 각인됐다. 저지대 특성상 침수 문제 등으로 개발이 늦어져 오랜 시간 동네의 모습이 유지되었고, 서울에서 비교적 저렴한 임대료를 유지할 수 있었다. 서교동 지역의 발전으로 점점 올라가는 임대료를 감당하지 못한 소상공인과 창작가가 상수, 합정 그리고 망원동으로 밀려나 정착하기 시작했다. 오래된 골목은 '레트로'란 이름으로 관심을 끌었다. 저렴한 임대료는 많은 로컬 창업자가 모이는 데 기반을 제공했다. 다양한 사람들이 모여 각각의 모임과 커뮤니티를 발전시키며 망원동은 생기 넘치는 로컬로 성장해 나갔다. 최근 몇 년 동안 망원동은 로컬 창업의 메카로 떠올랐다. 자생적으로 성장해온 망원동 포은로에선 최근 재개발 사업이 추진되고 있다. 재개발과 맞물려 망원동 로컬 문화를 걱정하는 소리도 생겨나고 있다. 망원동에서 다양한 콘텐츠를 만들어온 주체는 지역 예술가와

청년들이다. 이들이 만들어낸 로컬의 가치를
잊지 말고 풍성한 로컬 콘텐츠와 커뮤니티가
상생해나갈 방안을 고민해봐야 할 때다.

PART I : 로컬이 강한 도시와 동네

## 서울 서대문구

# 신촌 르네상스 시절이여, 응답하라

1990년대 신촌을 한마디로 표현하면 '젊음'이다. 변화를 좇던 청춘들은 신촌 대학가를 중심으로 그 시절 20대들이 동경하던 청년 문화를 만들어냈다. 드라마 <응답하라 1994>에 등장하는 청춘들처럼 생기롭던 신촌, 그리고 그곳을 채우던 가게들. 지금은 그 시대의 명성을 되찾지 못하고 있지만, 우리는 믿는다. 이 지역 청춘들의 에너지가 이곳을 다시 부흥시킬 것이라고.

서울 서대문구
① 인구(명) 304,819
② 인구밀도(명/km²) 15,468
③ 저층 주택 비중(%) 62.4
④ 1인 가구 비중(%) 37.5
⑤ 스마트스토어 소상공인 비중(%) 70.2

서울 서대문구 | 연희동

PART 1: 로컬이 강한 도시와 동네  34

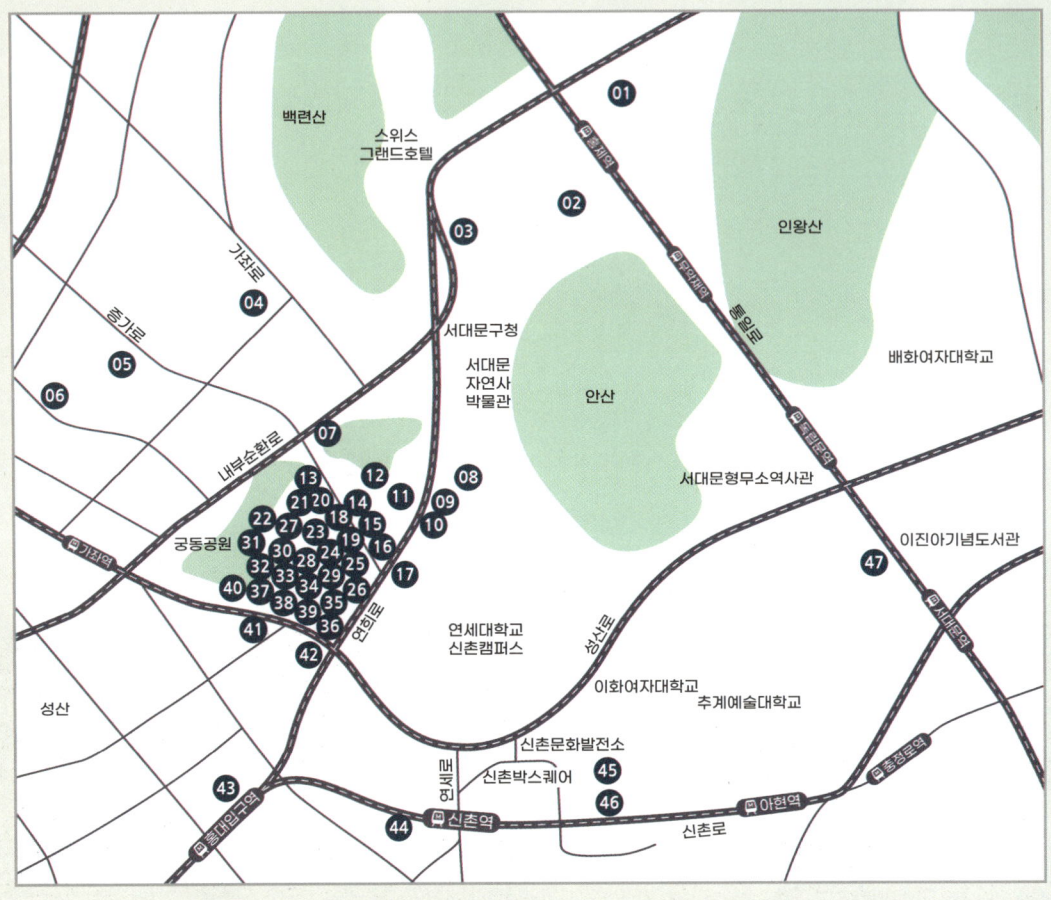

서대문구는 마포구와는 다른 방식의 로컬 문화를 가진다. 청년문화의 중심지였던 신촌과 이대앞이 '포스트 청년문화'의 가능성을 고민한다면, 연희동은 주택문화를 바탕으로 일상 중심의 로컬 콘텐츠를 활발하게 개척한다. 일상 중심의 콘텐츠란 요리, 소품 만들기, 홈 파티, 집 가꾸기 등 가족, 친구와 함께 하는 일상을 지원하거나 그것을 상품화한 콘텐츠를 의미한다. 서대문구는 많은 대학가를 품은 지역이다. 신촌권에는 연세대, 이화여대, 추계예술대, 경기대가 있고, 남가좌동권에는 명지대, 홍제권에는 서울여자간호대학교가 위치해 있다. 대학들이 모여 있는 지역이다 보니 서대문구 전체 인구 중 20대 비율이 가장 높다. 대학생과 사회 초년생인 20대가 많아 다양한 라이프스타일이 기대되는 곳이기도 하다. 서대문구는 서울역, 광화문 등 서울 시내와 인접해 있다. 일산, 은평구의 가도교(복잡한

## 서대문구 All Local Brands

① 일러스트 스튜디오 포카
작가의 오픈 작업실

② 사일런트 플로우
원목 가구를 만드는 공간

③ 시옷디귿스튜디오
도자기 만드는 공간

④ 서점 마므레
모임이 열리는 서점 카페

⑤ 아트스튜디오191
어른을 위한 그림공방

⑥ 그랑디안
한국 전통 디자인 패션 브랜드

⑦ 보틀라운지
일회용품 없는 카페

⑧ 파올로데마리아
이탤리언 파인 다이닝과 요리학교

⑨ 연희회관
창작자를 위한 쿠킹라운지

⑩ 시카고피자 연희점
연희동의 오래된 피자 맛집

⑪ 웍 스튜디오
이연복 셰프의 요리교실

⑫ 연희문학창작촌
작가들을 위한 문학인 레지던시

⑬ 롱보트스모커
북유럽 정통 훈제 연어 전문점

⑭ 포셋 연희
엽서 전문 문구점

⑮ 미세스웬디
피터팬제과점의 베이킹 스튜디오

⑯ 글월 Letter Shop *연희
편지와 관련한 디자인 숍

⑰ 시간이머무는홍차가게
홍차전문 카페

⑱ 써스데이스터핑
수제 샤퀴트리 전문점

⑲ 유어마인드
1세대 독립 서점

⑳ 폴앤폴리나
기본에 충실한 베이커리

㉑ L153 Art Company
아트 갤러리

㉒ 두두모자
핸드메이드 모자 공방

㉓ 콜드레시피
담백한 수제 아이스크림

㉔ 금옥당 연희점
국산 팥으로 만든 양갱 전문점

㉕ 티티에이
개성 있는 인테리어 리빙 편집숍

㉖ 정음철물
단독주택 라이프스타일 편집숍

㉗ 게으른부엌
제철 식재료를 활용한 요리교실

㉘ 에브리띵베이글
다양한 풍미의 베이글 전문점

㉙ 매뉴팩트커피
연희동 대표 에스프레소 카페

㉚ 하우스오브연희
팝업 스토어가 열리는 복합문화공간

㉚ 서울 그로서리클럽
건강한 국내외 그로서리 마켓 숍

㉛ 리훈맨션
깔끔한 디자인의 문구류 편집숍

㉜ 에이티쿠움파트너스
리모델링 전문 건축사 사무소

㉝ 바늘이야기 연희점
손뜨개 전문 복합 문화 공간

㉞ 평화가 깃든 밥상
한국 전통 채식 요리 교실

㉟ 사러가쇼핑센터
연희동을 지키는 동네 마켓

㊱ 연희동 가죽공방
가죽 소품 공방

㊲ 연희대공원
반려 동식물을 위한 복합 문화 공간

㊳ 로얄싸롱
일본식 경양식 전문점

㊴ 센트그릴
텍사스식 바비큐 전문점

㊵ 달걀책방
그림 책 전문 서점

㊶ 생활수집
디자이너들이 운영하는 편집숍

㊷ 연남장
전시와 행사가 열리는 복합 문화 공간

㊸ 마더그라운드
친환경 스니커즈 브랜드

㊹ 아날로그 네버 다이스
시즌제로 운영하는 편집숍

㊺ 임듀이
고양이 소품을 판매하는 아트 숍

㊻ 미워테라피
아로마 코칭이 가능한 아로마 공방

㊼ 서울의시간을그리다
서점 겸 한옥 카페

도로나 철로 위 공중으로 가로질러 설치한 다리) 역할을 하는 큰 도로(통일로, 성산로, 신촌로)가 있다. 3호선, 경의중앙선, 2호선 등 경기도, 강남권을 잇는 교통 요지이며, 그 주변으로는 주거지가 발달했다.

대학가와 더불어 서대문구의 중요한 자원은 하천이다. 세검정천, 홍제천, 불광천 등 하천이 길게 내려오며 동네를 이어준다. 이 하천을 따라 주거 지역이 밀집해 있다. 산책로가 잘 조성되어 있어, 여가를 즐기는 주민들이 많다. 산책, 조깅, 하이킹 등 다양한 방법으로 하천을 가까이할 수 있다는 점에서 만족도가 높다. 최근 불광천, 세검정천 부근에 MZ 세대의 취향을 저격할 만한 독립 가게들이 진입해 볼거리를 제공한다.

서대문구 도시 문화의 중심은 신촌이다. 1990년대 신촌 지역은 서울 부도심 중 하나로 연세대학교, 이화여자대학교를 중심으로 대학가 상권이 잘 발달한 동네 중 하나였다. 신원호 감독의 '응답하라' 드라마 시리즈 중 <응답하라 1994>는 신촌 연세대학교 근처에서 하숙하는 대학생들의 이야기를 담아 인기를 끌었다. '대학농구', '삐삐', '소개팅' 등 당시 시대상을 담은 에피소드는 많은 이들의 공감을 이끌어냈다. 그 시절, 신촌 문화의 중심에는 '대학생'이 있었다. 철학, 역사, 문화, 정치 등 다양한 곳에서 변화를 선도해온 대학 문화를 향한 호기심 내지는 동경이 신촌 문화 부흥 저변에 깔려 있었다. 신촌 기차역에서 2호선 신촌역까지는 '명물거리'로 불렸다. 2000년대 초반까지 이화여자대학교 앞은 일명 '이대 앞 패션거리'로 불리며 지역을 대표하는 상권으로 자리 잡았다. 1999년 스타벅스 1호점이 이화여대 앞에 생겨날 정도로 '테스트 마켓' 역할을 맡기도 했다. 이대 앞에서 시작한 패션거리의 위세는 '웨딩거리'와 '가구거리'로 바로 옆 아현동까지 영향을 미쳤다. 이대 앞 문화와는 별개로 '이대 후문' 문화도 존재한다. 누군가 골목상권이 관광지가 되기 전, 1995년 서울의 대표적인 골목상권이 어디냐고 묻는다면 필자는 이대 후문이라고 답할 것이다. 신촌 거리에서 보기 힘든 고급 한식당, 커피 전문점, 프랑스 식당, 피자 전문점이 자리했던 곳. 그곳은 당시 번잡한 일반 상권과 차별화된 오늘날 기준의 골목 상권이었다. 1970년대 이 지역은 연세대와 이화여대 교직원들이 모여 살던 조용한 고급 주택가였다. 상권으로 부상한 계기는 1979년 금화터널의 개통이다. 광화문에서 근무하는 공무원과 기업인이 자동차로 5분 이내에 도착할 수 있는 이곳을 찾게 되며 상권화된 것이다. 특색 있는 가게들이 자리한 이대 후문은 선구적인 골목 상권의 개척자였다.

그러나 지금의 신촌은 도시 문화, 청년 문화의 중심지라고 하기 어렵다. 신촌을 상징했던 청년 문화, 패션 문화가 1990년 이후 홍대로 이전하면서 현재 신촌은 인근 직장인 중심의 먹자골목으로 '전락'했다. 서울시와 서대문구가 '차 없는 거리'와 문화 행사로 신촌 상권을 복원하기 위해 노력하고 있으나, 상인들은 오히려 대기업 프랜차이즈의 진입과 자동차 접근성 악화에 따른 상권 불황을 호소한다. 신촌 쇠락을 가장 직접적으로 느낄 수 있는 곳은 이대 앞이다. 중국인 단체 관광객 유치를 위한 화장품 가게와 외국인 전용 면세 숍이 우후죽순 생겨나며 골목 상권은 힘을 잃었다. 지역 주민과 학생들에게 외면받고 관광객이 중심이 되었던 골목은 외교 문제 등으로 인한 반한(反韓) 분위기에 영향을 받았다. 그러다 2020년 시작된 팬데믹으로 관광객들의 방문이 아예 끊기면서 골목은 더욱 침체되었다. 관광객들의 발길이 끊긴 골목에 지역 주민들은 다시 돌아오지 않았다.
이대 후문도 평범한 동네 상권으로 돌아갔다. 매력적인 모습이 일부 남아 있지만 여행자가 찾을만큼 개성 있는 골목 상권은 아니다.
2000년 중반 이후 연남동과 연희동 골목 상권이

급격히 성장하는 동안 이대 후문은 조용히 자신의 자리로 돌아갔다. 관광객이 아닌 지역 주민이 주로 이용하던 1980년대 동네 상권의 모습으로 말이다.

이러한 로컬 콘텐츠 침체에도 신촌의 미래를 부정적으로 보는 사람은 많지 않다. 신촌에는 청년 인구를 포함한 대학가 자원이 풍부하기 때문이다. 신촌 상권 재생은 대학에 달려 있다. 대학 문화와 청년 문화의 다시 되살아난다면, 도시 재생 사업은 크게 탄력을 받을 것이다. 신촌 대학가 상권은 캠퍼스 상권을 예술로 복원한 미국 시라큐스대학 사례를 살펴볼 필요가 있다. 캠퍼스타운에 도시환경대학원이나 디자인대학원을 신설, 도심 위치의 이점을 활용할 수 있는 '도시학'을 육성해나가야 한다. 신설 기관이 입주하는 건물에는 북 카페, 소극장, 독립 서점, 편집숍 등 캠퍼스 타운에 어울리는 상업 시설을 유치해야 한다. 인사동 '쌈지길'처럼 신촌 상권의 새로운 앵커 스토어로 상권 전역의 변화를 유도할 수 있을 것이다.

대학이 도시와 지역 개발의 주체가 되어야 하는 이유는 간단하다. 지식, 인재, 문화 등 도시 경쟁력을 결정하는 핵심 자원이 모두 대학에 집적되어 있기 때문이다. 지역 대학과 상생 협력해 산업 혁신을 이끄는 것은 지역의 미래를 다지는 위대한 투자다.

서대문구 지자체의 역할도 중요하다. 지역을 살리는 데는 거창한 도시 브랜드나 대단한 지원 사업이 필요한 것이 아니다. 지역 대학과 협력해 걷기 좋은 길, 걷고 싶은 골목이 될 수 있도록 정비하는 것부터 시작해보자. 청년과 소상공인의 새로운 시도를 응원해주고 지원하는 정책도 꾸준히 펼쳐주길 바란다. 로컬 콘텐츠 상권을 발전시키는 밑거름이 되고, 우리가 알던 1990년대 신촌의 '르네상스'를 다시 만날 방법이 될 것이다.

'보보' 라이프스타일을 제안하다
## 연희동

연희동은 라이프스타일을 제안하는 동네다. 연희동 로컬을 일상으로 표현한다면, 한마디로 '보보$^{Bobo}$'라 정의할 수 있다. 보보는 '보헤미안 부르주아$^{Bohemian Bourgeois}$'를 의미한다. 예술적, 진보적 가치를 지향하는 고소득 전문직이 대표적인 보보 계층이다.

연희동은 서대문구에서 가장 많은 세대(18,980세대)와 인구(37,734명)가 등록되어 있는 행정동이다. 연세대학교, 이화여자대학교가 맞닿아 있기도 하다. 신촌보다 약 5,000세대가 더 많고, 대단지 아파트에 거주하는 인구수도 인근 동네들보다 많다. 이러한 점에서 서대문구 중심 지역 역할을 하고 있다고 볼 수 있다. 지리적으로도 연희동은 거주지, 생활권 역할을 하면서도 신촌 대학가와도 근접해 오가는

**연희동**
① 인구(명) 37,734
② 인구밀도(명/km²) 12,372
③ 저층 주택 비중(%) 72.0
④ 1인 가구 비중(%) 49.0
⑤ 스마트스토어 소상공인 비중(%) 74.5

이들이 많은 곳이기도 하다. 연희동 로컬 상권의 특징은 '가족, 친구와 함께 즐기는 일상'으로 표현할 수 있다. 뜨개질 공방, 요리 학원, 철물점 등 주민들의 여유로운 일상을 지원하는 가게가 많다. 여기에 '피터팬', '연희동칼국수', '사러가쇼핑센터', '쿠움파트너스', '어반플레이', '금옥당', '보틀팩토리', '콜드레시피', '폴앤폴리나', '매뉴팩트커피' 같은 '동네 대기업'이 더해져 동네 경제 생태계를 이룬다. 연희동 상권의 역사는 그리 길지 않다. 연희동은 지역 주민을 대상으로 서비스하는 동네 상권으로 머물다 2010년대 외부인이 찾는 골목 상권으로 변모했다. 2010년대에 들어서야 보보 동네의 면모를 갖추기 시작한 것이다. 프랜차이즈 중심의 연세대 정문 상권과 달리, 연세대 서문 지역인 연희동의 상권은 개성을 갖춘 이색적인 독립 가게 중심으로 형성됐다. 연희동은 매년 '연희 걷다'라는 마을 축제, '연희 아트페어'를 개최할 정도로 마을 문화가 발달했다. 연희동의 수많은 가게가 '연희'를 상호로 사용하는 것을 보면 연희동이 하나의 브랜드가 된 것을 실감할 수 있다. 연희동 부상의 배경에는 홍대 앞 접근성이 작용했다. 연희동과 연남동은 기찻길과 큰 도로로 분리되어 있지만 굴다리를 통해 연결성을 유지한다. 이 굴다리를 통해 홍대 앞 유동 인구가 연희동으로 넘어온 것이다. 2010년 이후 연희동이 홍대 상권으로 편입되는 데 결정적인 기여를 한 지역 공간 디자인이라 할 수 있다.

이 굴다리 근처 따릉이 정거장은 홍대 앞으로 향하는 청년들에게 최고의 교통수단을 제공하는 장소다.

사람들이 걷기 좋아하는 조용한 이면도로를 비롯해 단독주택 중심으로 구성된 동네 분위기 또한 연희동을 특별하게 한다. 이러한 분위기를 찾아 예술가와 로컬 창업가가 스며든다.

연희동에서는 새로운 시도가 콘텐츠를 적극적으로 수용하는 동네 분위기와 방문객으로 연희동만의 무드를 만들어가는 중이다. 미국 저명한 칼럼니스트이자 도시계획가이기도 한 제인 제이콥스는 '사람들이 좋아하는 골목의 조건'을 이야기했다. '자동차가 다니지 않거나 혼잡하지 않은 1, 2차선 도로와 3층 이하의 낮은 건축물에 둘러싸인 이면도로'가 바로 그 것. 연희동은 이러한 조건을 충족시키는 동네다. 외국인 학교, 화교 학교, 연세대학교 등 주변에 학교가 인접하고, 외국인도 많이 거주해 다양한 문화와 세대를 경험할 수 있다. 외국인을 대상으로 판매하는 수입 식품, 서비스 등을 동네에서 이용할 수 있다는 것도 이색적인 분위기를 연출한다. 다양한 문화가 동네에 공존한다는 것 또한 로컬 산업에 있어 좋은 기회가 되었다.

연희동은 2000년대 후반부터 '더 미디엄 아트 스페이스 연희동 프로젝트', '연희 문학 창작촌'이 자리 잡으면서 문화 중심지가 되었다. 최근에는 연희동 골목길에 작업실을 마련하는 공예 작가가

# 연희동 All Local Brands

⑦ 보틀라운지
일회용품 없는 카페

⑧ 파올로데마리아
이탤리언 파인 다이닝과 요리 학교

⑨ 연희회관
창작자를 위한 쿠킹 라운지

⑩ 시카고피자 연희점
연희동의 오래된 피자 맛집

⑪ 웍 스튜디오
이연복 셰프의 요리 교실

⑫ 연희문학창작촌
작가를 위한 문학인 레지던시

⑬ 롱보트스모커
북유럽 정통 훈제 연어 전문점

⑭ 포셋 연희
엽서 전문 문구점

⑮ 미세스웬디
피터팬제과점의 베이킹 스튜디오

⑯ 글월 Letter Shop *연희
편지와 관련한 디자인 숍

⑰ 시간이머무는홍차가게
홍차 전문 카페

⑱ 써스데이스터핑
수제 샤퀴트리 전문점

⑲ 유어마인드
1세대 독립 서점

⑳ 폴앤폴리나
기본에 충실한 베이커리

㉑ L153 Art Company
아트 갤러리

㉒ 두두모자
핸드메이드 모자 공방

㉓ 콜드레시피
담백한 수제 아이스크림

㉔ 금옥당 연희점
국산 팥으로 만든 양갱 전문점

㉕ 티티에이
수제 식기, 의류를 제작하는 편집숍

㉖ 정음철물
개성 있는 인테리어 리빙 편집숍

㉗ 게으른부엌
제철 식재료를 활용한 요리교실

㉘ 에브리띵베이글
다양한 풍미의 베이글 전문점

㉙ 매뉴팩트커피
연희동 대표 에스프레소 카페

㉚ 하우스오브연희
팝업 스토어가 있는 복합 문화 공간

㉚ 서울 그로서리클럽
건강한 국내외 그로서리 판매 숍

㉛ 리훈맨션
깔끔한 디자인의 문구류 편집숍

㉜ 에이티쿠움파트너스
리모델링 전문 건축사 사무소

㉝ 바늘이야기 연희점
손뜨개 전문 복합 문화 공간

㉞ 평화가 깃든 밥상
한국 전통 채식 요리 교실

㉟ 사러가쇼핑센터
연희동을 지키는 동네 마켓

㊱ 연희동 가죽공방
가죽 소품 공방

㊲ 연희대공원
반려 동식물을 위한 복합 문화 공간

㊳ 로얄싸롱
일본식 경양식 전문점

㊴ 센트그릴
텍사스식 바비큐 전문점

㊵ 달걀책방
그림책 전문 서점

㊶ 생활수집
디자이너들이 운영하는 편집숍

㊷ 연남장
전시와 행사가 열리는 복합 문화 공간

㊸ 마더그라운드
친환경 스니커즈 브랜드

### 연희동 테마 여행

🏠 킨포크
(요리 학원, 철물점, 편집숍, 마켓 등)
⑬ 웍 스튜디오
㉑ L153 Art Company
㉖ 티티에이
㉗ 정음철물
㉚ 게으른부엌
㉝ 리훈맨션
㉟ 바늘이야기 연희점
㊱ 평화가 깃든 밥상
㊷ 연남장

🎨 외국인 생활 문화
⑧ 파올로데마리아
⑩ 시카고피자 연희점
⑬ 롱보트스모커
⑰ 시간이머무는홍차가게
⑱ 써스데이스터핑
㉓ 콜드레시피
㉘ 에브리띵베이글
㉚ 서울 그로서리클럽
㉟ 사러가쇼핑센터
㊳ 로얄싸롱
㊴ 센트그릴

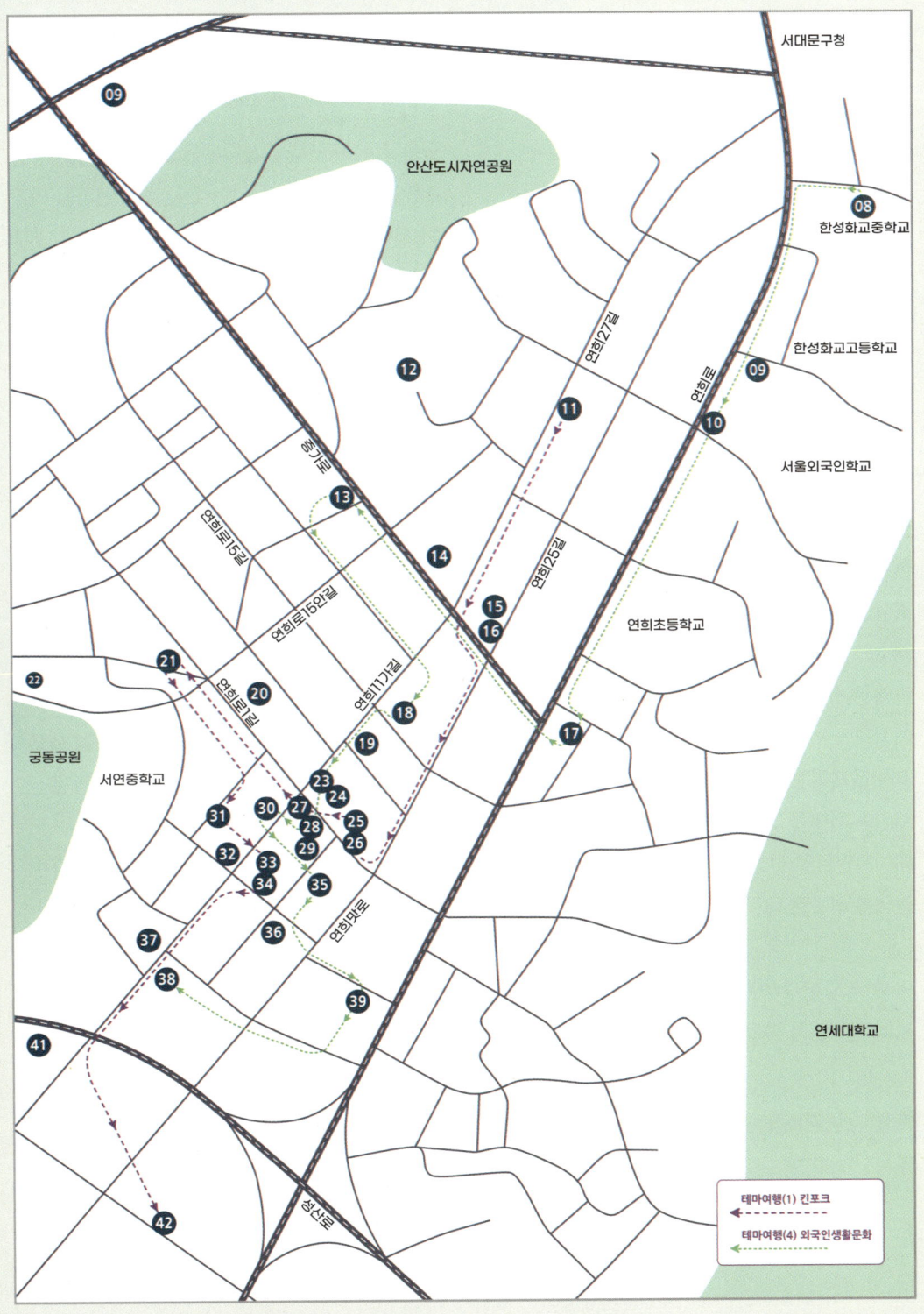

늘었다.

연희동의 중심에는 '다양함'이라는 동네 정체성을 보여주는 대표 로컬 브랜드 '사러가쇼핑센터'가 있다. 이곳에는 유기농 채소, 수입 잡화, 동네 먹거리 브랜드가 입점해 있다. 사러가쇼핑센터는 백화점 식품 코너를 축소해놓은 것 같다. 단순히 동네 마트라고 하기에는 이색적인 물건이 많다. 다양하고 신선한 유기농 채소는 물론 지역 상생을 위해 연희동만의 식품 브랜드, 수입 잡화 매장이 함께 자리한다. 1975년 전통시장이었던 연희시장을 인수해 현대화된 독립 슈퍼마켓 비즈니스 모델을 시도한 것이 바로 사러가쇼핑센터. 현재 이곳은 연희동 간판 브랜드가 되어 골목 소상공인들의 활동을 지원한다. '사러가의 채소만 씁니다'라고 붙여놓은 연희동 골목 가게 안내문에서는 지역민이 이곳에 갖는 자부심과 애정이 느껴진다. 2013년 연남동에 자리 잡은 '어반플레이'는 로컬이라는 개념이 생소하던 시기에 지역을 기반으로 한 로컬 크리에이터 매니지먼트를 선보였다. '로컬 크리에이터'라는 단어를 최초로 내건 기업이기도 하다. '도시에도 OS<sup>operating System</sup>가 필요하다'며 융·복합 기술로 도시 내 사회적 이슈를 해결하고자 했고, 그 위에 지역만의 감성을 덧입혔다. 지역과 동네에 필요한 서비스와 상품을 선보이는 로컬 콘텐츠 기업으로 청년들의 일자리와 주거지, 놀이터를 결합한 공간과 콘텐츠를 개발하고, 자생할 수 있는 작은 도시를 조성하는 것을 목표로 했다. 어반플레이의 활동 무대는 연남동과 연희동이다. 이 지역에만 7개의 로컬 브랜드를 선보이고 있다. 사업 초창기에 기업과 협업해 축제를 진행하기도 했다. 그러나 이 과정에서 지역민과 소상공인, 창작가가 만든 콘텐츠를 발굴하고 지원하는 운영 주체가 없음에 갈증을 느끼고 본격적으로 제작에 뛰어들었다. 그중 '연남방앗간'은 어반플레이가 오프라인 공간에 대한 필요성을 절감하며 지역 문화를 수집하고 발굴, 기획해 만든 곳이다. 상점과 카페, 책방, 작업실을 모아둔 곳으로 연남동 사랑방을 모티브로 한다. '연남장'은 오랜 시간 비어 있던 유리 공장을 개조해 만든 호텔 겸 복합 문화 공간. 2019년에 선보인 '연희대공원'은 가족만큼 소중한 반려동물과 식물 등을 돌볼 수 있는 곳이며, 같은 해 문을 연 '연희회관'은 식음료 창작자를 위한 로컬 라운지다. 로컬 비즈니스에서 연결, 만남, 커뮤니티는 필수다. 어반플레이는 소비자와 생산자, 사업자가 서로 연결되는 다양한 커뮤니티 플랫폼을 구축한다. 마이크로타운, 커뮤니티 호텔, 복합 문화 공간, 로컬 편집숍, 상권 개발 등이 그것이다. 다양한 업종을 융합한 로컬 플랫폼으로 상가의 공실, 빈집, 폐공장, 노후한 중소형 건물, 대형 빌딩 로비 등 도시의 유휴 공간에 어반플레이만의 콘텐츠를 심어 운영한다. 어반플레이가 기획하고 시작한 골목의 변화는 고유한 콘텐츠를 갖춘 공간에서 시작되었다. 그리고 그 공간들이 각각 거점이 되어 모였을 때 동네에서 변화가 생겨났다. 연희동 상권은 단독주택을 개조한 오픈 상가 건물로 구성돼 있다. 그중 70여 개가 '쿠움파트너스'라는 한 기업에 의해 개발됐다. 상당수의 개조 건물에서 이 기업이 임대 사업을 직접 하기 때문에 지역 임대료에 적지 않은 영향력을 행사하는 것으로 알려져 있다. 쿠움파트너스는 또한 동네 건축의 통일성에 기여한다. 하나의 단독주택을 부속 건물(두 번째 건물)과 중정, 오픈 계단과 다리를 사용해 6~8개의 상업 공간이 입점한 하나의 '작은 마을'로 개발한다. 한 기업이 비슷한 방식으로 건물을 리모델링하기 때문에 다른 저밀도 지역에서 경험하기 어려운, 건축 환경의 일관성이 존재한다. 연희동은 민간 주도 도시 재생 모델로 볼 수 있다. 정부 개입 없이 자생적으로 발전해왔으며, 상주인구를 배경으로 성공한 케이스다. 그 배경에 지역을 대표하는 지역 마트, 늘 새로운 시도로 이어진 다양한 골목 이야기가 있었기에 가능했다. 연희동은 신촌권의 5개 대학(연세대, 이화여대, 명지대, 홍익대, 서강대), 상암동과 홍대 지역을 기반으로 한 직장에 도보로 접근할 수 있는 지역이다. 아직 연희동 내부 일자리가 충분하지 않다고 말할 수 있지만 종합적으로 보면 직주락이 가능한 서울에서 몇 안 되는 저밀도 지역이다.

글로벌 도시 트렌드로 자리 잡은 '15분 도시'는 생활권 내 이동을 최소화해 탄소 배출을 줄이는 '그린 도시' 형태를 지향한다. 이를 완성하기 위해서는 도보나 자전거를 이용해 2km 내, 즉 15분 거리에서 일과 상업, 교육 등의 일상이 가능해야 한다. 연희동은 이러한 15분 도시 모델에 가장 적합한 곳이라 생각된다. 서울시설공단 통계에서 따릉이 대여 순위가 높은 정거장 중 하나가 '연희동-홍대역 경로'다. 자전거를 이용해 10분 정도면 연희동에서 홍대 지하철역까지 이동 가능하다. 15분 도시가 지향하는 '콤팩트 시티'의 모습이다. 학교, 마트, 주거 등이 잘 갖추어져 있는 연희동, 그리고 직장, 지하철 및 시외 교통이 잘 발달한 홍대의 연결성을 보여준다. 이 지역 많은 사람들이 자신도 모르는 사이 콤팩트 시티 라이프스타일을 즐기고 있던 셈이다.

PART I : 로컬이 강한 도시와 동네

서울 성동구

# 지역 전체가 복합 문화 공간을 이루다

서울 성동구 | 성수동

엔터테인먼트사, 명품 기업과 대기업 팝업 스토어 등 MZ 세대를 자극하는 콘텐츠가 가득한 성동구. 이러한 지역 문화는 우연히 생겨나지 않았다. 좋은 인상을 주지 못했던 지역 시설들을 새롭게 탄생시키고, 지리적 이점을 충분히 활용했다. 크리에이터와 지역 주민, 지자체가 개척해 나간 로컬 문화가 성동구 전체 이미지를 리디자인했다.

서울 성동구
① 인구(명) 292,672
② 인구밀도(명/km²) 17,359
③ 저층 주택 비중(%) 26.0
④ 1인 가구 비중(%) 34.9
⑤ 스마트스토어 소상공인 비중(%) 69.1

# 성동구 All Local Brands

**01 어썸데이 365프로젝트**
천연 비누, 캔들 공방

**02 셀리앙**
주얼리 금속 공방

**03 샤이닝페터 스테인드글라스**
스테인드글라스 공방

**04 퀸즈홈**
감성적인 홈데코 소품 숍

**05 전풍호텔라운지**
사라진 전풍호텔을 기리는 퓨전 식당

**06 지은자기**
나만의 도자기를 만드는 공방

**07 옥수서재**
옥수동 동네 책방

**08 카모메 그림책방**
어른을 위한 그림책 독립 서점

**09 푸르스트의 서재**
독서 모임이 있는 동네 독립 서점

**10 천연구소**
섬유 염색과 실 염색이 가능한 공방

**11 타이티 스튜디오**
원목, 소이 왁스 방향제 디자인 공방

**12 어네이티브**
캠핑 전문 아웃도어 브랜드

**13 프라이데이무브먼트**
아웃도어 라이프스타일 편집숍

**14 더피커**
제로 웨이스트 라이프스타일 플랫폼

**15 피노크**
새로운 작가를 소개하는 공예 숍

**16 심오피스**
인재 개발 교육 연구 센터

**17 키오스크키오스크**
영감을 주는 아트 숍

**18 스펙스몬타나 플래그십 성수**
아이웨어 브랜드의 쇼룸

**19 소녀방앗간 서울숲시작점**
로컬 식재료로 만든 한식 밥집

**20 세이모온도 플래그십스토어**
디자이너 가방 브랜드의 쇼룸

**21 배럴 성수 플래그십스토어**
워터 스포츠 라이프스타일 숍

**22 트립북앤스페이스**
여행을 공유하는 서점

**23 코사이어티 서울숲**
도심 속 코워킹 스페이스

**24 제3양조**
제3의 주류를 만드는 양조장

**25 헤이그라운드 성수 시작점**
일하며 성장하는 코워킹 스페이스

**26 카우앤독**
소셜 벤처 코워킹 스페이스

**27 에디션덴마크 서울숲 쇼룸**
덴마크 라이프스타일 숍

**28 어메이징브루잉컴퍼니**
크래프트 맥주 양조장

**29 공간 와디즈**
와디즈 펀딩 제품이 있는 공간

**30 홈어게인 아트 프린트**
홈스타일링 전문 소품 숍

**31 윤 성수**
아이웨어 YUN의 플래그십 스토어

**32 피치스 도원**
'Peaches'의 오프라인 스토어

**33 오르에르**
정원이 있는 복합 문화 공간

**33 POINT of VIEW SEOUL**
'어른이'를 위한 문구점

**34 레어로우 하우스**
가구 브랜드의 쇼룸

**35 플라츠 S**
브랜드가 모여 있는 복합 문화 공간

**36 GS25 도어투성수점**
GS25 팝업 스토어

**37 무신사 테라스 성수**
무신사의 팝업 전시 공간

**38 로우로우**
트립 웨어 전문 브랜드

**39 수피**
리테일 편집숍

**40 프로젝트렌트 1호점**
'핫플' 성수를 만드는 팝업 스토어

**41 한강주조**
수제 막걸리 양조장

**42 성수동대림창고갤러리**
2011년 문을 연 복합 문화 공간

**43 아더 성수 스페이스**
볼거리가 많은 브랜드 스토어

**44 성수연방**
생활 문화 기반의 복합 문화 공간

**45 아모레성수**
아모레퍼시픽의 체험 공간

**46 KT&G상상플래닛**
청년 사업가를 위한 코워킹 스페이스

**47 팬암 성수플래그쉽스토어**
패션 브랜드로 재탄생한 팬암의 공간

**48 로우플로우**
수제화 브랜드 아틀리에

**49 오우드**
디저트가 맛있는 카페

**50 LCDC SEOUL**
4층 규모의 복합 문화 공간

**51 마켓인유**
구제 의류 빈티지 숍

**52 소영씨스토어**
소셜 벤처 편집숍

**53 해피어마트 by 오롤리데이**
오롤리데이의 쇼룸

**54 슬로우파마씨**
라이프스타일을 제안하는 식물 숍

**55 소셜캠퍼스 온**
사회적 기업 성장지원센터

**55 어반비즈 서울**
도시 양봉을 하는 사회적 기업

**56 그라운드시소 성수**
영감을 주는 전시 공간

**57 성수낙낙**
빨간 벽돌로 지은 복합 문화 공간

서울 성동구 | 성수동

최근 많은 언론과 미디어에서 '마용성'이라는 단어를 많이 접하게 된다. 인기 있는 거주지로 언급되는 '마포-용산-성동'을 일컫는 말이다. 지역 모두 한강을 접하고 있고, 지하철과 자동차 전용 도로 등 사통팔달의 교통망을 갖추었다는 점, 주변으로 거주지가 발달했다는 공통점을 가지고 있다. 부동산 시장에서 사용하는 신조어지만, 최근 성동구가 많은 이들의 관심을 받고 있다는 점에서도 의미를 찾을 만하다. 성동구는 소위 '힙'한 문화의 중심지로 꼽힌다. 대기업, 연예 기획사, 명품 기업이 성동구 성수동으로 본사를 옮기거나, 팝업을 운영한다. 최근 한 언론은 기업이 브랜드 체험 공간, 쇼룸으로 운영하는 팝업 스토어를 성수동 동력으로 설명하기도 했다. 그러나 성수동 로컬 역사는 이러한 하나의 현상에 의한 것이라고 보기에는 깊고도 넓다.

현재 성동구 지역 문화를 주도하는 곳은 성수동이다. 홍대 앞, 이태원, 삼청동, 가로수길 등 서울 1세대 골목 상권보다 늦게 시작된 후발 주자라 할 수 있다. 그럼에도 현재 홍대 앞, 이태원과 더불어 서울 3대 골목 상권 중 하나로 자리 잡았다. 명품 매장, 스타트업, 대기업 본사, 연예 기획사 등 사회가 주목하는 기업을 다양하게 유치했다는 점에서는 다른 지역보다 더 주목받는 상권이라고 말할 수 있다.

그러나 성수동이 성동구의 전부는 아니다. 성수동 외에도 성동구에는 새로운 문화를 개척하는 동네가 많다. 왕십리역은 성동구 중심 지역으로 대형 쇼핑몰과 한양대학교가 있어 청년층을 타깃으로 한 가게가 끊임없이 생겨나는 곳이다. 성동구는 2017년, 한양대학교와 가까운 왕십리역 주변을 '젊음의 거리'로 만들었다. 유동 인구가 많은 거리이기 때문에 보행 도로를 넓히고 CCTV를 설치하는 등 환경 조성에 나섰다. 걷기 좋은 환경을 조성해 '지역 중심 대표 보행 거리'로 만들기 위함이었다.

금호동도 성동구의 떠오르는 '루키'로 평가 받는 동네다. 1990년대 드라마 <서울의 달>의 배경이 된 금호동은 가난하지만 열정이 넘치는 소시민들의 삶의 터전으로 묘사되었다. 한강변을 따라 위치한 동네가 거의 평지인 것과 달리 금호동은 매봉산과 응봉산의 사이에 위치해 지형이 매우 가파른 편. 최근 금호동은 재개발로 많은 구역이 아파트 단지로 변해가고 있다. 성동구 중에서도 주거 중심 지역으로 자리 잡아가는 금호동이지만 최근에는 아기자기한 상점과 서점 등이 생겨나며 변화가 일어나는 듯하다. 성동구 부상을 견인하는 자원은 1인 가구다.

서울 성동구 | 성수동

성동구는 1인 가구가 많은 지역 특성을 살려 청년부터 노년까지 다양한 세대를 아우르는 1인 가구 사업을 선보이기도 했다. 사실 많은 정부 사업이 전통적인 기혼 가정에 초점을 맞추어 기획된다. 하지만 성동구는 집수리, 청소, 운동, 건강한 식습관 등 1인 가구의 삶의 질을 높일 수 있는 지원 체계를 만들었다.

청년 1인 가구를 위한 이사 차량 지원 서비스, 입주 청소, 요리 수업, 운동 모임 등 다양한 프로그램을 기획·운영했다. 중·장년 1인 가구를 위해서는 제철 작물 재배 및 요리 프로그램을 진행하는 등 다양한 연령대의 1인 가구 특징에 따라 세심하게 사업을 기획했다. 이미 1인 가구의 증가는 서울 전역은 물론 전국적으로 나타나는 사회현상이다. 이러한 사회 흐름을 파악하고 이들을 위한 지원 사업의 영역을 넓혀간 것이 지역 정착에 긍정적인 역할을 했을 것이라고 본다.

성동구의 전통 산업도 지역 자원으로 활용된다. 축산물 시장, 중고 자동차 시장, 수제화 거리, 하수처리장 등 큰 부지가 필요한 산업이 성동구에 자리 잡아 성장해왔다. 성동구청 통계에 따르면 서울시에서 섬유 제품 제조, 의복, 의복 액세서리 및 모피제품 제조업체가 많은 지역구 중 하나가 성동구다. 이는 도매상이 많은 동대문과 가까운 지리적 여건 때문일 가능성이 높다.

성동구를 대표하는 또 다른 산업은 축산물 분야다. 일제강점기에 청계천과 접해 있고 전차가 지나가는 지리적 이점 때문에 종로구 숭인동에 있던 가축 시장을 성동구 마장동으로 옮기자는 계획이 수립됐다. 그러나 이것이 현실화된 것은 해방이 되고 나서다. 마장동 축산 시장은 수도권 축산물 유통의 60~70%를 담당하고 있다. 단일 육류 시장으로는 세계에서도 유래를 찾을 수 없을 정도로 큰 규모다. 도축과 정육에 대한 낮은 인식을 '3정 운동(정품, 정량, 정찰제)' 등으로 높였고, 시장 현대화에 성공해 일명 '먹자골목'까지 함께 발달하는 긍정적인 발전을 이루었다.

송정동에는 도로사업소, 교통안전공단, 하수처리장이 넓게 자리 잡고 있다. 송정동 전체 크기의 꽤 많은 부분이 도시 인프라를 위해 쓰이고 있어 주민들이 대부분 지역에 접근하기 어려웠다. 그러니 자연스레 발전도 더디게 이루어졌다. 특히 하수처리장의 경우 악취로 많은 민원이 발생하기도 했다. 하지만 최근 악취를 발생시키는 시설은 지하로 옮기고 지상에는 '물 순환 테마파크'를 만들어 지역 명소로 거듭났다. 물 순환 테마파크는 하수처리장에 대한 교육과 체험이 가능한 프로그램을 상시 운영하고 있다. 지역의 '혐오 시설'을 '호감 시설'로 바꾼 긍정적인 사례라 할 수 있다.

바로 옆 장한평에는 2017년 '서울새활용플라자'가 개관했다. '자원순환도시 서울시 비전 2030'을 실천하기 위한 일환으로 재생 특구인 성동구 장한평에 조성되었다. 지상 5층, 지하2층으로 이루어진 이곳은 폐자원을 이용한 소재와 디자인, 제조, 유통을 한 곳에 모으겠다는 의지가 담겨 있다. 실제로 업사이클 혹은 제로 웨이스트를 지향하는 사회적 기업 혹은 디자인 스타트업이 이곳에 입주해 다양한 사업과 프로그램을 펼쳐나가고 있다. 지역 주민들은 이곳을 통해 가까이에서 '새활용'이라는 새로운 산업에 대한 인식과 체험을 할 수 있다. '아름다운 기업'의 업사이클 브랜드 '에코파티메아리', 배터리 재생 스타트업 '인라이튼' 등을 비롯해 업사이클 교육을 진행하는 다양한 기업과 공방이 입주해 성동구에서 새로운 시장을 만들어가고 있다.

PART I : 로컬이 강한 도시와 동네

**복합 문화 공간 생태계를 완성하다**
# 성수동

**서울 성수동**
① 인구(명) 56,952
② 인구밀도(명/km²) 47,579
③ 저층 주택 비중(%) 40.0
④ 1인 가구 비중(%) 39.5
⑤ 스마트스토어 소상공인 비중(%) 74.8

성수동은 '서울의 브루클린'으로 불리며 지역 전체가 복합 문화 공간 역할을 하는 곳이다. 공장과 그 건물을 이루는 붉은 벽돌, 지상 전철 등 성수동 이미지가 뉴욕 브루클린을 떠올리게 한다. 성수동이 부상하기 시작한 2011년보다 8년 정도 앞서 나온 도시 전문가 김진애 박사의 책 <우리도시 예찬>에서 성수동을 '보라색 앨리'라고 주목했다. 준공업 지역의 특성과 벤처단지를 결합한 우리나라의 실리콘밸리가 될 것이라는 예측에서였다. 그의 예측은 현실이 됐다. 공장, 창고를 개조해서 재탄생한 공간이 성수동 구석구석 많이 생겨났다. 최근에는 대기업이 앞다투어 플래그십 스토어를 열 정도로 다양한 문화와 새로운 시도가 끊임없이 이어지고 있다. 이런 분위기 속에서 로컬 브랜드, 로컬 창업도 활발하게 이루어지고 있다. 이처럼 동네

전체가 복합 문화 공간의 생태계가 만들어진 성수동만의 매력은 무엇일까?
성수동은 원래 자동차 정비업, 인쇄·섬유·가죽·수제화 산업 등 대표적인 준공업 지역으로 공장이 주를 이루는 곳이었다. 서울시 구두 제조업체 중 66%의 종사자가 성동구에 집중되어 있을 만큼 성수동은 수제화 산업의 클러스터였다. 성수동 수제화 산업 지역은 비교적 짧은 시간에 자생적으로 형성된 도시형 산업 집적지다. 1980년대 이후 명동, 금호동, 충무로에서 활동하던 업체와 공장이 몰리면서 형성되었다. 당시 구두 대량생산을 주도하는 기업들이 성수동 일대에 위치해, 성수동 수제화 산업은 최고의 전성기를 누릴 수 있었다. 2000년대 이후 저렴한 중국제 제품의 공세와 운동화 시장의 확대로 수제화 산업은 위축되어 갔다.
2002년 성동구는 한양대학교와 합작해 '성수벤처밸리'를 설립하고 벤처기업 육성 지원을 시작했다. 이미 20년 전부터 벤처기업을 성수동에서 육성하겠다는 지자체의 의지가 있었던 셈이다. 2005년에는 서울숲이 개장하면서 성수동 분위기는 바뀌기 시작한다. 2012년 분당선 개통으로 2호선과 분당선이 함께 지나는 교통 요지로 떠올랐다.
2011년 정미소와 공장 부자재 창고로 쓰였던 공간을 개조한 갤러리 카페 '대림창고'가 오픈하며 성수동에 새로운 바람이 불었다. 공장 분위기 그대로 유지한, 이색적인 공간을 찾는 이들이 줄을 이었다. 대림창고를 찾는 발걸음이 많아지며 주변에 다른 가게들도 생겨나 상권이

## 성수동 All Local Brands

⑬ 프라이데이무브먼트
아웃도어 라이프스타일 편집숍

⑭ 더피커
제로 웨이스트 라이프스타일 플랫폼

⑮ 피노크
새로운 작가를 소개하는 공예 숍

⑯ 심오피스
인재 개발 교육 연구 센터

⑰ 키오스크키오스크
영감을 주는 아트숍

⑱ 스펙스몬타나 플래그십 성수
아이 웨어 브랜드의 쇼룸

⑲ 소녀방앗간 서울숲시작점
로컬 식재료로 만든 한식 밥집

⑳ 세이모온도 플래그십스토어
디자이너 가방브랜드의 쇼룸

㉑ 배럴 성수 플래그십스토어
워터스포츠 라이프스타일 숍

㉒ 트립북앤스페이스
여행을 공유하는 서점

㉓ 코사이어티 서울숲
도심 속 코워킹 스페이스

㉔ 제3양조
제 3의 주류를 만드는 양조장

㉕ 헤이그라운드 성수 시작점
일하며 성장하는 코워킹 스페이스

㉖ 카우앤독
소셜벤처 코워킹 스페이스

㉗ 에디션덴마크 서울숲 쇼룸
덴마크 라이프스타일 숍

㉘ 어메이징브루잉컴퍼니
크래프트 맥주 양조장

㉙ 공간 와디즈
와디즈 펀딩 제품이 있는 공간

㉚ 홈어게인 아트 프린트
홈스타일링 전문 소품숍

㉛ 윤 성수
아이웨어 YUN의 플래그십 스토어

㉜ 피치스 도원
'Peaches'의 오프라인 스토어

㉝ 오르에르
정원이 있는 복합문화공간

㉝ POINT of VIEW SEOUL
어른을 위한 문구점

㉞ 레어로우 하우스
가구 브랜드의 쇼룸

㉟ 플라츠 S
브랜드가 모여있는 복합문화공간

㊱ GS25 도어투성수점
GS25 팝업스토어

㊲ 무신사 테라스 성수
무신사의 팝업전시공간

㊳ 로우로우
트립 웨어 전문 브랜드

㊴ 수피
리테일 편집숍

㊵ 프로젝트렌트 1호점
핫플 성수를 만드는 팝업 스토어

㊶ 한강주조
수제막걸리 양조장

㊷ 성수동대림창고갤러리
2011년 문을 연 복합 문화 공간

㊸ 아더 성수 스페이스
볼거리가 많은 브랜드 스토어

㊹ 성수연방
생활 문화 기반의 복합 문화 공간

㊺ 아모레성수
아모레퍼시픽의 체험 공간

㊻ KT&G상상플래닛
청년 사업가를 위한 코워킹 스페이스

㊼ 팬암 성수플래그쉽스토어
패션브랜드로 재탄생한 팬암의 공간

㊾ 로우플로우
수제화 브랜드 아뜰리에

㊿ 오우드
디저트가 맛있는 카페

㉛ LCDC SEOUL
4층 규모의 복합문화공간

㉛ 마켓인유
구제 의류 빈티지 숍

㉜ 소영씨스토어
소셜 벤처 편집숍

㉝ 해피어마트 by 오롤리데이
오롤리데이의 쇼룸

㊴ 슬로우파마씨
라이프스타일을 제안하는 식물 숍

㉟ 소셜캠퍼스 온
사회적 기업 성장지원센터

㉟ 어반비즈 서울
도시 양봉을 하는 사회적기업

㊱ 그라운드시소 성수
영감을 주는 전시공간

㊲ 성수낙낙
빨간 벽돌로 지어진 복합문화공간

### 성수동 테마 여행
🏠 팝업 (테마여행)
㊱ GS25 도어투성수점
㊲ 무신사 테라스 성수
㊵ 프로젝트렌트 1호점
㊾ 오우드
㊿ LCDC SEOUL
㊲ 성수낙낙

🏚 플래그십
⑱ 스펙스몬타나 플래그십 성수
⑳ 세이모온도 플래그십스토어
㉑ 배럴 성수 플래그십스토어
㉙ 공간 와디즈
㉜ 피치스 도원
㉞ 레어로우 하우스
㊳ 로우로우
㊸ 아더 성수 스페이스
㊺ 아모레성수
㊼ 팬암 성수플래그쉽스토어
㉝ 해피어마트 by 오롤리데이
㊴ 슬로우파마씨

🤝 소셜 벤처
⑭ 더피커
⑯ 심오피스
⑲ 소녀방앗간 서울숲시작점
㉕ 헤이그라운드 성수 시작점
㉖ 카우앤독
㊻ KT&G상상플래닛
㉜ 소영씨스토어
㉟ 소셜캠퍼스 온

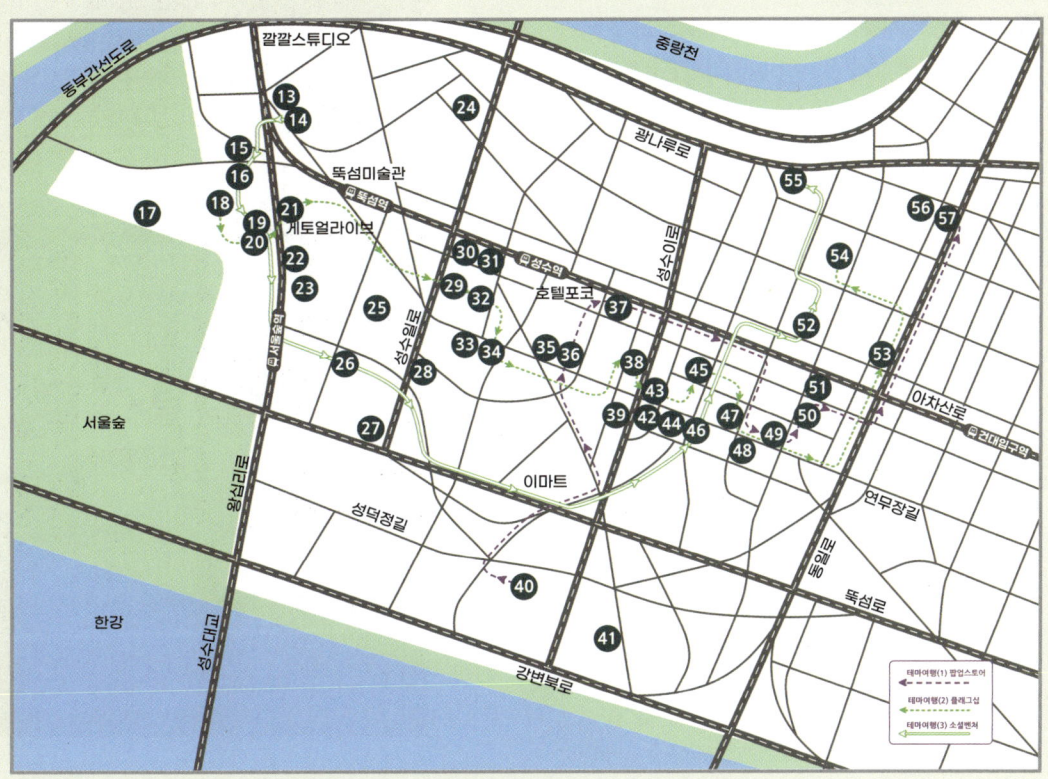

형성되기 시작했다. 현재는 대림창고와 비슷한 형태의 갤러리, 카페가 공존하는 복합 문화 공간이 많이 생겨났다.
다음DAUM 창업자 이재웅 전 대표가 초기 투자자로 참여했던 '쏘카'는 제주도에 이어 2013년 서울 성수동에 자리 잡았다. 제주에서 시작된 이재웅 대표의 도전이 성수동으로 이어진 것이다. 이러한 행보를 볼 때 이재웅 대표는 다른 여느 CEO들과 달리 장소에 가치를 두는 듯하다. 원하는 비즈니스를 실현하기 위해서 특정 물리적 환경이 절대적으로 필요하다는 것을 안다는 의미다. 성수동에 이재웅 대표와 뜻을 같이하는 소셜 벤처 사업가들이 많다는 것은 긍정적인 신호다. 이들은 클러스터를 형성해 다른 지역에서 찾아볼 수 없는 독특한 기업 문화와 지역 문화를 창출한다.
2014년 사회적 가치를 실현하기 위한 사회적 기업과 소셜 벤처에 투자하는 '소풍', '루트임팩트' 등이 성수동에 자리 잡으면서 본격적인 성수동 소셜 밸리 성장이 시작된다. 공유 오피스

'카우앤독', '헤이그라운드' 등을 발판 삼아 창업가들이 성수동으로 모여들었다. 사단법인 루트임팩트는 사회적 기업과 사회 혁신가를 지원하기 위해 사무 공간과 주거 공간 등을 제공한다. 이들이 모여 성수동에서 협업을 통한 시너지 효과를 내도록 하기 위함이다. 그렇게 하나둘 모인 기업이 2015년에는 20여 개가 되었다.

공장들과 숲 사이로 오밀조밀 밀집된 골목 구조는 문화 결집을 강화하기에 적합했다. 성수동은 새로운 실험을 통해 혁신적 가치를 창출해나가는 소셜 라이프스타일 기업의 집적지가 될 수 있다. 더불어 사회문제와 환경문제 해결, 지속 가능이라는 목표를 둔 업체도 골목에 스며들기 시작했다. 공정 무역 사업을 하는 '더페어트레이드', 제로 웨이스트 친환경 소비문화를 만드는 '더피커', 위안부 할머니들을 돕는 '마리몬드', 도심에서 도시 양봉 기반 라이프스타일을 만들어가는 '어반비즈' 등의 창업이 이어졌다. 한 동네에 투자 기관과 지원 기관, 공간, 그리고 실험 정신을 지닌 창업가가 등장하면서 성수동은 소셜 벤처 밸리라는 독보적인 로컬 콘텐츠로 입지를 굳혀갔다.

최근에는 'SM엔터테인먼트', '무신사', '젠틀몬스터' 등 굵직굵직한 회사들이 성수동으로 이전했다. 명품 패션 브랜드인 '지미추'와 '샤넬'도 팝업 스토어를 압구정이 아닌 성수동에 연다. 상권 숙성 단계에 진입했다고 볼 수 있는 부분이다. 이 과정에서 기존 상권이 무너지는 '젠트리피케이션'이라는 부정적 현상도

염려되는 게 사실이다. 소셜 벤처 창업만으로는 성수동 전체 상권의 상업화를 막기는 어렵다. 최근 직주락 환경에서 완벽한 지역으로 언급되고 있는 이곳은 2호선, 분당선 등 지하철이 인접해 있고, 강남과 경기권 접근성도 매우 좋은 편이다. 또 서울숲과 한강을 옆에 두고 있어 자연환경 측면에서도 빠지는 요소가 없다. 2호선 성수역은 따릉이 자전거 대여 및 반납 경로 순위가 4위를 기록하고 있다. 직주락을 기반으로 성수동 생활권을 즐기는 사람들이 많다는 것을

알 수 있다.
2022년 기준 성수동은 전체 인구 중 1인 가구의 비율이 53% 달할 정도로 1인 가구 비율이 높은 지역이다. 소셜 벤처, 사회적 기업, 스타트업 등이 모이면서 청년 1인 가구가 유입되었다. 창조, 도전, 다양성 등의 가치 문화를 경험할 수 있는 성수동만의 분위기가 이들에게 매력적인 요소가 됐을 것이다. 청년들이 모이는 문화는 개개인의 개성이 드러나는 다양한 로컬 문화가 형성되는 데 기여했다. '나도 이 곳에서는 새로운 영감을 받을 수 있고 무엇이든 시작해볼 수 있다'는 분위기가 이곳 젊은 기업들을 지배하고 있다. 이렇듯 성수동은 서울숲, 소셜 벤처 밸리, 그리고 주거 단지가 조화를 이루며 발전해왔다. 그러나 성수동이라는 고유한 로컬 문화와 분위기를 지키기 위해서는 앞으로도 많은 노력이 필요하다. 성동구청은 서울숲길 일부 지역에 대기업과 프랜차이즈 업체 신규 입점을 제한하는 캠페인을 벌이며 지속 가능 발전을 독려하고 있다.

현재로서는 우리나라에 성수동만큼 성숙한 소셜 벤처 생태계가 존재하지 않는다. 성수동은 '이단아' 문화의 중심지라 할 수 있는데, 한국 벤처 문화가 꽃피우려면 더 많은 이단아 창업자가 필요하다. '저게 될까? 싶은 청년들의 도전을 위해 지자체뿐만 아니라 국가 차원에서의 지원도 필요하다.

다른 산업의 진입도 고무적이다. 지식산업센터가 여러 비즈니스를 수용하면서 성수동은 '대한민국 실리콘밸리'가 될 수 있는 충분한 가능성을 갖추었다. 다만 단순히 편리한 공간만 제공하는 것인지, 새로운 비즈니스를 위한 인큐베이터가 될 수 있는지에 대한 고민은 필요하다.

성수동 문화가 하나의 라이프스타일이 되려면 기업뿐 아니라 주민, 소상공인까지 연결되야 한다. 한양대와 건국대가 지리적으로는 가깝지만, 성수동 스타트업과 연계한 협업 구조는 충분히 갖춰지지 않았다. 지역에 제아무리 좋은 요소가 있어도 그들을 적재적소에 연결해야 진정한 도시 산업 생태계로 발전할 수 있다.

# 1
## 부산 부산진구

# 화려함에 깃든, 작지만 강한 로컬 문화

부산진구는 부산 경제 중심지인 서면이 위치한 곳이다. 부산의 오랜 대표 상권인 서면에 이어 후발 주자인 진구 전포동의 성장세가 대단하다. 전포동 카페거리에서 시작된 로컬 상권은 전리단길, 전포사잇길로 이어지며 확장되고 있다. 화려한 경제성장을 담아낸 도시의 모습, 로컬 본연의 개성을 지켜나가는 이면이 한데 어우러져 부산진구만의 경쟁력을 완성해나가는 중이다.

**부산 부산진구**
① 인구(명) 353,159
② 인구밀도(명/km²) 11,895
③ 저층 주택 비중(%) 40.4
④ 1인 가구 비중(%) 37.5
⑤ 스마트스토어 소상공인 비중(%) 72.1

## 부산진구 All Local Brands

- **01 책방밭개**
  문학 모임이 열리는 독립 서점
- **02 계단위로**
  오르막길 작은 북 카페
- **03 코코아일랜드**
  어반스토리의 제로 웨이스트 브랜드
- **04 가치가득 가치세척**
  텀블러 수거 및 세척 친환경 기업
- **05 하마터면독립출판협동조합**
  콘텐츠를 만드는 인문 공동체
- **06 스페이스앤무드**
  예술가를 위한 복합 문화 공간
- **07 파도볼**
  부산 신발 브랜드의 편집숍
- **08 이유있는술집**
  전통주 바틀 숍
- **09 테트라포트브루잉**
  부산을 담은 수제맥주 양조장
- **10 수영산8193한약방**
  전통주 전문 바
- **11 BALANSA**
  부산을 대표하는 편집숍
- **12 오티코티**
  일본 및 해외 프리미엄 빈티지 숍
- **13 유리정원**
  스테인드글라스 공방
- **14 버거샵**
  수제 버거 맛집
- **15 스그니 가죽공방**
  맞춤 제작 가죽 공방
- **16 훌드**
  책과 음료가 있는 공간
- **17 바이스벌사 에스프레소**
  도넛을 함께 파는 에스프레소 바
- **18 노이알트**
  계절을 담은 디저트 숍

부산 부산진구 | 전포동

- ⑲ **후일담**
  술과 커피가 있는 LP바
- ⑳ **띵스오브노트**
  감성을 담은 소품 숍
- ㉑ **하업트**
  브랜드를 위한 팝업 공간
- ㉒ **마가린상점**
  일러스트레이터가 디자인한 문구 숍
- ㉓ **오월상점**
  포토 존이 있는 소품 숍
- ㉔ **루프트베이스먼트**
  패션, 라이프스타일 편집숍
- ㉕ **파인드샵**
  국내 신진 디자이너의 편집숍
- ㉖ **반지공방 신원미상**
  왁스 카빙 & 반지 공방
- ㉗ **브릴란테**
  감각적인 리빙 편집숍
- ㉘ **에떼오브제**
  특색있는 제품이 있는 소품 숍
- ㉙ **소유템 전포점**
  즉석 주문 제작이 가능한 소품 숍
- ㉚ **구프**
  힙한 분위기의 레코드바
- ㉛ **노캡**
  크로플이 맛있는 감성카페
- ㉜ **반츠**
  남성복 브랜드 반츠의 공간

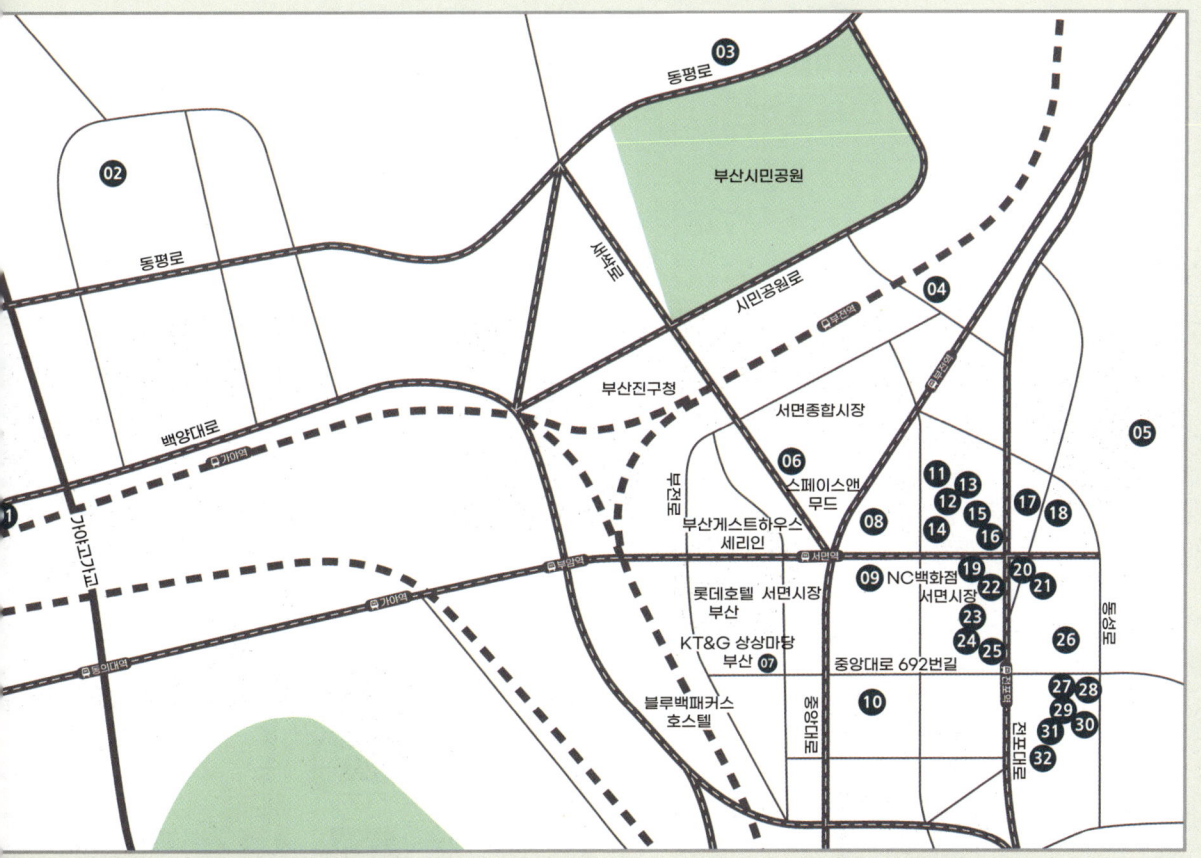

전 세계적으로 사랑받으며, 규모 큰 팬덤을 자랑하는 그룹 방탄소년단의 멤버 지민, 정국은 부산 출신이다. 그중 지민은 한 인터뷰에서 자신은 부산 출신이지만 산 쪽에 살아서 집에서 바다가 보이지 않았고 해산물을 싫어한다고 이야기했다. 바다가 있는 도시에 살면 으레 바다와 해산물을 좋아할 것이라고 생각하는 선입견을 뒤집는 이야기다. 부산을 대표하는 장소를 바다에 한정해 생각한다면 부산이라는 도시를 깊이 이해하지 못한 것이다. 부산에서 바다가 보이는, 또는 바다와 인근한 지역은 생각보다 그리 많지 않다.

김민수 교수는 저서 <한국 도시디자인 탐사>에서 부산의 정체성을 '멀티플렉스'로 규정한다. 부산은 그만큼 다양한 성격을 지닌 도시라는 것이다. 도시 곳곳이 산으로 분리된

부산은 어느 도시보다 골목 자원이 풍부하다. 도시 관광을 골목 상권이 주도한다고 해도 과언이 아니다. 뉴욕 타임스가 부산을 '2017년 꼭 가봐야 할 52개 장소' 중 하나로 추천하기도 했다. 우리는 역으로 왜 부산을 추천했는지 질문해야 한다. 바다와 해수욕장 때문만은 아니다. 부산이 선정된 이유는 도시 여행지로 매력적인 곳이기 때문이다.

뉴욕 타임스가 추천한 곳은 정확히 말하면 부산진구 전포동이다. 전포동은 부산 로컬 중심지라고 해도 과언이 아니다. 일단 로컬 상권의 면적이 가장 넓다. 전포카페거리에 생겨난 전포동 상권은 이후 전리단길, 전포사잇길로 확산됐고, 최근에 이르러서는 전포동 전체를 상권으로 만들었다. 면적뿐만 아니다. 콘텐츠의 퀄리티 면에서도 훌륭하다.

전포동은 이제 전통적인 F&B를 넘어 편집숍, 패션, 디자인 숍 등을 갖춘 콘텐츠 중심의 골목 상권으로 발전했다. 홍대 앞, 성수동과 비견할 만하다.

부산진구는 부산시 전체 16개 구 중 해운대구 다음으로 등록 세대와 등록 인구가 많은 지역이다. 지하철 1·2호선이 교차하고 부전역의 KTX 중간역 지정, 동해 남부선 복선 전철화 사업 등으로 동부산 관광 기능과 서부산 경제권역의 가교 역할을 하고 있다. 부산진구 경제 중심지는 서면이다. 서면은 오래전부터 부산 대표 상권으로 중심지 역할을 해오고 있다. 편리한 교통편과 더불어 지역을 대표할 수 있는 큰 백화점이 자리한 것도 큰 몫을 한다. 최근에는 부산을 대표하는 골목 상권인 전포동의 성장이 힘을 보탰다. 서울과 비교하면 강남역과 홍대 앞이 같은 동네에 모여 있는 격이다.

산업 측면에서 부산진구를 대표하는 것은 신발 산업이다. 1980년대 국내 신발 대기업은 거의 부산에 자리했다. 당시 세계 신발 시장은 '메이드 인 코리아'가 석권하던 시대. 부산진구 신발 회사는 모두 세계적인 기업이라는 자부심으로 통했다. 당시에는 '3저 호황', 즉, 저금리, 저환율, 저유가 등의 이점으로 현금 흐름이 좋았고 환율이 낮아 수출 채산성이 높았다. 부산진구를 대표하던 신발 대기업으로는 '삼화고무', '보생고무', '동양고무', '대양고무' 등이 있었다. 그중 동양고무는 '화승'의 전신이고 삼화고무는 당시 '타이거'라는 운동화 브랜드로 운동화 시장 대부분을 점유했던 터였다. 타이거 브랜드의 인기는 대단했다. 드라마 <응답하라 1988>에서 주인공 덕선이가 엄마에게 이 신발을 선물 받고

소중하게 끌어안는 모습이 나온다. 당시 신발 산업이 흥한 덕분에 한국은 1988년 단일 업종으로는 최고액인 37억 달러 규모를 수출했다. 이탈리아에 이어 세계 2위 신발 수출국에 이름을 올렸다. 하지만 OEM 방식의 하청 생산 공장이 주를 이루었던 부산 신발 산업은 곧 한계에 부딪히게 된다. '프로스펙스(국제상사)'와 '르까프(화승그룹)' 같은 독립 브랜드가 있었지만 세계적 브랜드로 성장하지 못했다. 여기에 경제성장으로 임금이 오르자 곧바로 경쟁력이 떨어졌다. 나이키, 아디다스 등 글로벌 신발업체들은 생산 거점을 부산에서 중국, 베트남, 인도네시아로 속속 옮겼고, 결국 명성을 날리던 부산 신발 산업은 몰락의 길을 걸을 수밖에 없었다.

부산은 대한민국 제2의 도시로 불릴 만큼 수도 서울 다음으로 큰 도시다. 대한민국에서 가장 큰 항구도시며 산과 바다가 있어 두루 갖추고 있어 환경적 요소도 풍성하다. 그러나 괄목할 만한 대기업이 없어 지역 인재 유출이 많은 지역이기도 하다. 삼성과 LG의 모태가 되는 '제일제당', '럭키치약' 등 큰 회사들이 부산에서 시작해 성장하기도 했다. 하지만 기업들이 부산이라는 지역에서 뿌리내리지 못하고 현재는 다른 도시로 떠났다. 물가와 임금 상승 등 경영적인 측면도 중요했겠지만 어쩌면 브랜드에 지역성이 굳이 필요하지 않아서일 수도 있다. 지역성이 필요 없는 브랜드라면 전국, 또는 세계 어디에 터를 잡아도 무관하기 때문이다.

미국 글로벌 기업 '애플'은 국내 기업 삼성, LG와 같이 전자 제품을 주로 만들어 굳이 지역성을 강조하지 않아도 되는 업체다. 그럼에도 애플은 제품 패키지에 'Designed by Apple in California'라는 문구를 넣어 회사의 지역성을 강조한다. 브랜드가 지역성을 강조하는 것은 어떤 의미를 지닐까.

미국 포틀랜드의 '나이키', 시애틀의 '스타벅스', 스웨덴의 '이케아' 등 회사가 처음 터를 잡은 지역을 떠나지 않고 성장해나가는 사례가 많다. 우리나라에서도 지역성을 강조하는 로컬 브랜드가 많이 생겨나고, 또 성장해나가고 있다. 이전까지는 전주 비빔밥, 춘천 닭갈비 등 전통 향토 음식을 내건 브랜드가 주로 지역성을 강조해왔다. 최근에는 강릉 '테라로사', 대전 '성심당' 등 독창적인 식품 브랜드 개발을 통한 F&B 로컬 브랜드가 강세를 보이고 있다. 부산은 최근 들어 패션 관련 지원 사업을 확대해가려는 노력을 하고 있다. 해외로 이전했던 신발 산업체도 다시 부산으로 돌아오고 있는 분위기다. '학산'과 '트렉스타'뿐 아니라 처음부터 해외에서 창업한 '정우', '블루인더스'도 부산으로 생산 시설을 옮겼다. 부산에서 나고 자란 '고려 TTR'과 '화인'은 생산 시설을 확장하고 있다. 신발 기업이 부산으로 귀환하는 데는 이유가 있다. 국내 운동화 공장이 중국, 베트남보다 수준 높은 기술력과 생산력을 갖추었기 때문이다. 같은 제품이라도 '메이드 인 코리아'를 찾는 외국 구매자가 적지 않다. 부산시는 신발 시장 변화에 부응해 '첨단신발융합허브센터'를 설립했다. 센터는 관련 기업을 한 지역에 집중시켜 인프라를 구축하고 연구 개발을 지원하는 플랫폼을 조성하는 역할을 수행할 계획이다. 부산은 다시 찾아온 이 두 번째 기회를 제대로 살릴 수 있을까? 많은 전문가는 마케팅과 R&D 능력을 보강하면 다시 일어설 수 있다고 전망한다. 하지만 과연 그것만으로 충분한지는 확실하지 않다. 부산 신발 산업이 과거 영광을 되찾으려면 만만치 않은 도전자를 넘어서야 한다. 그런 관점에서 부산은 포틀랜드의 사례를 면밀히 살펴볼 필요가 있다. 포틀랜드는 운동화 산업 중심지로 전문 인력과 산업 클러스터를 이루며 혁신 도시가 된 케이스다. 하나의 유명 브랜드에 집중하기보다 지역 산업 클러스터를 구축하는 데 더 노력을 기울여야 할 것이다.

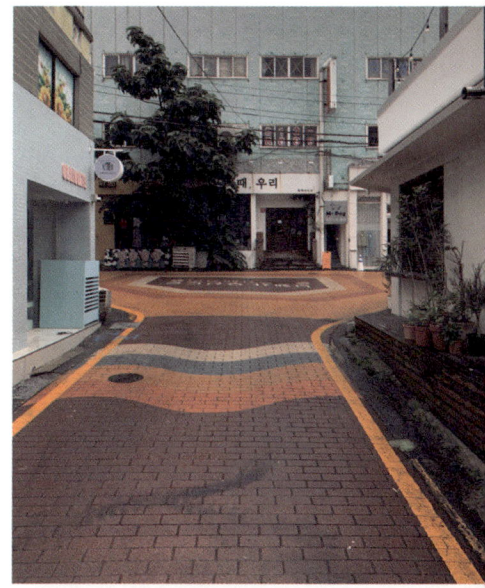

부산을 대표하는 골목 명소
# 전포동

2017년 뉴욕 타임스가 추천한 부산 여행지는 해운대나 서면이 아닌 전포카페거리다. 부산 전체를 추천한 것이 아니라는 점을 주목해야 한다. 이제 도시 여행자의 목적지는 도시가 아니다. 도시에 속한 동네, 또는 작은 골목이다. 도시 여행자가 한 동네를 깊이 체험하고 즐기는 데는 며칠로도 부족하다.

전포동은 부산진구 중심가인 서면교차로와 맞닿아 있다. 약간 거리가 있긴 하지만 도보 가능한 정도다. 기본적으로 유동 인구가 많은 서면교차로의 배후 상권으로서 전포카페거리가 생겨났다. 젊은 층이 이곳에 모이는 이유다. 최근에는 서면역 앞 상권의 유동 인구를 흡수하기 위해 전포동에 창업을 시도하는 움직임이 많아지고 있다. 서면역보다 상대적으로 저렴한 임대료도 한몫 한다. 전포동에는 전포카페거리, 전리단길, 전포사잇길 등 무려 3개의 상권이 포함되어 있다. 이 3개의 상권은 각각 확연히 다른 특징을 지니고 있다. 전포카페거리는 F&B 중심으로 상권이 형성되고 있고, 전리단길에는 공방과 편집숍이 많다. 전포동 주택가에 자리 잡은 전포사잇길에서는 주택가에 어울리는 로컬 숍을 만날 수 있다. 전포카페거리가 조성되기 전, 전포동 상권에는 서면철물공구상가가 넓게 자리 잡고 있었다.

**전포동**
① 인구(명) 42,119
② 인구밀도(명/km$^2$) 14,424
③ 저층 주택 비중(%) N/A
④ 1인 가구 비중(%) 48.8
⑤ 스마트스토어 소상공인 비중(%) 76.3

한때 많은 사람들이 방문했던 철물공구상가는 1997년 IMF 사태에 위기를 맞았다. 당시 전체 상가의 30%가 부도가 나거나 휴업을 했다. 어려움에 직면한 상인들은 임대료가 비싼 서면에 더 이상 머무를 여력이 없었다. 이 때문에 굵직한 업체들이 모두 서면공구상가를 떠났다. 1990년 '서면 철물상가연합회 상가이전추진위원회'의 발족을 시작으로 부산 사상구에 '산업용품 유통상가'를 준공, 대부분 업체가 이곳으로 이주하는 큰 변화가 있었다. 이는 '개인'이 모여 유통단지를 만든 대표 성공 사례가 되었다. 약 2,000대 이상 주차 가능한 공간을 확보한 것도 긍정적 평가를 받았다. 상인들이 떠나버린 서면철물공구상가는 텅 빈 공간으로 남았다. 부산진구청에서 발행한 <100가지 서면이야기>에서 전리단길을 만들어간 사람들의 이야기를 전하고 있는데, 이에 따르면 2009년 철물점 상인들이 떠난 전포동에 해운대 특급 호텔 요리사였던 전세홍 씨가 처음으로 카페 '애드5그램'을 오픈했다. 그는 카페를 창업하기 위해 많은 곳을 다니다 전포동에 자리잡게 되었다. 길을 건너면 번화가지만, 그러면서도 중심가에서 약간 벗어난 여유로움이 좋았다고 한다. 실제로 '프롬나드'의 박준모 대표는 서울 홍대 앞에서 카페를 운영하다가 번잡한 곳이 싫어 전포동에 새 둥지를 틀었다. 그렇게 전포카페거리 역사가 시작되었다.

이렇게 개인의 작은 가게에서 시작한 전포카페거리는 요즘 지자체까지 나서 청년들을 위한 지원을 아끼지 않고 있다. 부산시에서는 청년들의 창업과 다양한 활동을 지원하기 위해 여러 거점 공간을 마련했다. 서면역 주변으로 '청년마루', '청년두드림센터' 등 청년들의 활동과 지역 활성화를 위한 공간이 많다. 그중 '청년플랫폼 청년Flex'는 전포카페거리 가까이에 위치한다. 부산진구는 코로나 시대에 어려움을 겪는 전리단길 공방을 지원하기 위해 원 데이 클래스 프로그램을 운영한다. 전리단길에서 사용한 영수증을 제시하면 추첨을 통해 원 데이 교육 프로그램에 참여할 수 있도록 한 것이다. 전리단길의 상점에서 소비를 장려하면서 공방 체험을 통해 골목을 홍보할 기회도 주는 셈이다. 전포동에는 단순한 공방, 상점을 넘어 독자 브랜드로 가치가 있는 곳도 눈에 많이 띈다. '버거샵', '발란사(패션 편집숍)', '유리정원(유리 공방)', '스그니(가죽 공방)' 등 전포동을 넘어 부산진구를 대표하는 로컬 브랜드도 등장했다. 발란사와 '루프트베이스먼트(패션 편집숍)'는 스트리트 컬처를 지향하며 지역을 대표하는 패션 브랜드로 성장하고 있다. 특히 발란사의 경우 지역에서의 인기를 넘어 '무신사', '29CM'등 유명 온라인 숍에서도 큰 인기를 끌고 있다. '에스콰이어', '이마트', '노커피' 등 다양한 브랜드와 협업해 티셔츠를 제작하는 등 브랜드 가치를 높여가고 있다. 발란사는 홍대 서교동에 '발란사 서울'을 론칭해 공간을 운영하고 있다. 최근에는 전포동을 아우르는 상징적 이미지도 생겨났다. 한 동네가 정체성을 찾아가는 과정은 항상 흥미롭다. 부산 전포동은 '발란사체'가 동네 이미지로 자리 잡고 있다. 발란사체는 한문과 영어를 섞어 사용해 디자인을 만드는 발란사 브랜드만의 트렌드를 이야기한다. 가게 간판, 로고, 포스터 등에서 이러한 이미지를 이용한 디자인을 쉽게 찾아볼 수 있다.

부산은 대한민국 제2의 도시지만 이렇다 할 큰 대기업이 없다. 인재 유출이 많다는 이야기도 있지만, 반면 획일화된 취업 문화가 자리 잡지 않았다고도 볼 수 있다. 부산 청년들은 더 다양한 미래를 꿈꾸고 창의적인 무언가를 스스로 만들어야 했을지도 모른다. '부산다움'으로 무장한 로컬 콘텐츠가 등장할 수 있는 힘은, 바로 이러한 자력 문화에 기인한 것이다.

## 전포동 All Local Brands

**05** 하마터면독립출판협동조합
콘텐츠를 만드는 인문 공동체

**11** BALANSA
부산을 대표하는 편집숍

**12** 오티코티
일본 및 해외 프리미엄 빈티지 숍

**13** 유리정원
스테인드글라스 공방

**14** 버거샵
수제 버거 맛집

**15** 스그니 가죽공방
맞춤 제작 가죽 공방

**18** 노이알트
계절을 담은 디저트 숍

**20** 띵스오브노트
감성을 담은 소품 숍

**21** 후일담
술, 커피가 있는 LP 바

**22** 마가린상점
일러스트레이터가 디자인한 문구 숍

**23** 오월상점
포토존이 있는 소품 숍

**24** 루프트베이스먼트
패션, 라이프스타일 편집숍

**25** 파인드샵
국내 신진 디자이너의 편집숍

**26** 반지공방 신원미상
왁스 카빙 & 반지 공방

**27** 브릴란테
감각적인 리빙 숍

**28** 에떼오브제
특색 있는 제품이 있는 소품 숍

**29** 소유템 전포점
즉석 주문 제작이 가능한 소품 숍

**30** 구프
힙한 분위기의 레코드 바

**31** 노캡
크로플이 맛있는 감성카페

**32** 반츠
남성복 브랜드 반츠의 공간

### 전포동 테마 여행
#### 편집숍

**11** BALANSA
**13** 유리정원
**15** 스그니 가죽공방
**20** 띵스오브노트
**22** 마가린상점
**24** 루프트베이스먼트
**25** 파인드샵
**26** 반지공방 신원미상
**28** 에떼오브제

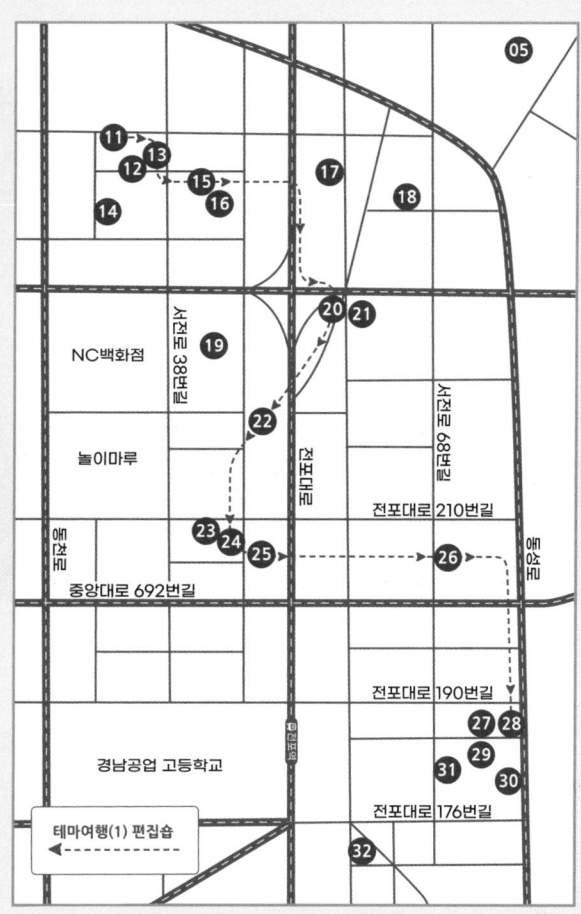

PART I : 로컬이 강한 도시와 동네

## 부산 영도구

# 변방에서 로컬 문화의
# 진앙지가 되다

부산 영도는 작은 섬이다. 중심지와는 동떨어진 지리적 약점에도, 요즘 이곳은 부산에서 가장 핫한 곳으로 통한다. 여러 도시 재생 프로젝트가 영도를 중심으로 진행되면서 음침하던 동네 풍경은 힙하게 바뀌었다. 그저 버려지던 공간들은 레트로 열풍과 더불어 이곳만의 문화 자산이 되고 있다.

**부산 영도구**
① 인구(명) 110,638
② 인구밀도(명/km²) 7,830
③ 저층 주택 비중(%) 51.6
④ 1인 가구 비중(%) 37.5
⑤ 스마트스토어 소상공인 비중(%) 71.7

영도구는 섬 전체가 하나의 구로 이루어진 행정구다. 흔히 섬이라고 하면 이동하기 어렵고 인프라가 적어 고립된 곳이라는 인식이 있다. 하지만 서울 여의도를 떠올려보자. 섬이지만 서울 가장 중심부에 위치하고, 많은 다리로 주변 지역에서 접근하기 쉽게 한 교통 요지다. 부산에선 영도가 그런 곳이다. KTX부산역, 부산항, 자갈치시장 등 주요 장소들과도 아주 가깝다. 동아대학교, 부경대학교 등 두 대학교의 중간에 있어 교육·문화 환경에서 좋은 인프라를 갖추고 있다.

1900년대 초 부산항을 기반으로 산업이 발달하면서 영도는 배후 공업 단지 역할을 했다. 처음에는 나룻배나 통통배로 그 사이를 오갔지만 물량이 늘어나면서 1934년 다리를 건설하게 되었다. 현재의 영도대교다. 영도대교는 원래 부산대교로 불렸는데, 1980년 부산 중구와 영도구를 잇는 부산대교가 생기며 이름을 내주고, 영도대교로 이름이 바뀌었다.

영도대교는 국내 최초의 도개교라는 특징이 있다. 런던의 '타워 브리지'처럼 양쪽으로 열리는 형태가 아니라 대교 한쪽 도로만 위로 올라간다. 도시 공간 재생 스타트업체인 RTBP 김철우 대표는 폴인과의 인터뷰에서 '피치 못해 헤어질 경우 다시 만날 약속 공간'으로 영도대교가 상징성을 지니게 되었다고 설명한다. 한국전쟁을 겪은 세대가 지닌 일종의 트라우마로 탄생한 랜드마크인 셈이다. 이러한 이유에서일까. 영도다리 주변에는 약 100개 이상의 점집이 모여 있는 '점바치 마을'이 있다.

영도구는 부산 서구로 이어지는 남항대교와 영도고가도로, 남구를 잇는 부산항대교 덕분에 여러 지역을 잇는 가교 역할을 톡톡히 한다. 특히 부산항대교는 고속도로로 광안대교까지 연결돼 해안을 따라 이동할 때 유리하다. 사실 자동차들이 빠르게 지나가는 길목이라는 점은 지역에 머무는 사람들이 없다는 것을 의미하기도 한다. 보통 자동차로 지나치는 지역은 쇠퇴하기 마련. 그러나 최근 영도에서는 오히려 흥미로운 로컬 콘텐츠가 생겨나고, 사람들의 발길도 늘었다. 영도의 어떤 점들이 이러한 의외의 현상을 만들어낸 것일까.

최근 동래-서면-남포동-영도로 이어지는 부산 원도심에는 도시 재생 사례가 이어지고 있다. 이러한 프로젝트들은 골목 상권을 다시 살아나게 한다. 도시 여행자에게 부산 원도심만큼 좋은 여행지는 없다. 바다, 언덕, 골목, 전통, 현대, 럭셔리, 문화, 역사의 요소가 걸어서 10분 거리 안에 있다. 20세기 초 부산의 중심은 동래였다. 그중 원도심이라 부르는 남포동 일대는 일제강점기에 일본이 건설한 신도시였다. 온천을 즐기기 위해 일본인들이 동래 온천장에서 남포동을 거쳐 영도에 이르는 전차길을 놓았다. 이러한 이유에서 부산의 오래된 문화 원형은 동래, 남포동, 영도에서 찾을 수 있다.

부산 영도구는 지리적 위치로만 볼 때 분명 변방에 속한다. 그러나 로컬 문화에서 만큼은 진앙지로 꼽힌다. 부산 원도심의 미래를 제시하는 도시 재생 스타트업 '돌아와요 부산항에(RTBP)'는 일, 여가, 주거의 연결이라는 키워드를 중심으로 공간과 콘텐츠를 만든다. 젊은이들이 일할 수 있는 '메이커 스페이스'와 복합 문화 공간, 거주를 위한 '코-리빙 플레이스', 그들에게 필요한 사업 시설 등 총 5개 단지로 구성된 작은 도시를 건설 중이다. 쇠락한 조선소 지역에서 빈 공간을 활용해 일-주거-놀이를 통합한 삼위일체 도시를 지향한다.

RTBP의 기본 콘텐츠는 영도의 조선 산업이다. 폐쇄된 조선소 건물을 활용해 창업 공간과 상업 시설을 조성했다. 주거 시설도 조선소 노동자들이 살던 동네 건물을 활용한다. 기존 커뮤니티를 이주시키는 개발 방식이 아닌 건물 단위 재생을 통해 지역 커뮤니티와 상생하는 모델이다. 구성원 사이의 협업, 공동 행사를 통해 내부 커뮤니티도 활성화한다. RTBP 사업의 본질은 부산과 영도의

PART I : 로컬이 강한 도시와 동네

라이프스타일을 시대 변화에 맞게 재생하는 일이다. 영도의 매력과 자원을 발굴하고 이를 사업화해 지역 청년이 원하는 일자리와 기업을 창출하는 것을 목표로 한다.

또 다른 도시 재생 성공사례로 유명한 '깡깡이예술마을'은 근대 문화 역사를 간직한 곳이다. 이곳을 기획한 '플랜비협동조합'은 지역 예술가들이 모인 단체. 문화 예술을 통해 쇠퇴한 지역에 활력을 불어넣는 도시 재생 프로젝트를 진행하고 있다. 녹슨 배 표면을 망치질로 벗겨낼 때 '깡깡'이라는 소리가 난다고 해서 오래전부터 붙은 동네 별칭을 그대로 살려 문화 예술 마을 브랜드로 만들었다. 깡깡이예술마을은 마을박물관, 문화사랑방 등을 운영하며 지역에 대한 기록, 홍보, 마을 투어, 커뮤니티 등을 만든다. 깡깡이예술마을을 마을 브랜드로 키우기 위해 BI를 제작하고 기념품도 만들고 있다.

부산 영도를 떠올리면 흰여울길에 자리한 '흰여울문화마을'을 빼고 이야기할 수 없다. '흰여울길'은 봉래산 기슭에서 여러 갈래의 물줄기가 바다로 굽이쳐 내리는 모습이 마치 흰 눈이 내리는 듯하다고 해서 붙인 이름이다.

이곳은 영화 <변호인>, <범죄와의 전쟁> 등의 촬영지로도 유명하다. 2011년 공가 혹은 폐가를 리모델링해 만들었다. 원형 그대로 유지된 마을 모습은 지역 예술가의 창작 의욕을 북돋아준다. 물론 이런 예술마을은 어느 날 갑자기 '짠'하고 탄생한 것은 아니다. 2009년 '영도문화원'이 설립되며 체계적인 기획과 운영이 뒷받침되었기에 가능했다.

잘 보존된 영도의 역사는 유니크한 로컬 콘텐츠를 만들어냈다. 다른 지역에서 빼앗아 가려고 해도 되지 않는 이 지역만의 문화다. 부산 끄트머리에 위치한 영도는 로컬 콘텐츠에서만큼은 중심지 같은 곳이다. 지금도 이곳에서 대형 도시 재생 프로젝트가 여러 건 진행 중이다. 최근 레트로 열풍 덕에 빈집을 고쳐 만든 카페나 지역 프로그램 등에 관심을 갖고 방문하는 이들도 많아지고 있다. 영도만의 역사성, 잘 보존된 골목 문화, 그리고 그곳을 채우는 로컬 크리에이터들의 조화가 현재의 영도를 있게 했다. 지역 생태계를 이루는 3박자가 조화를 이뤄 성공 사례를 만든 대표적인 지역이 아닐까 싶다.

# 부산 영도구 All Local Brands

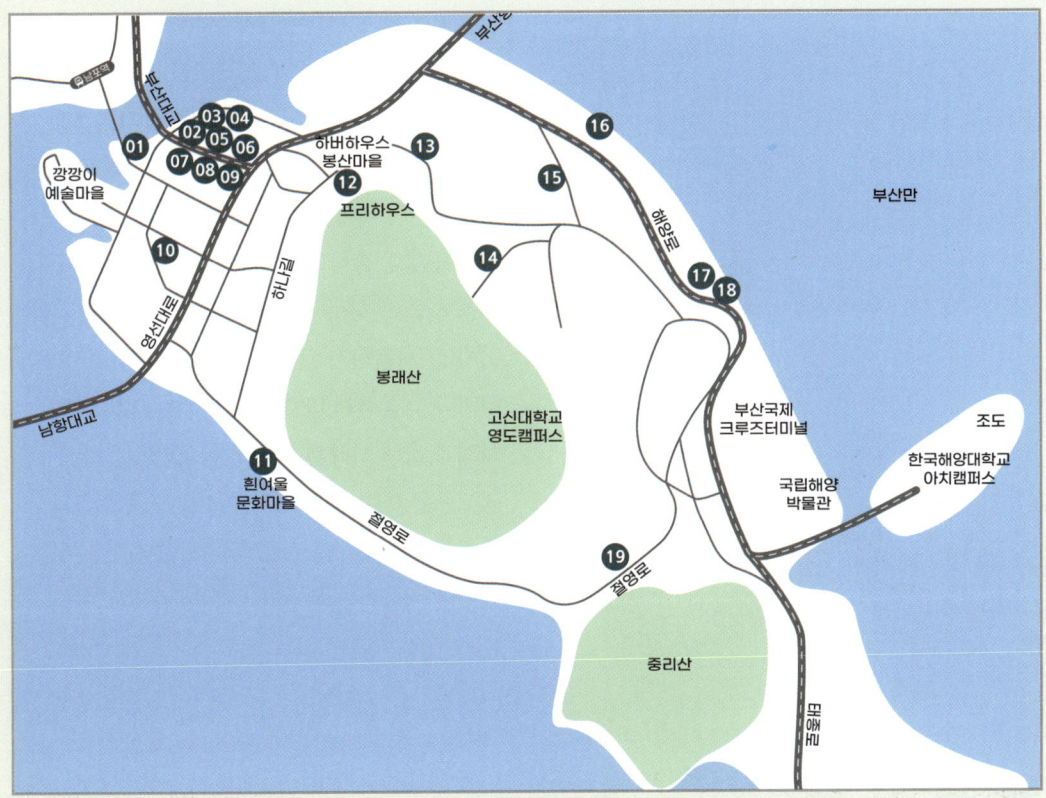

**01 어반스토리**
로컬 체험 여행 기획사

**02 블루포트2021**
전시, 강연을 위한 복합 문화 공간

**03 모모스 로스터리&커피바**
스페셜티 커피를 대표하는 공간

**04 무명일기**
영도 생활 문화 상점

**05 끄티 봉래**
공존과 지속을 위한 복합 문화 공간

**06 젬스톤**
폐수영장을 개조한 복합 문화 공간

**07 아르프**
로컬 비건 레스토랑

**08 삼진어묵 본점**
역사를 간직한 삼진어묵 본점

**09 Area6**
영도 로컬 문화 공간

**09 로컬바이로컬**
로컬 셀러 커뮤니티

**09 부산주당**
그로서리 겸 전통주 술집

**09 롤로와영도**
트렌디한 그로서란트

**10 커피미미**
가정집을 개조한 로스팅 카페

**11 손목서가**
흰여울문화마을의 작은 책방

**12 다시부산**
부산 대표 로컬 매거진

**13 카페드220볼트**
굴뚝이 있는 빈티지 감성 카페

**14 신기산업**
부산항대교가 보이는 루프톱카페

**15 조비215**
나무로 만든 생활용품 브랜드

**16 끄티 청학**
조선소를 재생한 복합 문화 공간

**17 스크랩**
갤러리 카페 겸 아트 라운지

**18 피아크**
새로운 생활 문화가 시작되는 공간

**19 부산주당**
그로서리 겸 전통주 술집

물류 저장 창고에서 '보물 창고'로
# 봉래동

부산항을 마주 보는 영도 북쪽에는 공장이나 창고 시설이 많이 들어서 있다. 일제강점기에 천일염을 재가공하는 재제염소와 철공소, 정유 회사가 많이 들어섰고, 부산항이 가까워 물류 산업이 크게 발달하기도 했다. 자연스레 봉래동에는 창고가 다수 생겼다. 그러나 다양한 교통수단이 발달하면서 물류 창고의 필요성은 줄어들었다. 흉물이 되어버린 빈 창고들은 도시 재생 사업이 시작되면서 '원석'으로 평가받았다. 더 이상 사용하지 않는 큰 공장이나 창고 건물이 얼마나 다양하게 바뀔 수 있는지는 이미 해외 사례와 국내 사례를 통해 많이 접했다.
봉래동은 이런 잠재적 자원을 많이 품고 있다. 무조건적인 재개발, 재건축만 지향했다면 이런 귀한 건축물과 골목 자원을 만날 수 없었을

**봉래동**
① 인구(명) 14,329
② 인구밀도(명/km²) 17,006
③ 저층 주택 비중(%) N/A
④ 1인 가구 비중(%) 37.3
⑤ 스마트스토어 소상공인 비중(%) 69.7

것이다. 로컬 크리에이터에게는 봉래동 모든 것이 보물처럼 보였을 것이다. 정체성 강한 지역 자원은 다듬지 않은 원석과도 같다. 애플TV에서 약 1,000억 원을 투자해 제작한 드라마 <파친코>가 전 세계적인 관심을 받았는데, 이 드라마의 배경이 바로 1910~1920년대 부산 영도다. 변화의 시대를 그대로 간직한 골목과 지역 이야기가 얼마나 매력적인 자원으로 재탄생될 수 있는지 보여주는 사례다. 영도는 부산항 인근 지역으로 선박과 물류 산업이 발달했다. 봉래동 '물양장'도 그 영향을 받았다. 물양장은 소형 어선이 물건을 내리거나 선박을 재정비하기 위해 모이는 수심 4~5m 정도의 작은 항구다. 물양장의 발달로 자연스럽게 사람들이 모여들고 주변에 음식점, 상점이 늘어나 상권이 형성되었다. 영도대교, 부산대교와 근접한 까닭에 사람들이 모이는 플랫폼 역할을 하게 되었다.

봉래동에는 봉래동만의 특별함이 있다. 이러한 분위기의 기저에는 많은 로컬 브랜드가 자리한 봉래동에는 'RTBP', '무명일기', '아레아식스', '피아크', '모모스커피 공장' 등 많은 로컬 브랜드들이 모여 로컬타운을 이루고 있다. 로컬 브랜드와 협업해 상품을 개발하는 무명일기의 제품은 볼수록 흥미롭다. '파르품삼각'과 협업해 만든 '테트라포트X향', 여행 작가 전윤미의 '트래블 다이어리', '(주)조내기고구마'와 협업해 만든 '오리지널 그래놀라' 등 지역의 역사성과 향토성에 요즘 트렌드를 덧입혀 전혀 새로운 창작물을 만들어낸다.

대한민국에서 처음으로 고구마 재배에 성공한 지역이 바로 부산 영도다. 이곳에서 재배한 고구마를 '조내기' 고구마라 불렀다. 특산품인 농산물을 그저 박스째 쌓아놓고 파는 게 아니라, 그래놀라로 개발했다는 점이 흥미롭다. 우리 일상에 자연스럽게 녹아들도록 특산품을 개발·판매하는 노력이 담겨 있어 고마운 마음도 든다.

영도 봉래산 아래 자리한 봉산마을은 과거 조선업 현장 근로자들이 모여 사는 주택지였다. 조선 산업의 불황과 뉴타운 해제 지역 선정으로 사람들이 떠나기 전까지는 복작복작 사람 냄새 나는 마을이었다. 빈집만 남아 동네가 공허해질 즈음 도시 재생 사업이 시작됐다. '빈집 줄게, 살러 올래?'라는 도시 재생 프로젝트는 이러한 봉산마을을 살리기 위한 로컬 크리에이터들의 기획에서 시작됐다. '영화음식 체험', '목선제작 체험', '카페 및 도자기 공방운영', '봉산 블루베리 칵테일 체험공간' 등 7개의 콘텐츠로 지역 이야기가 풍성해졌다. 폐가, 공가였던 곳들은 더 이상 이전의 모습을 떠올릴 수 없게 변신해 동네 곳곳을 밝히고 있다.

영도의 도시 재생과 로컬 브랜드를 이야기할 때 빼놓을 수 없는 인물은 RTBP의 김철우 대표다. 그가 서울에서 영화를 공부하고 관련 분야에서 일하다 고향인 부산 영도로 돌아왔을 때 원도심은 이미 쇠퇴하기 시작한 상태였다. 2008년 글로벌 금융 위기를 기점으로 조선업도 침체기를 맞아 상황이 더 나빠지고 있었다. 영화를 전공을 한 김철우 대표는 고향에서 문화·예술 관련 사업을 하고 싶었다. 그래서 빈 조선 창고나 기자재 공장을 활용해 기술자와 창작자들이 일할 수 있는 곳을 모색했다. 처음 조성한 곳이 메이커스페이스인 '플랫폼135'였고 금호타이어 물류 창고로 사용되던 공간을 매입해 만든 복합 문화 공간 '끄티'가 뒤를 이었다. RTBP가 기획한 '끄티 프로젝트'의 '끄티'는 부산 사투리로 끝, 가장자리를 뜻하는 말로 바다와 마주 보는 부산 끄트머리에 있는 영도를 표현한 이름이다.

로컬 크리에이터들을 지원하며 지역 생태계를 만들어가는 흐름은 영도 대표 브랜드 '삼진어묵'에서도 찾아볼 수 있다. 삼진어묵은 1953년부터 3대에 걸쳐 이어온 국내에서 가장 오래된 어묵 브랜드다. 전국적으로 많은 체인점이 생기고 빠른 속도로 성장했다. 3대에 걸쳐 오는 동안 제품 R&D에 지속적으로 투자해왔기 때문이다. 사실 '어묵'과 'R&D'의 조합은 물론 전통 식품인 어묵으로 그 이상의 결과물을 만들어낸다는 것은 상상하기 어려웠다.

그러나 삼진어묵은 2013년 국내 최초로 어묵 베이커리라는 아이템을 성공적으로 론칭했다. 봉래동 삼진어묵 본점에는 다양한 시도로 완성한 놀라운 어묵이 가득하다. 삼진어묵은 체험·역사관을 만들어 지역의 특산물을 경험하고 배울 기회도 제공하고 있다.

삼진어묵은 스스로의 성장에서 그치지 않고 지역과 크리에이터를 위한 지원을 아끼지 않는다. 삼진어묵은 사회 공헌 사업의 일환으로 '삼진이음'이라는 비영리법인 회사를 창립했다. 삼진이음에서는 지역 활성화, 도시 재생, 일자리 창출에 초점을 맞춘다. '전통기술교육', '로컬 아카이빙', '노포브랜딩', '로컬 콘텐츠 기획 및 운영' 등 지역과 로컬 크리에이터를 위한 다양한 프로그램을 운영하고 있다. 특히 구옥 6채를 매입해 만든 복합 문화 공간 '아레아식스 AREA6'는 지역의 앵커 역할을 하고 있다. 아레아식스의 슬로건은 '골목을 밝히는 아띠장(아티스트+장인)'이다. 그에 걸맞게 부산의 특색을 보여주는 건어물 매장 '인어아지매', 향토 기업 송월타올의 '스페셜 에디션 타올' 등 이곳만의 특별한 콘텐츠와 제품으로 채워나갔다. 부산시는 이 거리를 '로컬 크리에이터거리'로 지정했다.

그럴듯한 건물을 짓는 것도 좋지만 주변과의

조화도 중요했다. 지역과 상생을 위해 아레아식스의 건물은 봉래시장으로 통하는 길이 설계돼 있다. 아레아식스를 방문하는 사람들이 자연스럽게 봉래시장에 자리한 50년 역사의 전통 두부·국수 가게를 방문할 수 있도록 했다. 대부분의 기업은 성장하면 더 큰 도시로 본사를 옮긴다. 그리고 사회 전반에 공헌하는 프로젝트를 계획한다. 그러나 삼진어묵은 회사의 근간인 '부산 영도'에 집중했다. 브랜드 가치가 지역에 뿌리내릴 때 더 빛을 발한다는 것을 보여주는 산증인이 된 셈이다. 삼진어묵은 회사의 성장뿐 아니라 지역의 예술가, 크리에이터, 그리고 지역사회의 성장을 함께 지원하고 있다. 지역에서 성공한 기업답게 부산 영도를 위한 '노블레스 오블리주'를 실천하고 있는 것이다.

봉래동에 새로 진입한 로컬 기업은 부산의 대표 커피 브랜드인 '모모스커피'. 2007년 부산 동래 온천장역 인근에 처음 문을 열었다. 좋은 원두를 구입하기 위해 커피 생산자와 직접 관계를 맺고, 바리스타를 체계적으로 훈련하는 기업으로 유명하다. 2019년 월드 바리스타 챔피언십에서 우승한 전주연 바리스타가 모모스커피 출신이다. 무리하게 사업을 확장하기보다는 자신의 뿌리가 있는 곳을 지키는 것을 우선으로 한다. 모모스커피는 2021년 12월에 영도에 있는 창고를 리모델링해 커피바와 로스터리를 오픈했다.

RTBP가 건설 중인 봉래동 '영도물산장려회관'도 오픈을 앞두고 있다. 쇠락한 조선소 지역에서 빈 공간을 활용해 일-주거-놀이를 통합한 도시 모델을 만들어낸 RTBP의 이번 프로젝트는 한 건물에 주거 시설, 상업 시설, 업무 시설을 융합하는 실험이다. 주상 복합은 흔하지만 '주상직' 복합은 새로운 모델이다. RTBP는 '청년에게 필요한 모든 도시 인프라를 구축하겠다'는 야망을 키워나가는 새로운 유형의 도시 개발자다.

어떤 브랜드가 지역을 기반으로 크게 성장했을 때 로컬 생태계의 새순이 움트기 시작한다. 이러한 환경은 많은 사람들을 지역으로 이끌며 그곳에 새로운 힘을 불어넣는다. 영도의 모습이 바로 그러하다. 버려진 공간에 새로운 이미지와 의미를 부여하며 영도에 사람들이 모여들기 시작했다. 영도에서 만난 RTBP, 삼진이음, 모모스커피, 무명일기 같은 로컬 브랜드들이 이곳 로컬을 더욱 크게 성장시켜줄 것이다.

## 봉래동 All Local Brands

- **02 블루포트2021**
  전시, 강연을 위한 복합 문화 공간
- **03 모모스 로스터리&커피바**
  스페셜티 커피를 대표하는 공간
- **04 무명일기**
  영도 생활 문화 상점
- **05 끄티 봉래**
  공존과 지속을 위한 복합 문화 공간
- **06 젬스톤**
  폐수영장을 개조한 복합 문화 공간
- **07 아르프**
  로컬 비건 레스토랑
- **08 삼진어묵 본점**
  역사를 간직한 삼진어묵 본점
- **09 Area6**
  영도 로컬 문화 공간
- **09 로컬바이로컬**
  로컬 셀러 커뮤니티
- **09 롤로와영도**
  트렌디한 그로서란트

### 봉래동 테마 여행
**인더스트리얼** (산업 시설 활용한 복합 문화 공간)
- 02 블루포트2021
- 03 모모스 로스터리&커피바
- 04 무명일기
- 05 끄티 봉래
- 06 젬스톤
- 08 삼진어묵 본점
- 09 Area6

테마여행(1) 산업시설을 활용한 복합문화공간

PART I : 로컬이 강한 도시와 동네　　　　　　　　　　　　　　　　　　84

### 대구 중구 (동성로)

# 섬유 도시,
# 로컬 패션 브랜드 성지聖地 되다

대구는 한때 국내 최고의 섬유 도시로 이름을 날리던 곳이다. 1970년대 대신동 근처에 '미싱골목'이 자리할 정도로 섬유 산업은 대구를 지탱하는 핵심 산업이었다. 섬유 도시의 후예들은 대구를 패션 도시로 진일보시켰다. 대구의 상징과 이미지를 바탕으로 한 패션 디자인은 전국적인 인기를 얻고 있다. 교촌치킨, 페리카나 등 대구 출신 외식 브랜드들이 쌓아온 명성에 패션 브랜드들이 힘을 더하며, 로컬 산업을 발전시켜나가는 중이다.

**대구 중구(동성로)**
① 인구(명) 74,727
② 인구밀도(명/km$^2$) 10,554
③ 저층주택비중(%) 46.6
④ 1인가구비중(%) 42.5
⑤ 스마트스토어 소상공인비중(%) 67.0

외부 사람들은 대구를 두고 보수적인 도시의 이미지를 떠올린다. 이는 정치·산업적 측면에서 모두 통하는 의미다. 현대 정치의 보수 인맥 TK 세력 배출, 자동차 부품, 기계, 섬유 등 지역 경제를 견인해온 굴뚝 산업, 그리고 '대구백화점', '대구은행', '매일신문', '다빈치커피', '하바나커피' 등 지역색 강한 브랜드들이 어우러져 형성된 고정관념일 것이다. 그러나 대구 이미지를 보수에 한정한다면 대구의 진면목을 제대로 살펴보지 못할 수 있다.

대구는 강력하고 건강한 청년 문화를 품은 도시다. 대구는 보수적인 이미지와 달리 지역 맛집 문화를 선도하는 젊은 도시다. 맛집 가이드 <블루리본>의 2014년 자료에 따르면, 대구의 중심 상권인 중구와 수성구는 각각 64개, 31개의 맛집을 보유해 수도권을 포함한 전국 시군구 맛집 순위 12위와 30위에 올랐다.

대구 전역의 맛집 133개도 부산, 대구, 인천, 광주, 대전, 울산 등 6대 광역시 중 부산에 이어 2위다. 시민 1인당 수는 부산, 대전 다음으로 3위다. 특히 젊은 층이 즐기는 양식 부문에서 대구는 강하다. 2014년, 총 14개의 대구 양식당이 <블루리본>에 등재되며 16개가 등재된 부산의 뒤를 바짝 쫓고 있다.

대구는 새로운 외식 트렌드 발상지이기도 하다. 대구에서 시작된 대표적인 외식 상품 중 하나가 '치맥(치킨+맥주)'이다. 대구에는 1970년대부터 양계장과 도계장이 많아 닭고기 소비량이 많은 지역이었다. 이러한 치킨 가공 산업의 발달과 닭고기 소비문화는 1980년대 이후 '교촌치킨', '멕시카나', '페리카나', '땅땅치킨' 등 전국적으로 유명한 치킨 프랜차이즈업체를 배출하는 발판이 됐다.

우리가 흔히 맛있는 음식이라고 하면 전라도를 떠올린다. 손맛이 좋은 분을 만나면 전라도 출신인지 묻기도 한다. 흥미롭게도 대구는 '집밥'보다는 '외식'에 강한 도시다. 생각보다 많은 외식 브랜드가 대구에서 시작되었다.

대구시 중구는 마치 서울 중구처럼 다양한 행정, 문화 시설이 집약돼 있다. 또 중앙시장, 먹자골목, 동성로 로데오거리 등 먹거리와 유흥 시설도 함께 있다. 그중 찜갈비골목, 연탄불고기골목, 교동먹자골목, 떡전골목, 닭똥집골목, 곱창골목 등 한 구역을 오래 지켜온 시장과 먹거리가 서로 지척에 위치했다. 많은 먹거리가 몰려 있으니 다양한 조합으로 먹어보는 시도가 끊임없이 이어졌을 것이다. 처음 막창을 다양하게 즐긴 것도 대구다. 1969년 현재는 사라지고 없는 '미도극장' 근처 한 곱창 가게에서 팔기 시작한 후 어엿한 단일 메뉴로 자리 잡았다. 그전까지만 해도 막창은 곰탕 국물 맛 내는 재료 정도로만 인식되었다. 이처럼 식재료, 요리법은 서로에게 영향을 받으며 발전해오는데, 그 명맥이 현재에는 청년들이 만드는 외식 브랜드로 이어지고 있다. 1980년대 대구에서 시작된 치킨 프랜차이즈의 뒤를 이어 최근에도 대구의 다양한 외식 브랜드가 전국 각지로 뻗어나가고 있다. 젊은 층 사이에서 인기를 끌고 있는 이탤리언 음식점 '서가앤쿡', '미즈컨테이너', '허디거디', 커피 전문점 '다빈치커피', '하바나커피', '매스커피' 등이 대표적이다. 이들 브랜드는 개성 있는 음식 외에도 2명이 한 메뉴를 주문하는 '2인 메뉴', 남자다움을 강조하는 '훈남 마케팅', 포장 커피 위주의 매장 운영 등 독특한 영업 방식으로 전국 시장에서 경쟁력을 얻었다.

지역 젊은이들은 또한 개성 있는 소규모 옷 가게 창업으로 패션 도시 대구의 명맥을 이어가고 있다. 동성로 '야시골목'을 비롯해 대구 시내 곳곳에는 개성 넘치는 옷 가게가 즐비하다. 덕분에 대구는 12년째 '대구패션페어'를 성공적으로 개최하며 패션 도시로서 저력을 뽐내고 있다.

대구는 어떻게 이렇게 강한 청년 문화를 꽃피울 수 있었을까. 25개 대학의 27만 대학생 인구, 청년 창업 인력의 해외 유학 경험, 패션 산업을 기반으로 한 디자인 인프라 등을 꼽는 사람도 있다. 그러나 필자는 단일 도심 경제야말로 가장 대구 청년 문화의 큰 원동력이라고 생각한다. 대구는 대도시 중 예외적으로 단핵 도심 체제를 유지한 도시다. 신도시 개발로 중심지가 분산된 다른 도시와 달리 대구에서 '시내'는 동성로 한 곳이다. 상권 구조로 보면 대구는 '도시 고밀도 개발을 통해 지속 가능한 도시 공간 형태를 지향하는 콤팩트 시티(압축 도시)' 모델에 가깝다. 이렇게 한곳에 집중된 상권은 대규모 유동 인구를 창출할 뿐 아니라 전통시장, 명품거리, 공구거리, 카페거리, 근대 문화 등 다양한 도시 문화 체험과 융합을 가능하게 한다. 외부로 진출한 지역 브랜드 대부분이 동성로에서 시작했다는 사실은 단일 도심의 소상공인 집적이 창조적 청년 문화를 형성하는 데 얼마나 중요한지 보여준다.

도심 문화의 또 하나의 축은 골목길이다. 대구 골목길은 1,000여 개가 넘는다고 말할 정도로 많다. 그중 근대문화거리, 김광석길, 안지랑 곱창골목이 2015년 한국관광공사가 선정한 '한국에서 꼭 가봐야 할 대표 관광지 100곳'에 이름을 올렸다.

골목길의 경제적 가치는 관광 자원으로 그치지 않는다. 골목길은 매력적인 도시 문화를 창조하고

# 대구 중구 (동성로) All Local Brands

- **01 라일락뜨락1956** — 이상화 시인의 생가를 재생한 카페
- **02 무영당** — 대구 청년들의 복합 문화 공간
- **03 대구굿즈** — 특색 있는 대구 굿즈 숍
- **04 로프트로프트** — 터프팅 공방
- **05 북성로공구빵** — 북성로 골목의 대표 디저트 숍
- **06 더폴락** — 대구의 1세대 독립 서점
- **07 대화의장** — 대화가 있는 복합 문화 공간
- **08 물비늘** — 자연 느낌의 빈티지 소품 숍
- **09 777 (chillxchillxchill)** — 독특한 빈티지 소품 숍
- **10 이플릭** — 대구 테마 스트리트 브랜드
- **11 이번 주말/공간나를위함** — 대구 기반의 취향 커뮤니티
- **12 모노하** — 김태훈 작가의 디자인 스튜디오
- **13 고스트북스** — 좋은 책을 전하는 독립 서점
- **14 동아식당** — 로컬 푸드 한식당
- **15 코잔타** — 리빙 편집숍
- **16 우쓰 쇼룸** — 빈티지 소품 숍
- **17 더커먼** — 예술, 이야기, 마켓이 있는 곳
- **18 책빵고스란히** — 비건 빵과 책이 있는 공간
- **19 스타벅스 대구종로고택점** — 스타벅스 플래그십 스토어
- **20 상송빵집 본점** — 대구에서 가장 오래된 빵집
- **21 연남방앗간 반달스퀘어점** — 연남방앗간 대구 매장
- **22 하이마트음악감상실** — 역사가 살아 있는 음악 감상실
- **23 비스토어 쇼룸점** — 의류 브랜드 편집숍
- **24 나그놀 스트릿점** — 빈티지 액세서리 편집숍
- **25 나이스키친** — 대구 최대 규모의 그로서리 스토어
- **26 이티비티샵 대구본점** — 귀여운 디자인 소품 숍
- **27 페이퍼보이스튜디오** — 빈티지 감성 문구 숍
- **28 hap&bicycletrophy** — 향초, 액세서리를 파는 소품 숍
- **29 Kicks(킥스)** — 맨즈 빈티지 셀렉트 숍
- **30 대봉정** — 건들바위에 자리 잡은 복합 문화 공간
- **31 영도다움** — 영도 벨벳의 체험 공간
- **32 스테이 지안** — 문화를 향유하는 한옥 스테이
- **33 Refreshment 리프레쉬먼트** — 문화와 커피가 있는 카페
- **34 대도양조장** — 수제 맥주 양조장
- **35 커피명가 김광석거리점** — 대구 커피의 자존심

## 동성로 테마 여행
### 편집숍
- 03 대구굿즈
- 04 로프트로프트
- 08 물비늘
- 09 777 (chillxchillxchill)
- 10 이플릭
- 12 모노하
- 24 나그놀 스트릿점
- 26 이티비티샵 대구본점
- 27 페이퍼보이스튜디오
- 28 hap&bicycletrophy

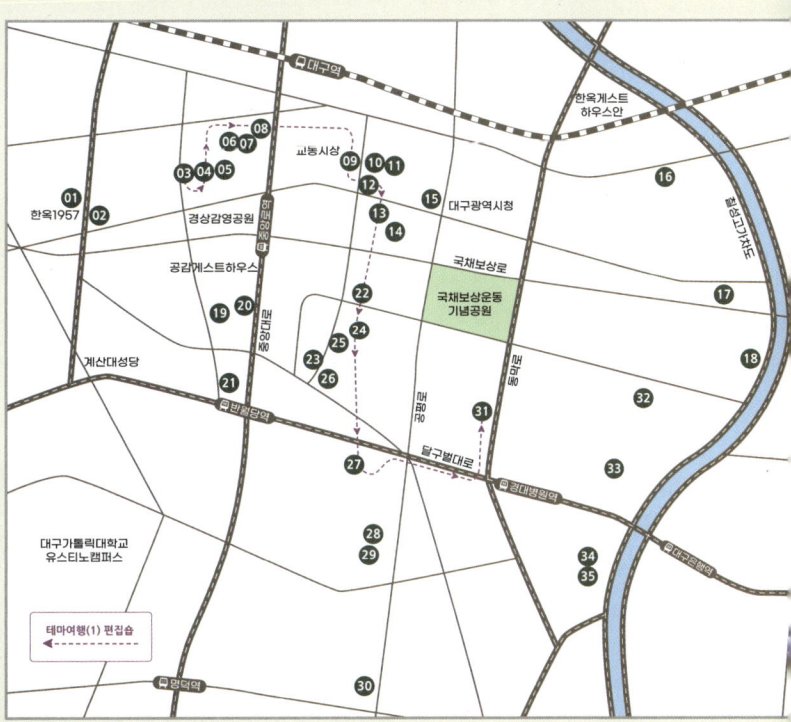

이를 통해 미래 도시 산업을 견인할 수 있는 경제적 자본이다.

도심을 기점으로 대구만의 색깔을 지닌 다양한 지역 기업이 늘어나며 도시와 산업이 함께 발전할 수 있다.

젊은이만이 도심에 모이는 것이 아니다. <골목길을 걷다, 대구를 만나다>의 저자 황희진 기자는 청년과 장년이 각기 따로 모이는 도심의 두 골목을 소개한다.

젊은이들을 가슴 뛰게 만드는 '현재 대구 제일 번화가'인 동성로 로데오 골목과 젊은 세대 못지않게 밤을 불태울 줄 아는 장년들의 유흥 집결지인 '왕년 대구 제일 번화가' 향촌동 골목이다. 시간과 공간을 즐기는 데 나이는 중요하지 않다.

동성로가 특별한 이유는 모든 유형의 골목길이 모여 있기 때문이다. 대구의 종로(종로), 홍대(교동), 명동(동성로), 삼청동(서문로), 을지로(북성로), 연희동(삼덕동)이 다 이곳에 있다. 특히 동성로는 대구 록 음악의 역사가 담긴 곳이기도 하다. 지금은 아파트 단지가 된 삼덕동 어딘가가 1990년대 인디 신의 중심지였다고 한다. 1970년대 대구 최고의 부촌으로 꼽히던 삼덕동은 동성로와 김광석길 중간에 있다. 골목 대부분이 저층 상가와 연립주택 건물로 채워져 있다. 사이사이 한옥과 일본 가옥, 1970년대 단독주택이 보인다. 1960년대 구역 정비 사업으로 도로는 넓은 편이다. 최근 뜨는 지역답게 예쁜 가게가 많다.

대구 도시 문화는 도전적으로 진화 중이다. 교동과 북성로 골목길에 가면 한국이 맞나 싶을 정도로 많은 도전적, 저항적인 힙스터들을 만날 수 있다. 동성로 힙스터 문화의 시작은 북성로다. 전충훈 공동체디자인연구소 소장에 따르면 북성로는 수제화 골목이었다. 300m 길이의 골목길에 수제화 가게가 열을 맞춰 자리했다. 전성기 시절엔 최고 130개가 넘는 가게가 운영됐다. 이 거리에 2017년 이 지역을 대표하는 로컬 브랜드 '북성로 공구빵'이 등장했다. 볼트와 너트, 스패너 같은 공구 모양의 다양한 과자와 빵을 선보인 베이커리다. 공구빵 콘셉트가 탄생한

배경에는 북성로 사회 혁신 클러스터가 있다. 이 단체는 '팩토리09' 공간을 중심으로 다양한 로컬 브랜드를 육성했다. 현재 동성로에서 가장 핫한 동네라면 교동을 빼놓을 수 없다. 교동은 대구 1세대 외식 기업 미즈컨테이너 계열의 크루가 개척한 상권이다. 현재 5개 팀이 교동에서 활동한다. 각 팀이 작게는 2개, 많게는 5~6개의 매장을 운영한다. 작년 들어선 야키도리 골목도 한 팀이 여러 개 매장으로 조성했다. F&B만 있는 것은 아니다. '이번주말'을 비롯한 10개 정도의 문화 콘텐츠 팀이 활동한다. 이번주말은 80여 개의 독서 모임을 오프라인에서 운영한다. 대구 티셔츠를 제작하는 디자인 숍 '이플릭'은 대구 티셔츠를 제작해 선보인다. 대구 디자인과 패션에 대한 관심이 늘고 있는데, 이 과정에서 '프로젝트기억' 같은 로컬 패션 기획사가 역할을 할 것으로 기대한다. 교동 디자인 문화의 구심점 중 하나는 김태훈 웹툰 작가다. 웬만한 교동 식당에는 그의 포스터 하나 정도는 걸려 있다. 그는 교동에서 인테리어 디자인 스튜디오 '모노하'를 운영한다.

동성로의 로컬 콘텐츠는 대구의 발전 과제를 명확하게 해준다. 오늘의 청년 문화를 만들어준, 단일 도심과 골목 문화를 유지하고 강화하기 위해 노력하는 것이다. 도시 전체를 보면 대중 교통망과 도보 접근성 확대로 도심과 동대구역 주변, 북구 제일모직 공장 터 등 새로 형성되는 부도심을 유기적으로 연결하는 것이 중요하다. 도보와 자전거를 포함한 대중교통 인프라 또한 친환경 생활을 추구하는 콤팩트 시티로 발전하는 데 필요한 기반이다. 경제 시스템적으로는 기존 산업, 지역 대학, 테크노파크, 창조경제혁신센터를 연결해 신성장 동력을 지속적으로 창출하는 것이 중요하다. 대구 문화의 흥망은 대구의 선택에 달려 있다. 기성세대의 사고방식에 따라 근대적인 도시 발전 모델만 고집한다면 산업 도시의 명맥을 유지하는 데 그치고 말 것이다. 하지만 도심 문화, 지역 브랜드, 골목 상권 등 청년 세대가 개척하는 탈근대 자원을 십분 활용한다면, 대구는 청년 문화와 창업 중심의 창조도시로 비상할 수 있을 것이다.

PART 1: 로컬이 강한 도시와 동네

## 강원 강릉시

# 커피로 시작해 맥주까지, 로컬 브랜드화化 하다

강릉은 '커피 산업'으로 대변된다. 강원도를 상징하는 자연환경인 바다, 특산품인 감자를 밀어내고 커피가 주류(主流)를 차지한 셈이다. 이러한 흐름은 안목해변 귀퉁이에 세워둔 한 대의 커피 자판기에서 시작되었다. 자판기 커피 한 잔이 현재의 카페 '테라로사'가 되고, '보헤미안'이 된 셈이다. '커피'라는 외부 요소에 의해 흥한 강릉 로컬 산업은 수제 맥주, 양조 산업 등으로 이어지며 영역을 확대해나가고 있다.

**강원 강릉시**
① 인구(명) 215,911
② 인구밀도(명/km²) 208
③ 저층 주택 비중(%) 52.5
④ 1인 가구 비중(%) 38.4
⑤ 스마트스토어 소상공인 비중(%) 73.2

## 강원 강릉시 All Local Brands

**01 파도스튜디오**
친환경 비누 공방

**02 보헤미안박이추커피**
대한민국 1세대 바리스타 카페

**03 선미한과**
강릉을 담은 세련된 한과

**04 송림도향**
소나무 심재 향 브랜드

**05 르꼬따쥬**
라이프스타일 팜

**06 커피커퍼**
바다가 보이는 커피 맛집

**07 유리알 유희**
유리공예 작가의 쇼룸

**08 카페 툇마루**
흑임자 커피 맛집

**09 순두부젤라또**
강릉 대표 디저트

**10 초당커피정미소**
방앗간을 개조한 앤틱카페

**11 웨이브우드**
우든 서프보드 공방

**13 벤치앤프레스**
산책 콘텐츠를 담은 공간

**14 빵다방**
국내 최초 인절미빵 베이커리

**15 미트컬쳐**
로컬 재료에 진심인 가스트로 펍

**16 강릉브루어리바이현**
맥주와 막걸리 만드는 양조장

**17 포스트카드오피스**
1,000종 이상의 엽서가 있는 곳

**18 한낮의 바다**
골목 안 작지만 알찬 독립 서점

**19 오어즈**
강릉을 담은 소품 숍

**20 솔트앤라잇**
커피와 와인을 판매하는 편집숍

**21 사유의 공간**
가치가 있는 물건을 모은 빈티지 숍

**22 산소울 도자기공방**
강릉을 표현하는 도자기 공방

**23 두딩**
두부 푸딩이 맛있는 곳

**24 레드망치**
실용적이고 포근한 소품 숍

**25 라이크어거스트**
강릉의 자체 제작 디자인 숍

**26 위크엔더스**
체험형 커뮤니티 호스텔

**27 솔솔밀크티**
로컬 재료로 만든 한국식 밀크티

**28 관동별곡**
강릉 기념품 아트 숍

**29 슬로우슬로우담담**
강원의 자연을 담은 세라믹 브랜드

**30 차리프**
티 코스가 있는 강릉 티룸

**31 더웨이브컴퍼니**
로컬 콘텐츠 기획사

**32 즈므로스터리**
강릉 주민들이 '애정하는' 카페

**33 글씨당**
김소영 작가의 캘리그래피 스튜디오

**34 무명극장**
지역 영화 상영관

**35 버드나무브루어리**
강릉을 대표하는 수제 맥주

**36 FOUND**
카페 겸 와인 보틀 숍

**37 파도살롱**
리모트 워커를 위한 코워킹 스페이스

**38 봉봉방앗간**
핸드 드립 커피 전문점

**39 100년임당방앗간**
카페로 재탄생한 방앗간

**40 감자유원지**
감자 테마 식문화 공간

**41 31건어물**
건어물 베이커리

**42 서가네뻥튀기**
찰옥수수 강냉이의 무한 변신

**43 테라로사 커피공장 강릉본점**
테라로사 본점 겸 로스팅 팩토리

### 강릉시 테마 여행
☕ **커피**

**02** 보헤미안박이추커피
**06** 커피커퍼
**06** 카페 툇마루
**10** 초당커피정미소
**32** 즈므 로스터리
**38** 봉봉방앗간
**39** 100년임당방앗간
**43** 테라로사 커피공장 강릉본점

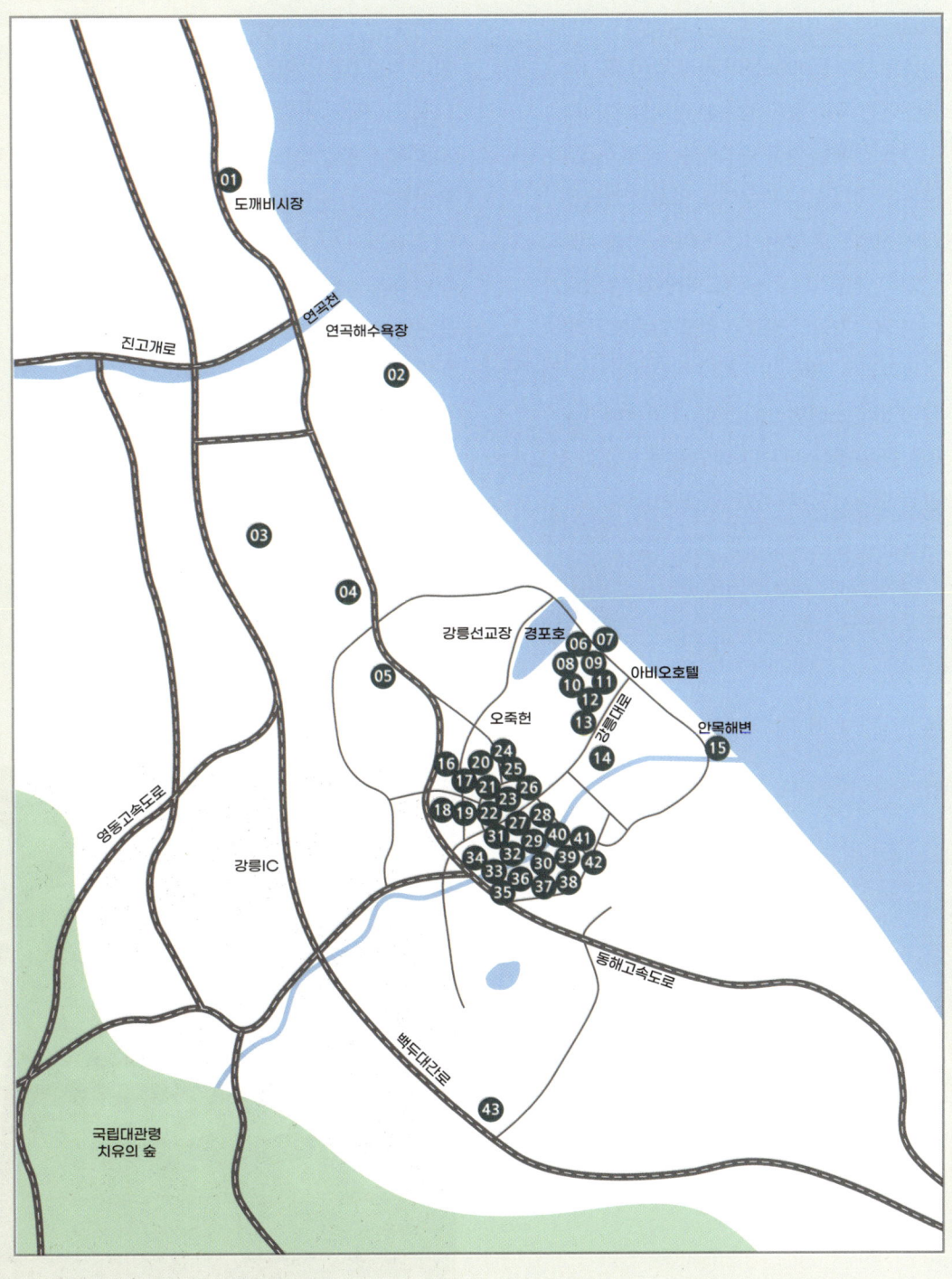

창조도시 키워드는 산업적으로는 커피, 수제 맥주, 로컬 브랜드, 아웃도어, 도시 정책으로는 환경과 지역 경제 정책이다. 국내에서 차세대 창조도시가 될 가능성이 가장 높은 도시를 꼽는다면 주저 없이 강릉을 선택할 것이다. 강릉을 선택한 가장 큰 이유는 '커피'에 있다. 강릉은 국내 도시 가운데 유일하게 커피를 지역 산업으로 발전시킨 곳이다. 강릉 커피 산업은 해변가만 거닐어도 확인할 수 있다. 해변 커피거리의 원조는 강릉 안목해변이다. 안목해변은 전국 모든 커피 프랜차이즈가 집결한 커피거리. 스타벅스도 2013년 안목해변에 매장을 열었다. 당시만 해도 유동 인구가 적고 상업 중심지도 아니었던 곳을 스타벅스가 선택한 이유는 무엇일까. 물론 매장의 경제성도 고려했겠지만 새로운 커피 중심지로 떠오를 안목해변의 가능성을 인정했기 때문일 것이다. 안목해변 커피거리 역사는 소박하다. 1990년대 해변을 찾는 관광객을 위해 한 모퉁이에 커피 자판기를 설치한 것이 시작이다. 하지만 그렇게 시작된 커피 문화는 어느새 경포대해변, 사천해변, 양양 죽도해변 등 다른 해변으로 확산됐다.

왜 강릉일까? 강릉 커피 문화를 체험하면서 머릿속에 맴돌던 질문이다. 많은 사람이 기업가 정신에 주목한다. 문화도 사람이 만드는 것이니 아무래도 선구자의 공이 클 것이다. 강릉의 커피 산업을 개척한 사람은 2000년대 초반 스페셜티 커피 전문점을 시작한 '보헤미안' 박이추 대표와 '테라로사'의 김용덕 대표다.

그 외 강릉의 문화적 토양도 간과할 수 없다. 강릉은 여타 동해안 지역과 다른 문화 도시였다.

선교장, 오죽헌 등 경포대 주변에 위치한 전통 문화유산을 방문하면 강릉의 문화적 풍요로움이 느껴진다.

강릉은 이제 한국을 대표하는 커피 도시로 발전했다. 강릉시 전역에 300개가 넘는 커피 전문점이 운영되고 있고, 이들 중 상당수가 전국적으로 유명세를 타고 있다. 강릉 커피 전문점은 단순한 커피 소매점이 아니다. 많은 곳이 전국 카페와 음식점에 커피를 공급하는 로스팅 비즈니스를 본업으로 삼고 있다. 이 중 전국적인 체인으로 성장한 기업이 테라로사다. 강릉은 또한 연간 5,000명의 바리스타를 배출하는 인력 양성지이기도 하다. 보헤미안과 테라로사 등 강릉 커피 산업을 개척한 카페는 공통적으로 커피 교육과정을 운영하고, 강릉 지역의 대학들도 관련 과정을 개설하며 보조를 맞추고 있다.

이러한 성장을 등에 업고 강릉시는 커피 산업 지원을 위해 매년 10월 '커피축제'를 개최한다. 작은 규모로 시작한 이 행사는 이제 1년에 20만 명이 찾는 전국 최대 규모 축제로 성장했다. 이곳에서는 국내 최고 수준의 커피를 맛볼 수 있을 뿐만 아니라, 커피박물관에서 커피나무 재배와 커피 생산 과정을 체험할 수 있어 참여자 만족도가 매우 높다.

강릉 커피 산업은 처음에는 관광객을 대상으로 시작됐지만 지금은 지역민을 위한 문화가 되었다. 커피 전문점 '에디오피아' 대표에 따르면, 가게를 방문하는 관광객과 지역 주민 비율이 거의 같다고 한다. 일상에서 커피를 즐기다 보니 자연스레 수준이 높아져, 요즘 강릉 주민들은 '다른 도시 가면 맛없어서 커피를 못 마시겠다'고

불평할 정도라고 한다.

창조도시의 소상공인 산업 중 또 다른 주요 산업은 수제 맥주와 양조다. 대표적인 소상공인 중심 도시인 포틀랜드는 수제 맥주 기업이 60여 개에 달한다. 미국에서 수제 맥주 공장이 가장 많은 도시다. 도시 양조 또한 수제 맥주만큼 발달했다. 포틀랜드 거리를 걸으면 위스키, 럼, 진 등 다양한 술을 제조하는 소규모 양조장을 쉽게 마주할 수 있다. 강릉 수제 맥주 또한 평판이 좋다. 현재 강릉에는 '브루어리', '버드나무브루어리 성산', '버드나무브루어리' 등 세 곳의 수제 맥주 공장이 있다. 강원도 지역 수제 맥주업체는 16개로, 경기(35개), 서울(17개) 다음으로 많다.

강릉에는 지역에서 시작해 로컬 대표 브랜드로 성장한 기업을 쉽게 찾을 수 있다. 식가공업에서는 '초당마을협동조합'에서 생산해 전국으로 유통하는 '강릉초당두부'가 대표적이다. 밀레니얼 취향의 로컬 브랜드도 다양하다. 커피 산업 분야의 테라로사, 카페 보헤미안, 커피커퍼, 디저트 숍으로는 '순두부젤라또'가 강릉에서 다수의 매장을 운영하고 있다. 로컬 브랜드 개념을 짬뽕, 짬뽕순두부, 꼬막 등 전통 식음료 분야로 확대하면 그 수는 크게 늘어난다.

디자인 브랜드도 둥지를 틀고 있다. 강릉 문화를 감각적으로 디자인한 기념품을 판매하는 교동의 '관동별곡'이 대표적인 디자인 기업이다. '파도살롱'을 운영하는 '더웨이브컴퍼니'도 강릉 라이프스타일을 기반으로 한 패션 라인 '닐다'를 출시했다.

강릉 로컬 콘텐츠가 집적되면서 이를 한곳에 모은 앵커 상업 시설도 늘고 있다. 커피 로컬 콘텐츠 타운으로는 박물관, 식당, 카페, 정원으로 구성된 테라로사 본점을 꼽는다. 강릉 감자 콘텐츠도 등장했다. 아직 작은 규모지만 감자 디저트 카페, 감자 박물관(로컬 스토어), 감자 식당을 운영하는 '감자유원지'가 감자를 테마로 한 로컬 콘텐츠 타운이다.

다른 도시에 비해 강릉이 창조도시로서 유리한 또 하나의 이유는 특색 있는 동네가 있기 때문이다. 강릉은 하나의 중심이 압도하지 않고 수평적으로 이어진 여러 동네가 공존한다. 교동, 명주동, 임당동, 포남동 등 각각 특색을 지진 여러 동네가 강릉을 다채로운 도시로 만든다.

동네 경쟁력을 엿볼 수 있는 분야는 맛집이다. 강릉을 대표하는 맛집은 한 지역에 밀집되어 있지 않고, 도시 전역에 흩어져 있다. 포남동 '빵다방', 초당동 '툇마루', '순두부젤라또', 명주동 '오월', '봉봉방앗간', 홍제동 '버드나무브루어리', 강문해변 '카페폴앤메리'가 대표적이다. 교동의 게스트하우스 '위크엔더스', 홍제동 캘리그래피 숍 '글씨당', 명주동 코워킹 스페이스 '파도살롱'도 콘텐츠 기반 앵커 스토어로 약진하고 있다.
강릉 동네 문화를 체험할 수 있는 곳은 원도심 명주동이다. 명주동에는 강릉도호부 관아, 칠사당, 임당동 성당 등 문화재가 자리한다. 개성 있는 상가, 청년을 위한 공간도 함께 어우러져 있다. 매년 여름 강릉시는 명주동을 중심으로 다양한 강릉 문화를 소개하는 '강릉 문화재 야행'을 운영한다. 주민들이 소셜 다이닝 '모두의 식탁 Under Sky'를 운영할 정도로 주민 문화도 강하다. 메뉴도 여느 식당에서 맛보기 힘든, 지역색을 담은 요리를 선보인다.
강릉은 로컬 브랜드 생태계 관점에서도 벤치마킹 대상이다. 비수도권 지역에서 '상권 분야의 모델은 전주, 로컬 브랜드 분야의 모델은 강릉'이라고 해도 과언이 아니다. 강릉이 배출한 로컬 브랜드 테마는 커피, 순두부, 한과, 감자 등이다. 이 중 커피 브랜드가 가장 진보됐다. 로컬 크리에이터 스쿨, 로컬 크리에이터 커뮤니티, 로컬 콘텐츠 타운(테라로사공장, 커피커퍼 커피박물관), 로컬 브랜드(테라로사, 박이추보헤미안커피, 서울우유 강릉커피), 로컬 생산 단지(커피공장, 커피재배농장), 로컬 브랜드 상권(명주동, 안목커피거리) 등 로컬 브랜드 생태계 구성 여건을 모두 만족한다.
강릉은 소상공인 중심 창조도시가 될 수 있는 잠재력이 그 어느 곳보다 크다. 이 모델에 필요한 산업, 동네 문화, 자연환경, 문화 예술, 음식 문화 분야에서 강릉을 넘어설 도시를 찾기 어렵다. 그렇다고 가는 길이 순탄치만은 않을 것이다. 아직 채워야 할 것이 많다. 선진국 소상공인 창조도시에 비해 강릉은 아웃도어, 자전거, 환경 산업 측면에서는 두각을 나타내지 못하고 있다. 앞으로 강릉은 더욱 달라질 것이다. 로컬 크리에이터들이 지역 자원을 연결해 창의적인 비즈니스를 창업한다면, 머지않아 더욱 풍성한 콘텐츠로 채워질 것이다. 강릉을 대표하는 커피 문화는 외부에서 수입된 '인공적인' 지역 문화다. 순두부 젤라토, 순두부 스프레드의 성공이 보여주듯이 강릉 전통문화에 기반한 상품의 개발도 이어져야 할 것이다.
창의적 기업가에 의해 강릉은 지역환경, 전통 산업 등과 큰 관련 없는 문화 산업이 대세로 자리 잡았다. 외부적 요소가 오히려 강릉 지역 발전에 큰 자산이 된 것이다. 강릉 로컬 크리에이터들이 다시 한번 기업가 정신을 발휘한다면, 다채로운 지역 산업은 강릉 경제를 견인하는 신성장 동력으로 자리매김할 것이다.

PART 1: 로컬이 강한 도시와 동네

 경기 수원시

# 중심지 문화가 피워낸 로컬을 만나다

수원은 '행궁동'을 중심으로 중심지 문화가 형성되었다. 경기도청, 수원화성이 랜드마크 역할을 한다. 수원 사람들의 일상은 수원을 크게 벗어나지 않는다. 나고 자라, 취직하고 가정을 꾸리기까지 '수원 애착'은 이어진다. '직주일치'가 가능한 도시, 수원은 여느 도시와는 달리 뿌리 깊이 내린 중심지 문화를 토대로 로컬 문화를 만들어가는 중이다.

경기 수원시
① 인구(명) 517,822
② 인구밀도(명/km²) 10,050
③ 저층 주택 비중(%) 19.0
④ 1인 가구 비중(%) 31.4
⑤ 스마트스토어 소상공인 비중(%) 65.7

# 수원시 All Local Brands

- **01 생활적정랩빼꼼** 발효 공방
- **02 재재상점** 제로 웨이스트 숍
- **03 탐조책방** 국내 1호 탐조 책방
- **04 낯설여관 204호** 여행자의 쉼터가 되는 독립 서점
- **05 딱맞는책방** 그림책이 있는 독립 서점
- **06 행궁빙수** 국산 팥으로 만든 빙수 맛집
- **07 수원전통문화관** 전통문화 체험 명소
- **08 피큐알크리에이터스** 수원 기반 디자이너 그룹
- **09 공존공간** 로컬 브랜드 복합 문화 공간
- **10 한지로움** 한지공예 장인이 운영하는 공간
- **11 옻칠반지 무스비 공방** 옻칠 반지 공방
- **12 스튜디오 수** 동양화 작가와 함께하는 공방
- **13 팩토리공공공** 개성 있는 행궁동 책방
- **14 뮤니버스** 지역 작가들이 만든 소품 숍
- **15 탭** 선물하기 좋은 제품을 파는 소품 숍
- **16 이건희인두화창작소** 인두화 체험 공방
- **17 브로콜리숲** 행궁동 골목에 숨겨진 독립 서점
- **18 조각보에담은세상** 조각보 공방
- **18 신도시양조회** 수원의 맥주 양조 브랜드
- **19 책쾌** 조선시대 테마 책방
- **20 정지영커피로스터즈 행궁 본점** 수원에 커피 문화를 만드는 카페

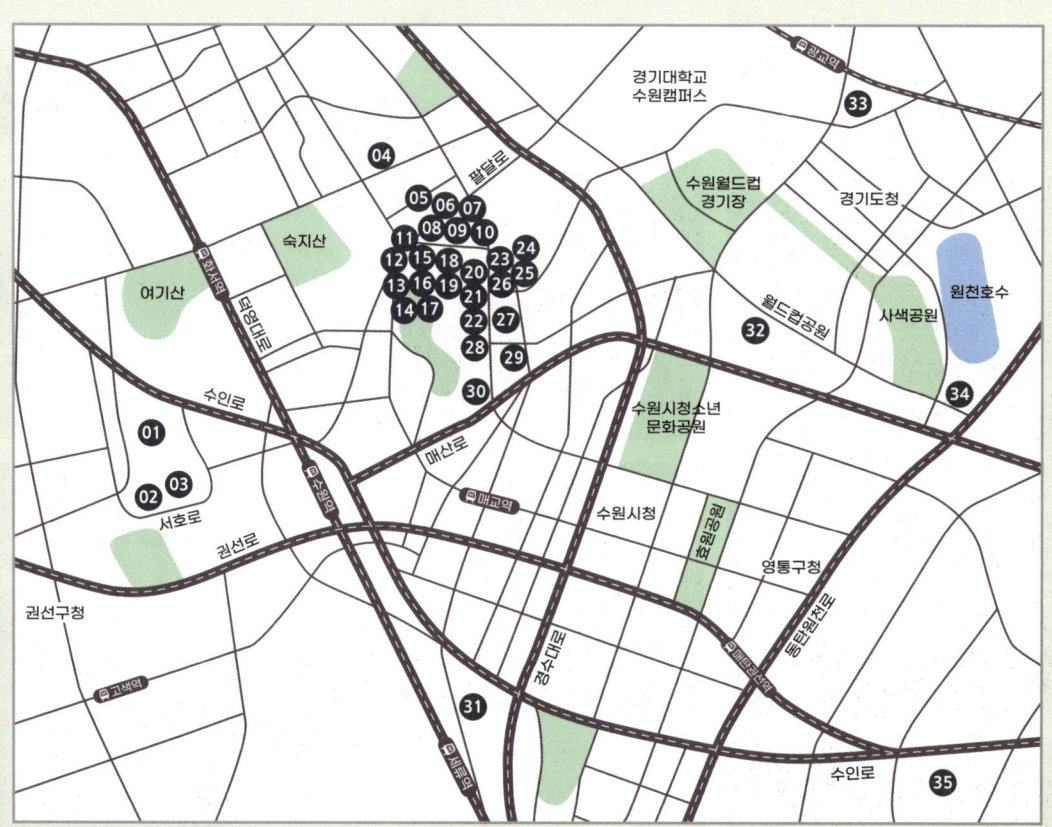

㉑ **행궁살롱**
개화기 콘셉트의 빈티지 카페

㉒ **지구인의놀이터**
제로 웨이스트 무포장 가게

㉒ **하이시리얼**
귀여운 굿즈를 파는 소품숍

㉓ **예술공간 봄**
수원을 담은 전시 공간

㉓ **마을기업행궁솜씨**
행궁마을 예술 협동조합

㉔ **디드**
서브컬처를 만들어나가는 편집숍

㉕ **센이모노**
터프팅 공방

㉖ **묘책**
환경의 묘책을 제시하는 숍&공방

㉗ **본지르르**
식음료 본질에 집중한 카페

㉘ **오름**
친환경 유기농 전문점

㉙ **우든스트 목공방**
생활용품을 만드는 목공방

㉚ **삼미제빵소**
이웃과 함께하는 제과 제빵소

㉛ **소행성99**
전통과 로컬을 담은 콘텐츠

㉝ **로컬러**
로컬 콘텐츠 디자인 스튜디오

㉞ **지니얼스**
양말 목공예 & 제로 웨이스트 숍

㊱ **앨리웨이광교**
골목 문화를 만드는 복합 문화 공간

㉟ **서른책방**
서른 살의 꿈을 실현하는 독립 서점

수원은 여느 경기도 소재 도시와 달리 중심지가 명확하다. 경기도청, 수원화성이 위치한 행궁동이 수원의 중심지다. 수원 로컬 문화도 행궁동을 중심으로 성장해 '앨리웨이 광교'를 통해 광교 신도시로 확장된다. 중심지 문화가 유지되는 수원에는 어떤 특별한 이유가 있을까. 수원은 한마디로 작은 수도(首都)다. 경기도의 수도라서 하는 말이 아니다. 여느 수도와 같이 전통과 현대를 갖춘 중심지 문화를 보유하고 있어서다. 수원은 조선시대부터 특별한 도시였다. 정조가 천도를 고려한 수도 후보지였고 행정적으로도 지방 고을 중 가장 높은 수준인 '유수부'의 지위를 누렸다. 대부분 경기도 지역은 수도 서울의 위성도시다. 서울과 경기도는 서로 떼어놓고는 이야기할 수 없을 정도로 하나의 생활권이 됐다. 최근에는 젊은 세대가 '밈'으로 '경기러'라는 귀여운 애칭을 붙이며 '서울 사람들이 이해하지 못하는 경기도민의 삶'이라는 재미있는 짤이 돌아다니기도 한다. 서로 교통하며 살아가는 서울과 경기도민 간의 오해와 불편함을 위트 있게 담아낸 밈들은 많은 이들의 공감을 이끌었다.

수원시 인구는 2020년 기준 약 20년 동안 가구 수가 약 1.7배인 50만6,950가구로 늘어났다. 인구는 같은 기간 약 1.2배 증가해 가족 단위로 인구가 증가했음을 볼 수 있다. 1인 가구가 급격히 늘어나고 있는 서울 마포구, 성동구 등의 흐름과는 다르게 가족 단위로 지역이 발전됨을 알 수 있다.

수원시 통계에 따르면 수원 시민 중 통근·통학 인구의 약 10%만이 서울로 통근, 통학하고 있다. 그리고 약 58%의 시민은 현재 자신들이 거주하고 있는 수원시에서 출퇴근을 하고 있다.

경기도에 거주하는 주민들은 대부분 서울에 직장을 두고 있을 것이라는 편견을 깨는 통계다. 수원시 내에서 출근하는 사람들은 전체 인구의 약 58%, 수원에 근접한 경기도 다른 도시로의 통근 인구는 약 28%로 직주 일치가 잘되는 지역으로 나타난다.

수원시 통계에 의하면 직장 혹은 취업 때문에 수원에 거주한다는 시민이 약 35%로 전체 인구의 약 1/3이 직주 근접의 삶을 향유하고 있다. 10년 후 해당 지역 거주 의향을 묻는 질문에는 전체 시민의 약 67%가 '계속 머물 의향이 있다'고 답했다. 수원시 전체 인구의 약 26%가 10년 이상 거주했고, 약 49%는 20년 이상 거주한 것으로 나타났다. 산업과 문화 인프라를 이유로 많은 사람들이 서울로 떠나지만, 수원시에는 10년 이상 거주한 인구가 대략 70%가 넘는다는 점에서 지역 주민의 만족도를 알 수 있다. 이 지역에서 나고 자라 공부하고 취업해 가정을 꾸리기까지 안정적인 생활을 영위할 수 있는 조건을 잘 갖춘 도시라고 이해할 수 있다.

수원 중심지 문화를 대표하는 장소는 수원 화성이다. 정조가 새로운 천도를 염두에 두고 건설한 '조선시대판 신도시'다. 수원 화성은 유네스코 세계유산으로 지정됐을 만큼 압도적인 규모와 경관을 자랑한다. 화성이 위치한 행궁동은 오랫동안 수원의 중심지 역할을 했다.

수원시는 한국을 대표하는 글로벌 기업인 삼성전자의 본거지다. 삼성전자 핵심 인력이 모여 있는 '삼성디지털시티'는 총 인력 약 4만2,000명으로 삼성전자 국내 인력의 50%에 해당하는 인력을 수용한다. 삼성타운은 삼성전자가 1969년 수원에 라디오, TV 생산 라인을 세우면서 시작됐다.

수원시는 또한 직주 근접 문화를 바탕으로 새로운 신도시 문화를 개척하고 있다. 수원시의 매력적인 신도시 문화를 체험할 수 있는 곳은 지역 밀착형 라이프스타일 센터 '앨리웨이 광교'다. 2019년 개장한 앨리웨이 광교는 '사람 중심의 미래'가 어떤 것인지 보여주는 공간이다. 앨리웨이 광교가 제시하는 사람 중심의 미래는 오래된 미래, 골목 문화다. 이곳 공간 디자인을 맡은 부동산 개발 기업 '네오밸류'는 여유로운 일상과 이웃과 소통하는 라이프스타일을 제안한다.

신도시 상가에 골목 문화를 재현하기 위해 투입된 브랜드는 80개에 달한다. 독립 서점, 슈퍼마켓, 베이커리, 카페, 수제 맥주, 편집숍, 갤러리, 꽃집 등 익숙한 골목 업종뿐 아니라 DIY 워크숍, 커뮤니티 키친, 공예 공방 등 커뮤니티 조성에 필요한 창조 공간을 망라한다. 앨리웨이광교에서는 일반 상가에서 흔히 볼 수 있는 대기업 프랜차이즈를 찾기 어렵다. 골목 상권 경험을 재현하기 위해 골목에서 주목 받는 독립 브랜드 중심으로 상가를 구성했다. 시장 기능을 하는 '마슬마켓'은 전통시장을 재현하기 위해 쌀가게, 방앗간, 정육점 콘셉트의 가게를 유치했다.

네오밸류의 앨리웨이 광교는 개발 회사가 상가를 분양하고 철수하는 전통적인 상가 개발 방식으로는 운영하기 어렵다. 개발 회사가 상가를 직접 운영하며, 외부 브랜드로 채우지 못하는 공간은 자체 브랜드로 채운다. 앨리웨이 광교에 투입되는 자체 브랜드는 11개에 이른다. 콘텐츠만이 골목 상권 세트가 아니다. 공간 디자인 자체도 골목 상권을 벤치마킹했다. 이곳 상가 내부는 여러 골목길로 연결되어 있다. 보행로 곳곳에 골목길을 연상시키는 그래피티, 벤치, 천막, 노점을 배치했다. 상가 중앙에 거대한 광장을 만들어 주민이 휴식하고 교류할 수 있는 공간도 조성했다. 본관과 별도로 별관을 건설해 공간 구조의 다양성을 구현한 것도 골목길 분위기를 더한다. 무엇보다 상가를 근처 아파트 단지 정면에 배치했다. 상가 중심 생활권의 중요성을 강조한 것이다.

독립 브랜드로 대형 상가를 개발하는 앨리웨이는 해외에서 전례를 찾기 어려운 혁신적인 사업이다. 네오밸류는 앨리웨이 모델이 정착하기까지 시간이 더 걸릴 것으로 예상한다. 동네 상권의 중심인 슈퍼마켓, 어린이 관련 시설에서 더 많은 혁신이 필요한 것으로 보인다. 수원시의 문화 부상에는 직주 근접이 큰 몫을 했다. '벌이'와 '소비'가 한 지역에서 이루어지는 것이 얼마나 삶의 질을 높이는지 수원 시민의 지역 만족도를 통해 알 수 있다. 지역 산업을 만들고자 노력한 로컬 크리에이터의 기획, 오랜 시간 지역에 거주해온 지역 주민의 자부심도 일조했다. 수원이 이런 자원을 더 발전시켜 서울과 경쟁하는 수도권 도시로 자리 잡길 기대한다.

PART 1: 로컬이 강한 도시와 동네

## 흔들림 없는 수원 문화의 뿌리
# 행궁동

**행궁동**
① 인구(명) 10,858
② 인구밀도(명/km²) 6,916
③ 저층 주택 비중(%) 97.0
④ 1인 가구 비중(%) 53.3
⑤ 스마트스토어 소상공인 비중(%) 79.2

수원시 행궁동 중심에는 수원화성이 있다. 화성 동쪽으로는 수원천이 흐른다. 성벽으로 둘러싸인 옛 모습이 그대로 남아 있는 아름다운 동네다. 어떤 이들은 수원시를 경기도의 수도라고 부르기도 한다. 경기도청이 자리한 까닭이다. 수원시청, 팔달구청 등 주요 공공 기관이 행궁동에 위치한다. 수원천을 따라 내려가다 보면 만나게 되는 수원역은 이 지역 교통의 큰 축을 담당한다. 역사적으로 뚜렷한 문화를 지닌 지역은 힘이 있다. 외부에서 위기가 닥쳐오더라도 중심 문화가 살아 있으면 끊임없이 콘텐츠가 생산되고 소비된다. 행궁동은 이런 문화 콘텐츠가 탄탄한 지역 중 하나다.
행궁동을 이야기할 때 '화성행궁'을 빼놓을

수 없다. 화성행궁은 조선 정조 13년(1789)에 아버지 사도세자의 무덤을 수원부 읍치 자리로 옮기고, 원래 수원부 읍치를 팔달산 아래로 이전해 관청으로 사용하기 위해 건립되었다. 왕이 수원에 내려올 때 머무는 행궁으로도 사용됐다. 1796년에 전체 600여 칸 규모로 완공되었다. 일제강점기를 거쳐 병원, 경찰서 등으로 쓰이며 화성행궁이 훼손되었는데, 1980년대 말 지역 시민들이 복원추진위원회를 구성해 복원 운동을 펼쳤다. 그 결과 1996년 복원이 시작됐고, 2002년에 중심권역 복원 공사가 마무리됐다. 화성행궁은 전국 여러 행궁 중 가장 돋보이는 규모와 격식을 갖춘 곳이기도 하다. 2016년부터는 화성행궁 우화관과 별주의 발굴 및 복원 사업이 진행되고 있다고 수원문화재단은 전한다. 이러한 행궁 복원 사업은 수원화성의 유네스코 세계문화유산 지정과 함께 수원 로컬 콘텐츠의 중심 역할을 하게 되었다.

행궁동을 특별하게 만드는 것은 화성행궁을 중심으로 성벽을 따라 이어진 길이다. 화서문에서 수원천을 향하는 화서문로, 팔달문을 지나 수원역까지 뻗어 있는 정조로, 바로 안쪽의 행궁로 등 화성행궁 성벽과 수원천 사이 여러 갈래 골목길이 다채로운 매력을 전한다. 길목마다 아기자기한 가게와 낮은 스카이라인의 주택이 얼기설기 모여 있다. 어떤 골목으로 접어들어도 그 나름대로 걷는 맛을 느낄 수 있다.

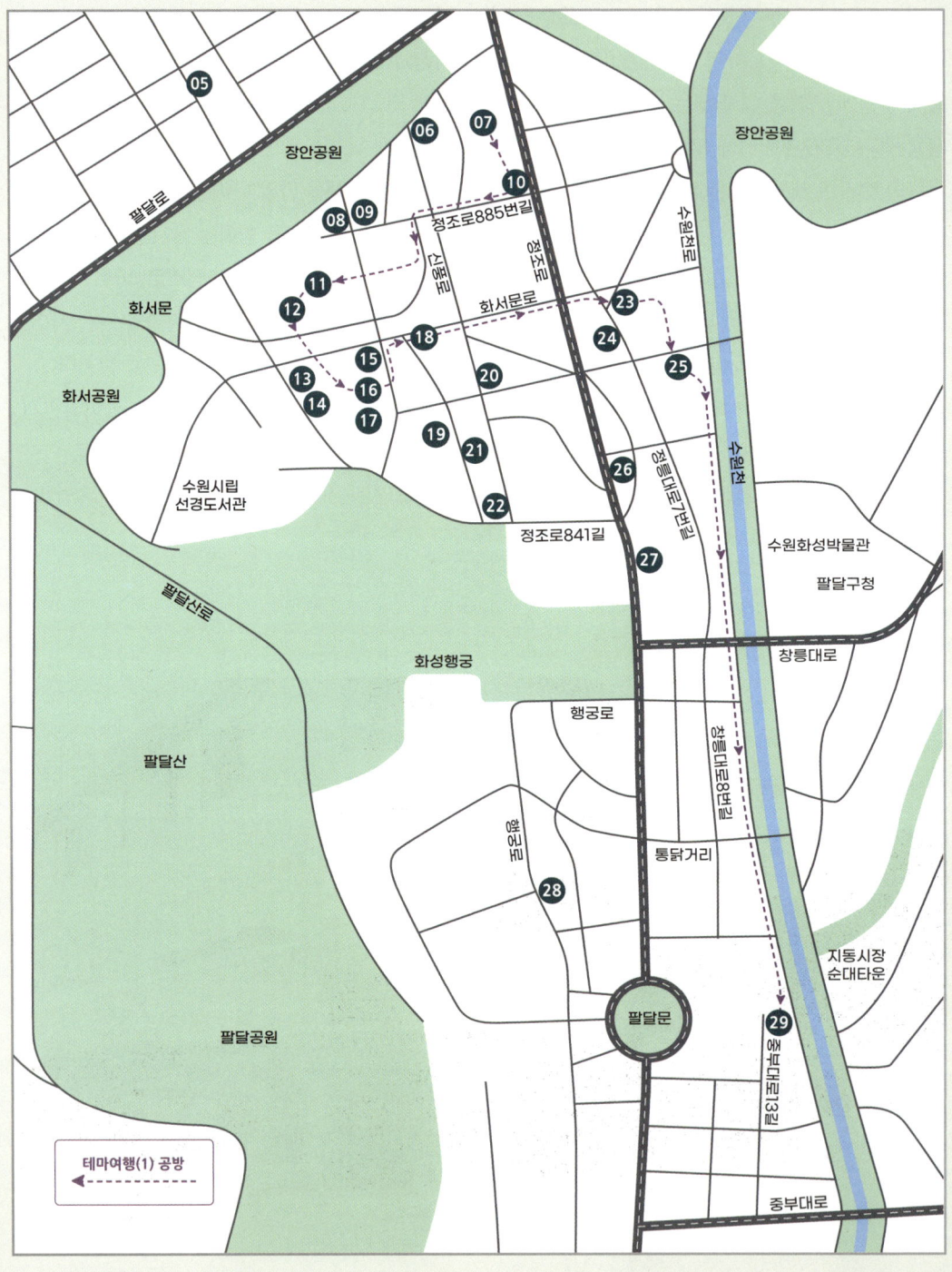

## 행궁동 All Local Brands

⑤ 딱맞는책방
그림책이 있는 독립 서점

⑥ 행궁빙수
국산 팥으로 만든 빙수 맛집

⑦ 수원전통문화관
전통문화 체험 명소

⑧ 피큐알크리에이터스
수원 기반 디자이너 그룹

⑨ 공존공간
로컬 브랜드 복합 문화 공간

⑩ 한지로움
한지공예 장인이 운영하는 공간

⑪ 옻칠반지 무스비공방
옻칠 반지 공방

⑫ 스튜디오 수
동양화 작가와 함께하는 공방

⑬ 팩토리공공공
개성있는 행궁동 책방

⑭ 뮤니버스
지역 작가들이 만든 소품숍

⑮ 탭
선물하기 좋은 제품을 파는 소품숍

⑯ 이건희인두화창작소
인두화 체험 공방

⑰ 브로콜리숲
행궁동 골목에 숨겨진 독립 서점

⑱ 조각보에담은세상
조각보 공방

⑲ 신도시양조회
수원의 맥주 양조 브랜드

⑲ 책쾌
조선시대 테마책방

⑳ 정지영커피로스터즈 행궁 본점
수원에 커피 문화를 만드는 카페

㉑ 행궁살롱
개화기 시대 컨셉의 빈티지 카페

㉒ 지구인의놀이터
제로 웨이스트 무포장 가게

㉒ 하이시리얼
귀여운 굿즈를 파는 소품숍

㉓ 예술공간 봄
수원을 담은 전시 공간

㉓ 마을기업행궁솜씨
행궁마을 예술협동조합

㉔ 디드
서브컬처를 만들어나가는 편집숍

㉕ 센이모노
터프팅 공방

㉖ 묘책
환경의 묘책을 제시하는 숍&공방

㉗ 본지르르
식음료 본질에 집중한 카페

㉘ 오름
친환경 유기농 전문점

㉙ 우든스트 목공방
생활용품을 만드는 목공방

**행궁동 테마 여행**
🏠 공방
⑦ 수원전통문화관
⑩ 한지로움
⑪ 옻칠반지 무스비공방
⑫ 스튜디오 수
⑯ 이건희인두화창작소
⑱ 조각보에담은세상
㉓ 예술공간 봄
㉓ 마을기업행궁솜씨
㉕ 센이모노
㉙ 우든스트 목공방

이 주변 골목길에 '행리단길' 이라는 이름도 생겼다. 구역이 어디서부터 어디인지 명확하게 정의된 바는 없다. 보통 행궁로와 신풍로, 화서문로 주변을 지칭한다. 행리단길이라는 이름 또한 지자체나 상인회에서 만들어낸 것이 아니다. 그저 방문객들이 자연스레 붙여준, 진정한 로컬 골목길 이름이다.
화성행궁을 복원해 조성한 동네 분위기는 골목 상권 발전으로 이어졌다. 그 이유를 세 가지로 유추해볼 수 있다. 첫째, 유명 문화 유적지 주변이어서 스카이라인이 낮고 난개발이 없다. 또 같은 이유로 주변 골목길과 도로가 잘 정비되어 있다. 불법 주정차된 자동차도 눈에 잘 띄지 않는다. 두 번째, 재개발 혹은 난개발이 어려운 지역이기 때문에 오래된 주택과 상가가 많아 아기자기한 골목길이 남아 있다는 점이다. 옛 문화와 현대적 문화가 어우러진 특별한 골목이 생겨날 수 있었던 이유다.
세 번째로 주변에 수준 높은 문화 예술 공간이 골고루 모여 있다는 점을 들 수 있다. 화성행궁을 중심으로 가볍게 걸어갈 수 있는 거리에 '수원전통 문화관', '한옥기술전시관', '수원시립 아이파크미술관', '수원화성 박물관'이 자리 잡고 있다. 더 작은 단위의 문화 예술 공간까지 합치면 행궁동은 말 그대로 어마어마한 문화 예술이 집약된 '복합 문화 골목'이라고 볼 수 있다. 이런 비슷한 분위기는 서울의 경복궁 주변의 서촌, 북촌에서도 볼 수 있다.

이러한 행궁동의 특색 있는 분위기 덕분에 2008년부터 공방이 하나둘 생기며 '공방거리'가 자생적으로 형성되었다. 이곳에는 약 50개 이상의 공방이 밀집해 있다. 공방별 특화된 체험으로 많은 방문객들이 찾는다. 지역의 독특한 특성이 예술가들에게도 매력적인 동네로 다가와 자연스럽게 자리를 잡게 된 것이다. 예술가들이 모인 골목은 다양한 로컬 콘텐츠, 로컬 브랜드 생성으로 이어진다는 것을 여러 사례를 통해 알 수 있다.

모든 골목길들이 걷기 좋게 잘 정비되어 있다는 점도 특별하다. 사람들이 편안하게 걸어 다닐 수 있는 환경은 골목길 상권 발전에 매우 중요한 요소다. 그렇다면 이런 환경은 어떻게 조성해야 할까?

행궁동은 2013년 9월 추진한 '생태교통 수원 2013'을 완성하기 위해 매월 마지막 주 토요일을 '자동차 없는 날'로 정했다. 차 없는 거리에서는 공방거리 생태교통체험, 전통놀이체험, 골목되살림 마켓 등 다양하고 특색 있는 프로그램을 진행했다. 골목길 보행로 정비, 자동차 없는 날 지정을 통해 편안한 보행로를 확보하고 적절한 행사를 개최하는 등 많은 사람들이 찾을 수 있도록 했다. 지자체의 사업 시행이 지역을 더 활기 넘치는 곳으로 만들었다.

행궁동의 감성이 더 특별하게 느껴지는 것은 곳곳에 보이는 한옥 건물 때문이다. 마치 한옥마을을 여행하는 듯 도심 속 한옥을 심심치 않게 볼 수 있다. 수원화성 한옥 보존 지역에 위치한 '장안사랑채'는 '제8회 대한민국 한옥 공모전'에서 대상을 수상하기도 했다.

행궁동에는 여느 다른 골목 상권과는 확연한 차이점이 있다. 행궁동을 대표할 만한 먹거리 골목이 있다는 점이다. 다른 지역 골목길은 외부의 어떠한 요인 혹은 앵커 스토어가 생겨나면서 먹거리 공간이 생겨났다. 그러나 행궁동은 오래전부터 골목 자체가 특별한 먹거리로 유명했다. 일명 '통닭거리'라 불리는 이곳에는 100m 남짓 되는 작은 골목에 '통닭집'이 넘쳐난다. 1970년부터 문을 연 원조 가게부터 신생 가게까지 다양한 통닭 맛을 보기 위한 이곳을 찾는 방문객도 많다.

오랜 시간 이 자리를 지켜온 맛집도 좋지만, 통닭이 메인 메뉴로 등장하는 퓨전 한식 비스트로도 기대해볼 만하다. 그렇다면 행궁동에 또 다른 갈래의 먹을거리가 생겨나지 않을까. 그로 인해 더욱 풍성한 로컬 콘텐츠로 채워나갈 수도 있을 것이다. 호기심 많고 아이디어 반짝거리는 로컬 크리에이터들이 이곳을 탐(探)하길 기대해본다.

수원화성은 정조가 사도세자인 아버지를 그리워해, 능을 명당 자리인 화산으로 이전시키며 축성됐다. 도시와 성 주변에는 시장이 발달하기 마련이다. 수원화성 주변에 '팔달문 전통시장'이 있는 것은 그런 의미에서는 특별할 것이 없다. 그러나 그 시장을 왕이 만들었다면 이야기가 달라진다. 팔달문 전통시장은 정조가 직접 만든 시장이라고 알려져 있다. 정조가 이 동네를 얼마나 아꼈는지 알 수 있는 부분이다. 이 시장을 만들기 위해 전남 해남에서 무역업을 하던 고산 윤선도 후손들을 수원으로 불러들였다. 이러한 소문을 들은 전국 상인들이 수원에 몰려들며 시장이 본격적으로 형성되었다. 정조는 수원을 상업과 경제의 중심으로 세우고자 했다. 정조가 꿈꾼 '백성이 주인이 되는 세상'은 지금의 행궁동 모습과 닮았다. 전통시장 노포와 오래된 문화 유적, 그리고 청년들의 로컬 브랜드가 한데 어우러져 만들어낸 행궁동 모습이 그러하다.

행궁동은 단순한 골목길 상권의 발전으로 볼 수 없다. 지역의 역사, 문화재 등을 잘 보존하는 것이 지역 스토리가 되고, 중요한 문화 인프라가 되어준다는 것을 증명한다. 여기에 세월감을 사랑하는 창의적인 로컬 브랜드와 크리에이터들이 만나면 완전히 새로운 모습의 행궁동을 기대해볼 수 있을 것이다.

PART 1: 로컬이 강한 도시와 동네

## 경북 경주시

# 모두의 추억, 새로운 문화로 재생되다

경주는 대한민국의 추억을 소환하는 곳이다. 수학여행 메카였던 경주를 많은 사람이 기억 속 한편에 고이 간직하고 있다. 불국사에 들러 기념사진을 찍고 이름 모를 관광호텔에서 친구들과 떠들어대며 밤을 새웠다. 오는 길에는 부모님께 드릴 효자손을 기념품으로 챙겼다. 지금의 경주는 그때와는 비교할 수 없을 정도로 달라졌다. 황리단길은 감성 넘치는 카페와 로컬 숍이 자리하고, 개성 넘치는 경주판 굿즈도 등장했다. 추억을 거름 삼아 새롭게 재생되는 경주를 다시 찾아야 할 이유가 여기에 있다.

**경북 경주시**
① 인구(명) 252,162
② 인구밀도(명/km²) 138
③ 저층 주택 비중(%) 63.2
④ 1인 가구 비중(%) 35.6
⑤ 스마트스토어 소상공인 비중(%) 70.5

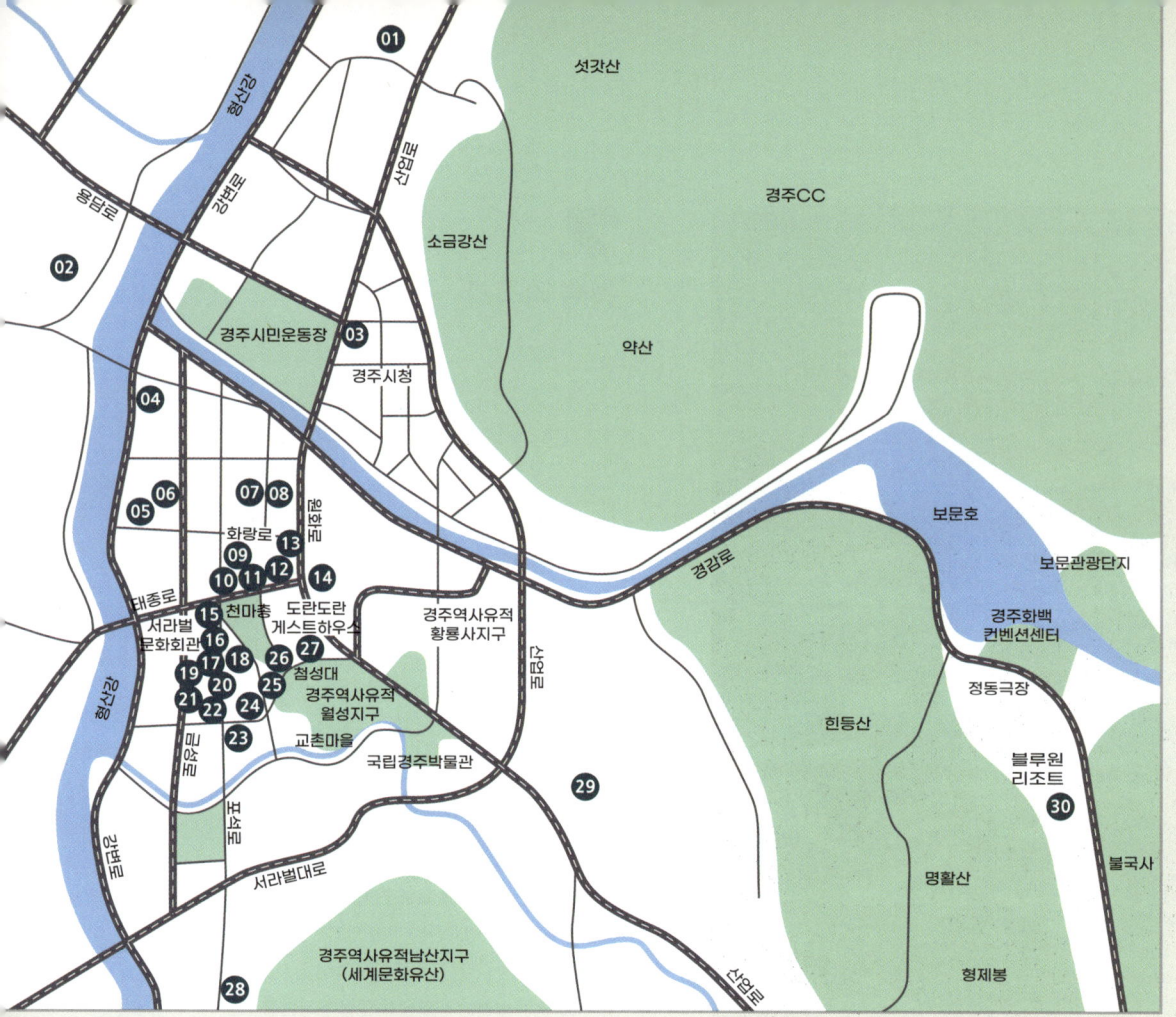

1970~80년대 학창 시절을 보낸 사람이라면 경주에 대한 추억은 누구나 있을 것이다. 경주 수학여행은 그 당시 빼놓을 수 없는 이벤트였다. 그래서 경주는 추억의 도시다. 수학여행의 메카였다는 것은 그만큼 교육적인 문화와 역사 콘텐츠가 많다는 것을 의미한다. 자연환경도 매우 훌륭하다. 어린 청소년 눈에는 그저 지루한 유적지로 보였을지 모르지만, 그 학생들이 자라 청년이 되었을 때는 완전히 다른 시선으로 같은 곳을 바라보게 된다.

경주는 기원전 57년에 건국해 서기 935년 멸망한 신라의 천 년 수도다. 고려와 조선시대에도 수도와 버금가는 위상을 지닌 대도시였다. 천 년 고도 경주는 풍부한 문화 자원을 보유하고 있다. 이런 엄청난 문화와 역사는 도시 개발에는 큰 제약이 되었다. '경주는 하수도 공사를 하려해도 문화재가 나와 공사를 멈춰야 한다'는 우스갯 소리도 종종 들린다.

## 경북 경주시 All Local Brands

❶ 스멜스라이크브레드
비건 그로서란트

❷ 라향
경주를 담은 향 브랜드

❸ 숲을
제로 웨이스트 지향 가게

❹ 슈만과클라라
경주를 대표하는 핸드드립 카페

❺ 마니불교
불교용품점

❻ 일레븐체스터필드웨이
오너 셰프의 프렌치 레스토랑

❼ 도아디자인
단청 작가가 운영하는 불교 편집숍

❽ 풍류마당
한국 전통문화 공간

❾ 빈티지샵 말퀴리
경주의 프리미엄 빈티지 숍

❿ 커피플레이스
경주 커피 문화를 만드는 카페

⓫ 황남빵
경주빵의 원조 황남빵

⓬ 청년고도 경주시청년센터
창업, 네트워킹을 지원하는 청년센터

⓭ 경동불교서점
합리적 가격의 불교용품 숍

⓮ 불교서점
불교용품을 파는 불교 전시관

⓯ 배리삼릉공원
직접 제작한 경주 기념품 숍

⓰ 황남옥수수
로컬 재료로 만든 간식 브랜드

⓱ 어서어서
문학 전문 독립 서점

⓲ 황남샌드
황리단길 명물 간식

⓳ 디스모먼트
직접 디자인하고 만든 경주 기념품

⓴ 심상
경주의 심상을 담은 인센스 숍

㉑ 기와양과점
한옥에서 판매하는 갓 구운 빵

㉒ 마켓15도
와인 보틀 숍

㉓ 리초야
경주를 담은 디저트 전문점

㉔ 무궁미가
한국 최초 가체 브랜드

㉕ 황남정미소
정미소를 개조해 조성한 복합 문화 공간

㉖ 황남주택
경주의 힙한 수제 맥주집

㉗ 미묘한
자매가 만드는 경주 기념품

㉘ 상명요
찻그릇을 만드는 공예 공방

㉙ 레위시아 아로마 연구소
비누, 향수 제작 판매 공방

㉚ 대산도예
도자기 체험 공방

유네스코에서는 경주시 대표적인 유적 밀집 지역 5개 지구를 묶어 '세계유산 경주역사유적지구'로 지정하기도 했다. 도시 전체를 역사 자원으로 인식하고 있는 것이다. 1995년 불국사와 석굴암이 유네스코 세계유산으로 지정된 후 양동마을 역시 별개로 지정되었다. 양동마을은 우리나라를 대표하는 양반 집성촌이며, 씨족 마을이기도 하다. 이곳은 마을 전체가 유네스코가 지정한 문화유산이다. 양반가를 중심으로 한 집터가 유지되기도 어려운데, 한 마을이 아직까지 그 문화를 유지하고 있다는 것은 놀랍고도 자랑스러운 일이다.

경주는 도시 전체가 문화재라 해도 과언이 아니다. 그래서 경주는 여느 도시와는 비교할 수 없는 고풍스러운 분위기를 자아낸다. 거리는 오래된 건물로 채워져 있다. 오랜 역사를 지닌 도시라는 점에서 경주와 비교되는 교토는 관광 도시를 넘어 '교세라', '닌텐도', '일본 전산' 등 세계적인 전자 부품 기업을 보유한 도시로 자리 잡았다. 그에 비해 경주는 관광 산업에 의존하는 도시의 이미지가 강하다. 경주는 단체 관광의 메카였다. 아시아 3대 유적으로 지정된 경주 보문호를 중심으로 보문관광단지가 조성됐다. 호텔, 유스호스텔 등 많은 숙박 시설과 문화 유적지, 경주월드, 컨벤션센터 등이 함께 조성되었다. 이 근처 지역이 종합 관광 휴양지로 개발된 셈이다. 경주시 통계에 의하면 숙박 및 요식업이 전체 산업의 약 1/4을 차지할 만큼 도시의 많은 부분이 관광업에 집중되어 있다. 운수업도 전체 산업군에서 꽤 큰 비중을 차지한다.

유적지가 많다는 이유로 재개발, 재건축이 어려워 경주 산업 발전이 늦어진 면이 없지 않다. 주변 도시인 울산, 부산, 대구에 비교하면 이러한 차이가 두드러진다. 경주시는 약 10년 동안 인구 변화가 거의 나타나지 않는다. 오래된 역사를 지켜가는 것을 '사명'처럼 알고 살아가는 분위기 탓도 크다. 이처럼 경주는 여러 면에서 드라마틱한 변화 없이 지내왔다. 이러한 특성 덕에 현재까지 양반 마을이 유지되고, 많은 문화재가 잘 보존되는 긍정적인 측면도 있다. 유적 및 건축 자원은 현재 경주 관광 생태계의 큰 중심축이자 좋은 모티브가 되고 있다. 그것이 많은 사람이 경주를 특별하게 생각하는 이유, 꼭 한번 들러보고 싶은 이유가 됐다. 그리고 요즘에는 그런 자원들이 로컬 생태계의 거름이 돼 새로운 로컬 문화를 만들어내고 있다. 이제는 한번 가보고 싶은 도시가 아니라 살아보고 싶은 도시로 변해가고 있다. 성건동은 경주에서 오래된 지역 상권이었다. 최근 황리단길의 상권이 발달하면서 이곳이 주춤하고 있는 것도 사실. 황리단길이 여행자들이 찾는 곳이라면, 성건동은 지역민들의 발길이 더 많이 닿는 곳이다. 주거 지역이 조성돼 있고 교통이 편리하다는 이점이 있다. 형산강이 이곳을 따라 흘러 자연환경도 좋다. 강 건너에는 동국대학교가 가까이에 자리 잡고 있어 학생들도

많이 찾는다. 그 때문에 오래전부터 이 동네의 가치를 알아보고 정착한 로컬 브랜드도 많다. 영남 지역 주요 도시에서 사랑받는 커피 전문점 '슈만과 클라라'는 경주에서 창업하고 본점을 운영하는 기업이다. 영남이 자랑하는 프렌치 레스토랑 '11체스터필드웨이' 역시 경주에 있다. 11체스터필드웨이에서는 세계적으로 명성이 있는 르 꼬르동 블루를 졸업한 오너 셰프의 캐쥬얼한 다이닝을 경험할 수 있다.
식음료뿐 아니라 수준 있는 디자인 제품으로 로컬 브랜드를 만들어가는 이들도 많다. 경주 문화재를 현대적 감각으로 디자인하는 '미묘한' 신혜영 대표는 '기념품'을 새로운 의미로 담아냈다. 제주도 여행 갔을 때 다양한 제주 기념품을 보며, 경주에도 이런 것을 적용해보자는 생각에서 동생과 의기투합해 시작했다. 한국화를 전공한 신 대표와 디자인을 담당하는 동생이 경주 문화재와 지역 이미지를 모티브로 해 다양한 기념품 및 디자인 제품을 선보이고 있다. 신혜영 대표는 경주에서 2018년부터 기념품 가게와 같은 이름으로 화실을 운영하고 있기도 하다.

2022년 여름 '경주로컬브랜드페어', '경주술술페스티벌' 등 경상도 지역의 로컬 브랜드 축제가 경주화백컨벤션센터에서 진행됐다. 부산, 울산, 대구 등지의 많은 로컬 브랜드와 지역 수제 맥주 브랜드가 참가했다. 경주는 도시 특성상 개발 산업이 크게 이루어지지 않는 지역이기 때문에 일자리를 찾아 떠난 청년이 많다. 다른 지방 도시와 같이, 혹은 그보다 더 청년 인구 감소를 절실히 느끼고 있다. 하지만 무작정 수도권으로 간다고 해서 삶의 질이 높아지는 것은 아니다. 지역 청년들이 스스로 문제를 해결하고 정착할 수 있도록 청년을 위한 다양한 정책이 필요한 이유다. 지역 연계형 청년 창업 사업 넥스트로컬 *NEXTLOCAL*을 통해 청년 창업 지원 사업, 청년센터 개소, 신골든청년 창업특구 지정 등 많은 기회가 생겨나고 있다. 2021년 개소한 경주시 청년센터 '청년고도'는 황오동 도시 재생 구역에 4층

규모로 개소했다. 청년들이 자유롭게 드나들며 지역의 쉼터, 놀이터가 되기를 바라는 마음을 담아 문을 열었으며, 창업하거나 취업하기 위한 청년들이 고민을 나누는 공간으로 쓰인다.
많은 사업이 서울과 수도권을 중심으로 이루어지고 지역은 정보 교류 면에서 소외되는 점을 들어 정든 고향을 떠나는 이들도 많다. 하지만 획일화된 지향점을 벗어난다면 '로컬'은 기회의 땅이 될 수 있다. 경주는 스토리텔링과 모티브 디자인이 가능하기 때문에 로컬 창업에 매우 적합하다. 경주의 청년센터 개소를 통해 더 많은 청년이 이 지역에서 자신의 잠재력을 펼쳐나가길 바란다.
사람들은 각자 지닌 지식과 경험, 재능이 다르다. 자신만의 이러한 개성을 담아 창업을 하는 것이 성공 전략이다. 경주를 떠올리면 생각나는 전통적인 기념품, 그리고 디자이너의 감성이 담긴 기념품, 공예가의 기념품 등 한 지역에서 같은 주제로 다양한 콘텐츠가 탄생한다는 것은 매우 중요하다. 경주의 깊고 풍부한 역사와 문화가 이러한 로컬 콘텐츠를 가능하게 한다. 문화를 재해석하는 여러 갈래의 길이 경주의 골목을 더욱 풍성하고 재미있게 만든다.
경주에서 아쉬운 것이 있다면 불교 콘텐츠의 부족이다. 경주는 불교 도시다. 경주 문화재는 곧 불교 국가 신라의 문화재다. 경주 시내와 인근에는 사찰이 많다. 불교 신도가 많은 영남 지역에 위치한 도시이므로 불교 신자 비중 또한 다른 도시보다 높을 것으로 생각된다.
이 같은 분위기에도 도시에서 불교 콘텐츠를 만나기 쉽지 않다. 그런데 황남동을 중심으로 젊은 감성이 더해진 불교용품 편집숍이 들어서기 시작했다. 대표적인 가게가 경주 인센스숍 '심상'. 인도와 일본에서 건너온 인센스는 물론, 국내 인센스, 인센스 관련 소품 (홀더, 라이터, 기타 초)과 모빌, 드림캐처도 판매한다. 판매하는 제품의 콘셉트는 '힐링'이다. 마음을 정화하는 데 도움이 되는 제품들을 선별해 판매한다. 청솔향방의 '기도', 만복향당의 '일광백단향' 등 국내산 향도 있다.
불교 굿즈 숍 '도아디자인'은 불교 미술품과 소품을 수집해 판매한다. 아쉽게도 경주 지역 장인의 작품은 아직 구비하지 못했다고 한다. 황리단길 디자인 숍 '디스모먼트'도 향초 등 불교 콘텐츠를 늘리고 있다. 누군가가 '경주에 무엇을 창업할까' 묻는다면 주저 없이 모던한 느낌의 템플 푸드 식당을 추천할 것이다. 불교용품에 이어 관련 음식점까지 들어서면 조화를 이루는 완벽한 지역 콘텐츠가 완성될 듯하다.

경북 경주시 | 황남동(황리단길)

**경주의 현재이자 미래**
# 황남동(황리단길)

'황리단길'로 유명한 황남동 포석로는 경주를 대표하는 상권이다. 2016년 황리단길이 생겨나기 전만 해도 경주 중심지는 로데오거리(중심 상가), 성건동(대학가), 동촌동(신시가지 상가), 경주중앙시장(전통시장), 봉황로(표구점거리)가 있었다. 그러나 그 어느 곳도 경주를 대표하는 거리라 부르기 어려웠다. 황리단길이 들어서면서 디자인과 창조성을 기반으로 한 가게가 눈에 띄기 시작했다. 고분, 한옥, 불교, 리테일이 어우러진 경주다운 로컬 산업의 바탕이 조성된 것이다.

더욱 조사가 필요하겠지만, 조심스럽게 의견을 내자면 지난 4년 황리단길 진화 과정에는 행정이나 지역사회가 적극적으로 개입하지 않은 것으로 보인다. 그 이유 중 하나는 거리 문화에

**황남동(황리단길)**
① 인구(명) 4,420
② 인구밀도(명/km²) 216
③ 저층 주택 비중(%) N/A
④ 1인 가구 비중(%) 36.3
⑤ 스마트스토어 소상공인 비중(%) 81.4

## 황남동 All Local Brands

- ⑮ 배리삼릉공원
  직접 제작한 경주 기념품 숍
- ⑯ 황남옥수수
  로컬 재료로 만든 간식 브랜드
- ⑰ 어서어서
  문학 전문 독립 서점
- ⑲ 디스모먼트
  직접 디자인하고 만든 경주 기념품
- ⑳ 심상
  경주의 심상을 담은 인센스 숍
- ㉑ 기와양과점
  한옥에서 판매하는 갓 구운 빵
- ㉓ 리초야
  경주를 담은 디저트 전문점
- ㉔ 무궁미가
  한국 최초 가체 브랜드
- ㉕ 황남정미소
  정미소를 개조한 복합 문화 공간
- ㉖ 황남주택
  경주의 힙한 가맥집

### 황남동 테마 여행
🛕 불교
- ⑬ 경동불교서점
- ⑭ 불교서점
- ⑮ 배리삼릉공원
- ⑲ 디스모먼트
- ⑳ 심상

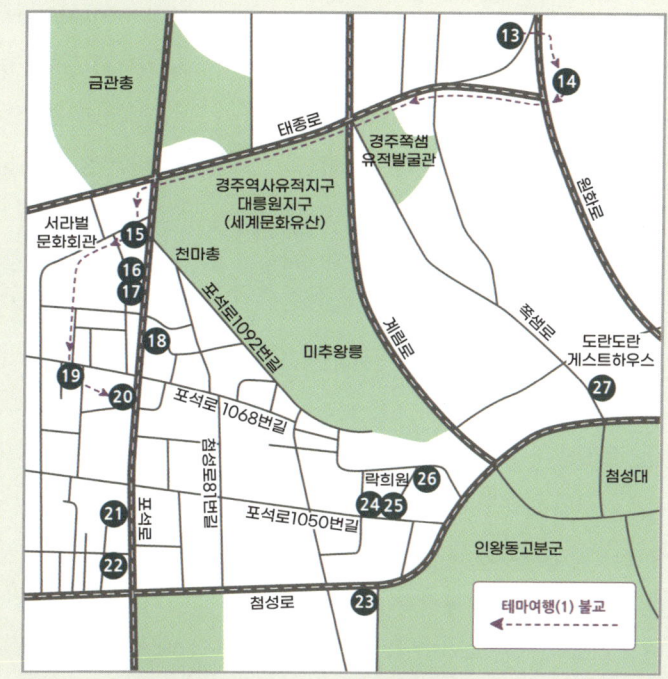

대한 무관심이다. 복원 위주의 문화 행정, 신도시, 관광 단지, 문화 단지 등 도시 선호, 소상공인 산업 경시 등 복합적인 요인이 작용해 현재의 경주를 만들었다. 경주는 관광 단지, 복원 문화재, 신도시 중심의 한국형 전통 도시다. 경주가 로컬 관광을 활성화하려면 머물고 싶은 동네를 더 많이 만들어야 한다. 경주 같은 천 년 고도에서는 적어도 10개 동네가 유네스코에 등재되어야 할 것이다.

그렇다고 해서 경주가 '전통'에만 기대는 것은 아니다. 2014년 방송된 드라마 <참 좋은 시절>은 1970년대 경주 모습을 배경으로 했다. 드라마에 등장한 경주 도심의 골목길은 다른 도시가 부러워하는 도시 재생 자원이 됐다. 시내 곳곳에 자리 잡은 고분과 골목길을 배경으로 개성 있는 카페가 속속 들어섰다. 2000년대 중반에 불기 시작한 골목 상권 열풍이 경주에 도착한 것은 2016년. 황남동 포석로 입구에 브런치 카페 '노르딕'이 들어선 이후 포석로 상권은 1년 만에 골목이 꽉 채워졌다. 황리단길이 주목받은 건 2017년부터. 개성 있고 유니크한 상점이 골목에 들어서기 시작하면서부터다. 전통 한옥 스타일과 1960~1970년대 건물이 연출한 황리단길만의 분위기도 한 몫을 했다. 신도시 상가들에도 양과점, 사진관, 소품 숍 등 다양한 업종이 모여들기 시작했다.

황리단길의 특별함은 '위치'에 있다. 황리단길에는 평화로워 보이는 푸른 왕릉을 배경으로 낮게 깔린 건물이 옹기종기 줄지어 있다. 사이사이에 한옥도 보이고 오래된 건물도 보인다. 로컬 크리에이터들은 이런 모습에 반해 이곳에서 가게를 열어야겠다고 다짐했을 것 같다. 여행객들은 골목골목이 전하는 각기 다른 재미에 빠져 한동안 골목길을 빠져나오지 못할지도 모른다. 우리는 낯선 여행지에서 종종 이런 경험을 한다. 이러한 다짐과 경험이 쌓여 골목들은 더욱 복작복작해지고 풍성해진다. 황리단길은 그냥 걷고 싶은 길이 아니다. 꼭 걸어봐야 하는 길이다. 커다란 왕릉 바로 옆에 위치한 황리단길(포석로)은 큰 대로 옆 작은 일방통행길이 있는 도로다. 그 길을 따라 아담하게 늘어선 상점들이 진짜 황리단길을 만드는 일등 공신이다. 그리고 골목 안쪽으로 더 걷기 좋은 고즈넉한 골목이 있다. 황리단길 조성은 관광지로서 황남동에도 매우 유익한 일이다. 천마총을 보고 황리단길을 따라 걸어 내려오면 교촌마을과 첨성대를 차례로 들를 수 있다. 최적의 도시 여행, 그리고 역사의 길이다. 지역 역사와 문화재, 그리고 현대적인 로컬 브랜드가 절묘하게 조화를 이루는 골목인 셈이다.

황리단길은 최근에 해외에서도 주목받고 있다. 영국 라이프스타일 매거진 <모노클>은 2018년 '한국 스페셜'에서 한국 도시 여섯 곳을 소개했는데, 그중 경주의 '대릉원흑백사진관', '배리삼릉공원', '도란도란게스트하우스', '기와양과점', '홍앤리식탁' 등을 언급했다. 경리단길 복제판이라는 평도 있었지만 황남동 포석로만의 특별함이 없었다면 이러한 관심도 생겨나지 않았을 것이다.

대한민국 대다수 국민에게는 수학여행, 단체 관광의 메카로 여겨졌던 경주. 이 도시를 과거의 방식이 아닌 구석구석 제대로 즐기는 도시 여행자가 나타나기 시작했다. 물론 도시 여행자들이 갑자기 경주로 오지는 않았다. 그들이 경주에 매력을 느낄 만한 공간을 개척한 사람들이 있다. 바로 로컬 크리에이터다. '커피플레이스'는 2010년 경주에서 시작해 포항까지 확장하고 있는 로컬 브랜드다. 폴인과의 인터뷰에서 자신의 창업 과정을 자세히 들려준 커피플레이스의 정동욱 대표는 커피 창업을 위해 영남대학교 게시판을 통해 '무료커피교실'이라는 프로그램을 운영했다. 그 과정을 블로그에 연재했는데, 일에 대한 애정과 진지함을 알아본 사람들이 고객이 되며 입소문이 나기 시작했다. 그리고 본격적으로 경주에 1호점을 냈다. 경주 시청 이전으로 무너진 상권이라고 말리는 사람들도 있었지만 경주만의 분위기가 마음에 들었다. 현재는 지역민과 긴밀한 관계를 유지하며 포항 등에 11호점까지 오픈했다. 한 지역에 깊게 뿌리내려 지역을 대표하는 브랜드로 성장한 이 스토리만으로도 단골이 되고 싶은 마음이 절로 든다.

창업을 구상한 다음 어느 지역에 자리 잡을지 고민하는 것이 일반적인 순서다. 그러나 지역을 너무 사랑한 나머지 덜컥 자리부터 징하고 창업을 고민한 청년들도 있다. 황리단길 가장 중심에 위치한 굿즈 숍 배리삼릉공원은 경주를 찾는 이들에게 매력적인 경주를 전하기 위해 노력한다. 경주 신문과의 인터뷰를 통해 자신의 창업 이야기를 전한 이형진 대표는 평소 관광 상품에 관심이 많았다고. '경주를 어떻게 소개할까', '어떤 관광 상품을 만들어볼까' 고민하던 차에 소이 캔들을 첨성대, 석탑 등 지역 문화재 형태로 만들어 판매했다. 이처럼 배리삼릉공원은 경주의 이야기를 담은 기념품을 판매하며 관광객들과 이야기를 공유해나간다.

경주는 친해지기 쉬운 도시가 아니다. 불교문화의 수도답게 좀처럼 내면을 드러내지 않는다. 그때문에 상업 활동에 우호적이지 않다는 평판도 듣는다. 그러나 막상 경주의

내면을 들여다보면 다른 지역 도시에서 찾을 수 없는 상업 문화를 접하기도 한다. 바로 교촌한옥마을이 대표 사례다. 다른 도시의 한옥마을이 관광 자원으로만 활용되는 것에 비해 이곳 분위기는 매우 점잖다. 주민들이 직접 운영하는 가게도 지나치게 상업적이지 않아 좋다. 경주 '최부잣집' 터를 관광지로 조성한 곳으로 규모는 크지 않다. 최언경의 9대손이 이주해 지은 것이 오늘날까지 종가로 이어졌다. 이후 큰집 앞으로 후손들이 분가하면서 오늘날 교촌 최씨마을을 이루었다. 그 후손인 최준 선생은 그동안 쌓은 부를 일제강점기에는 독립 자금으로, 해방 후에는 교육 사업으로 내놓았다. 이 집 마당에는 '사방 백리 안에 굶어 죽는 사람이 없게 하라'는 가훈을 적은 팻말이 놓여 있기도 하다. 한국판 노블레스 오블리주의 전형이다.

'바른말' 하는 경주 사람은 식당에서도 만날 수 있다. 경주의 유명한 냉면집인 '평양냉면' 가게 벽면에는 '상인 일기'라는 제목의 액자가 걸려 있다. 주인의 철학을 담은 글은 이렇게 끝난다. '상인은 오직 팔아야만 하는 사람, 팔아서 세상을 유익하게 해야 하는 사람. 그렇지 못하면 가게 문에 묘지라고 써 붙여야 한다'. 교촌마을은 황리단길과도 가까워 걸어가볼 만하다.

젊은 사람들이 복작복작한 로컬 콘텐츠를 황리단길에서 경험했다면, 가볍게 걸어가 닿은 교촌마을에서는 전혀 다른 시대와 감성을 느껴볼 수 있다.

골목길 역사에서 경주 황남동은 중요한 곳이다. 소도시에 골목길을 전파하는 데 결정적인 역할을 했다. 황리단길 네이밍으로 '○리단길' 현상도 보편화됐다. 경주 내부에 준 임팩트도 크다. 황리단길의 영향으로 골목 상권 문화가 성건동, 불국사, 황오동 읍성앞, 감포항으로 번져 나갔다. 경주의 골목 문화를 살린 황리단길을 자랑스럽기도 하지만, 또 한편으로는 지나친 상업화와 업종 편중성은 아쉽다. 앞으로 황남동이 가야 할 길은 명확하다. 1단계 F&B 상권에서 2단계 로컬 브랜드 상권으로 진화해야 한다. 그렇게 된다면 황리단길을 두고 왈가왈부하던 목소리도 사라지게 될 것이다.

PART 1: 로컬이 강한 도시와 동네

**전북 전주시**

# 역사와 전통, 로컬 콘텐츠에 스며들다

전주는 이름만으로 대체 불가한
영향력을 발휘한다. 역사와 문화를
기반으로 한 전주만의 스토리는 많은
이들이 이곳을 찾게 하는 이유다.
방문객이 증가하면서 전주는 문화적
정체성을 잃고 방황하는 모습을
보이기도 했다. 이러한 흐름을 끊어내고
지역만의 스토리텔링을 이어나가기
위해 로컬 크리에이터가 나서야 할 때다.
다행히 그 명분을 소중히 여기는 지역
사업가가 여기저기 출몰하고 있다는
소식이 들려 반가운 마음이 든다.

**전북 전주시**
① 인구(명) 657,269
② 인구밀도(명/km²) 3,187
③ 저층 주택 비중(%) 23.6
④ 1인 가구 비중(%) 32.9
⑤ 스마트스토어 소상공인 비중(%) 67.9

전북 전주시 | 풍남동 (한옥마을)

# 전북 전주시 All Local Brands

- **01 오칠구칠** 옻칠공예 공방
- **02 디자인에보** 문화 예술 교육 프로그램
- **03 향유갤러리** 전주 기반 전시 공간
- **04 소우주** 제로 웨이스트 숍
- **05 잘익은언어들** 위로와 공감을 주는 책방
- **06 리슬** 생활한복 대표 브랜드
- **07 물결서사** 전주의 예술가들이 만든 책방
- **08 와이에프와이엘** 동양 꽃꽂이로 유명한 플라워 숍
- **09 공작부인이공작한공작** 전통 매듭공예 소품 숍
- **10 봉봉한가** 한옥에 자리 잡은 책 다방
- **11 꺄브뱅베** 글라스 와인 바 & 내추럴 와인 숍
- **12 모어이지** 미술, 공예용품 상점
- **13 이종덕방짜유기** 장인의 방짜유기를 판매하는 곳
- **14 PNB 풍년제과 본점** 전주 토종 베이커리 풍년제과 본점
- **15 니나스튜디오** 한옥마을에 위치한 그림 상점
- **16 일상애** 한복 체험 공간
- **17 제제스토어** 내추럴 라이프스타일 편집숍
- **18 부경당** 70년 전통의 전통 한옥 스테이
- **19 한복남 전주한옥마을점** 한복 대여 문화를 만든 브랜드
- **20 천양피앤비** 3대째 이어져온 한지 브랜드
- **21 더마시랑게 전통주펍** 명인의 모주를 판매하는 펍
- **23 책방토닥토닥** 남부시장에 자리 잡은 독립 서점
- **24 노매딕비어가든** 수제 맥주 브루어리
- **25 전주일몽** 전통주를 직접 만들 수 있는 곳
- **26 향교길도자기** 전통 도자공예 체험 공방
- **27 살림책방** 전주한옥마을의 작은 독립 서점
- **28 광커피 로스터리** 스페셜티 커피 로스터리 카페
- **29 소모** 전주 디자인 패션 소품 브랜드
- **30 고운한지공예** 한지공예 공방

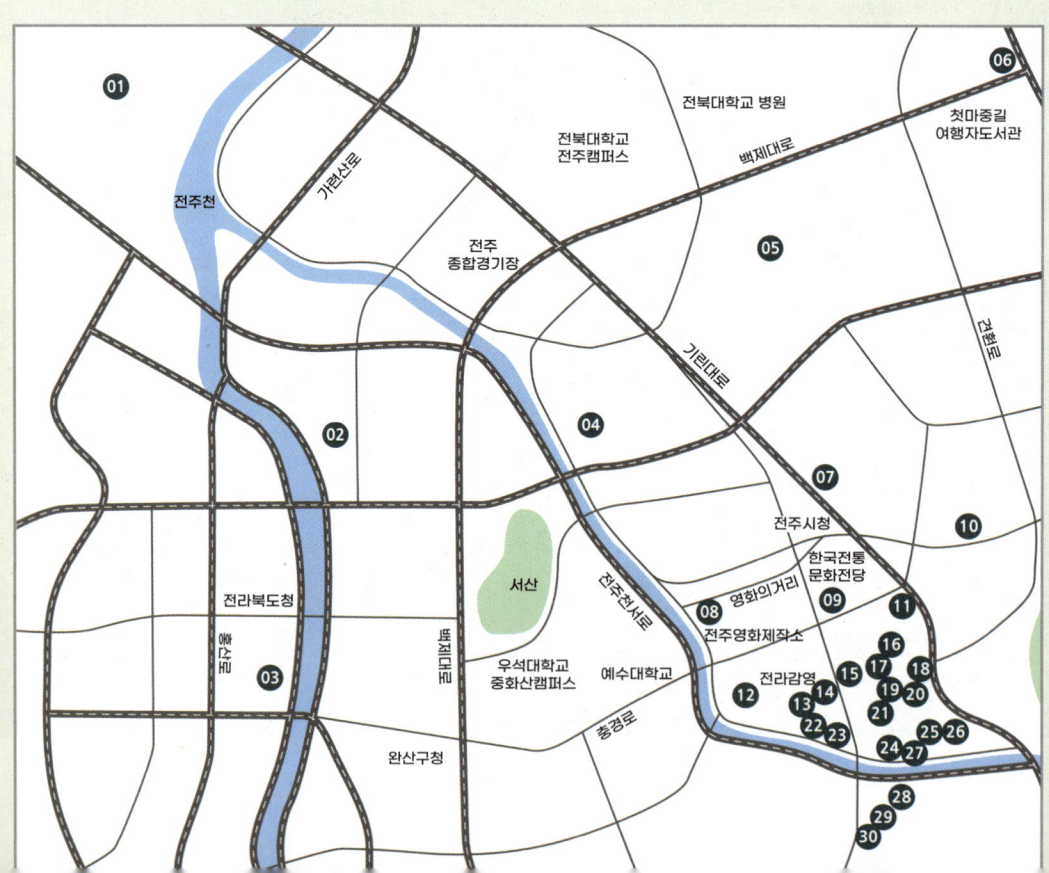

'역사와 문화가 살아 있는 지역은 로컬이 강하다'는 것을 가장 잘 보여주는 도시는 단연 전주다. 지역에 기반한 역사 없이 산업 등으로 생겨난 지역의 행정명에서는 '동·서·남·북·중'이 붙은 구의 이름을 많이 볼 수 있다. 어쩌면 급하게 발전한 지방 도시에서만 볼 수 있는 현상이다. 전주시의 행정구 중 '동·서·남·북·중'이 붙은 곳이 없다. 전주시는 덕진구, 완산구 등 2구로 구성돼 있다.

전주시는 최근 10년 동안 지속적으로 인구가 줄어들고 있다. 그중 청년 인구는 약 28%에 해당하는 약 18만5,170명이다. 전체 청년 중 10~20대는 전북과 전주시 모두 꾸준히 감소하는 반면, 30대 인구는 전주시에서 소폭 증가하는 것을 볼 수 있다. 전주시 통계에 의하면 전주시로 전입한 전체 청년 인구 중 약 40%는 거주지를 이유로 전주에 자리 잡았다고 한다. 더 큰 도시로 떠나 공부하고 회사에 다녔던 10~20대 청년 때는 한 동네에 '자리 잡는다'라는 개념이 조금 약하다. 어느 대학교에 가게 될 지, 어느 직장에 다니게 될지, 이직을 하게 될지 등등 늘 변수가 많은 시기다. 하지만 30대가 되며 결혼하는 청년이 늘어나고, 미혼이더라도 정착하고자 하는 마음이 강해진다. '거주지를 이유로 자리 잡았다', '30대에 전주로 이주했다'는 점은 이런 점에서 시사하는 바가 크다. 정착지로서 전주의 매력을 보여주는 데이터라 할 수 있다는 점에서다.

군산에서 활동하는 한 로컬 크리에이터는 결혼식, 공연 감상 등을 위해 전주를 찾는 지역 분위기가 있다고 전했다. 이 이야기는 전북에서 문화를 즐기기 위해 전주를 찾는다는 것을 의미한다.

전주는 매우 고즈넉하고 조용한 도시였지만 1961년부터 본격적으로 도시가 확장된다. '즐거운 도시연구소' 정수경 박사의 보고서를 통해 전주시의 원도심과 신도시 발전 과정의 흐름을 이해할 수 있다. 1970년대 공업단지가 조성되었고, 1980년대에는 전주역 이전과 더불어 완주군청과 전북대 등 많은 공공 기관과 시설이 신도심으로 이동했다. 원도심은 인구가 계속 늘던 지역이라 도시계획에서 제외돼 있었다. 하지만 1990년대 전북도청이 신도심으로 이전하면서 원도심 정체와 인구 유출 문제에 대한 위기를 인식했다. 2002년 월드컵을 계기로 전주 도시계획은 방향성을 새로 잡게 됐다. 국내외 선수나 관광객이 즐기고 머무를 만한 인프라가 원도심에는 전무했기 때문이다. 전주 하면 한옥마을이 대표적으로 떠오른다. 지역 자원을 연결해 로컬 창업이 활발하게 이루어지는 한옥마을 주변 변화를 이야기하지 않을 수 없다. 관광객은 한옥마을로 모이지만 전주 토박이가 즐기는 공간은 한옥마을에서 확장되어 있다. 마치 서울 홍대 앞 상권이 커지면서 그 주변인 상수, 합정, 망원, 연남까지 로컬 상권이 확대되는 모양새와 같다. 전주 한옥마을을 중심으로 동·서·남·북 빠르게 성장하는 원도심 분위기가 심상치 않다. 서학동은 우연찮게 공예 마을이 되었다. 2010년 한 예술가 부부가 정착한 후 다른 예술가들이 따라 들어오면서 현재 20여 개의 공방이 자리 잡았다. 서학동 공예 마을이 흥미로운 이유는 또 있다. 다른 지역과 달리 서학동 예술가들은 대부분 공방 건물에서 거주한다. 사는 집 한 편을 공방으로 꾸민 것이다.

한옥마을이 위치한 풍남동 남쪽에는 서학동, 북쪽은 노송동, 서쪽은 중앙동이 자리한다. 원도심을 잇는 이곳에 최근 '객리단길'이 무한 확장세를 유지하고 있다. 객리단길은 조선시대 유적인 '객사'에 '오리단길'을 붙여 만든 이름이다. 이 과정에는 한옥마을과 영화의 거리, 웨딩거리를 이어 보행로를 조성한 지자체 노력이 있었다.

정수경 즐거운도시연구소 소장은 전주시 도시 재생 정책을 3단계로 나눈다. 정책 1기(1998~2006)에는 '한옥마을의 전통문화 체험시설 확충'안과 '영화의 거리', '걷고 싶은 거리 조성'이 추진됐다. 한옥마을과 더불어 영화의 거리도 '전주국제영화제'라는 큰 국제 행사가 23년째 매년 열리고 있다는 점에서 전주의 중요한 문화 콘텐츠를 이룬다. 다른 지역 관광지와는 확연히 구분되는 사람들을 모으는 힘이 있는 전주만의 콘텐츠라 볼 수 있다. 정책 2기(2007~2012)에는 도심의 보건소와 영화 제작소 이전, 특화 거리 조성(공구거리, 차이나거리, 웨딩거리) 등 본격적인 사업을 진행했다. 정책 3기(2013~2020)에는 쇠퇴 지구 거점 강화 사업을 진행했다. 전북도청 등 공공기관 이전으로 쇠퇴한 동네 재생, 전라 감영 복원과 복합 문화 시설 정비 등 민간참여를 통해 전통문화 산업과 상업을 활성화해나갈 예정이다. 정수경 소장은 전주를 행정과 민간의 합이 잘 맞은 사례로 평가한다. 민간이나 행정, 어느 하나의 힘만으로 재생되었다고 말하기 어렵다는 것이다. 특히 한옥마을은 그 곳만의 분위기를 지키기 위해 기관의 느슨한 규제, 문화를 만드는 민간 기업의 적극적인 참여가 어우러져 성공한 사례다. 마찬가지로 영화의 거리에도 민관 협력을 위한 협동과 양보가 있었다. 금은방이 밀집된 거리를 초반에 걷고 싶은

전북 전주시 | 풍남동 (한옥마을)

거리로 만든다고 했을 때 갈등이 있었지만, 이를 극복하고 젊은 층이 영화를 보고 쇼핑할 수 있는 공간으로 변화시켰다.

큰 주목을 받지 못했던 남부시장도 '청년몰'을 만들면서 소소한 변화의 바람이 불고 있다. 청년몰에 '적당히 벌고 아주 잘 살자'라는 모토를 벽화로 그린 곳이 포토 존이 되어 젊은이들의 발길이 이어졌다. 이곳을 찾은 여행객들은 벽화 앞에서 인증샷을 찍고, 남부시장에까지 들러간다. 큰 도로 덕분에 접근성이 좋아 불편함 없이 이곳을 찾을 수 있다는 점도 큰 이점으로 평가된다.

전주 원도심은 한옥마을의 연장이다. 한옥마을에서 확장된 상권이 전라감영로에서 웨딩거리가 있는 '웨리단길', 그리고 객리단길까지 만들어냈다. 특히 객리단길 쪽은 최근 재개발 구역에서 해제되면서 재개발 걱정 없이 오랫동안 장사를 할 수 있게 되었다. 재개발 구역이었기에 오래된 건물이 많았고, 그 점이 오히려 더 개성 있는 공간을 만들 수 있다는 장점으로 작용했다. 객리단길 인기가 높아지면서 차이나거리와 웨딩거리까지 로컬 가게가 확장되는 현상도 일어났다.

전주 상권 확장은 홍대 앞 상권과 비슷한 경로를 따랐다고 볼 수 있다. 기존 상권이 배후가 되어, 새로운 로컬 환경을 조성될 수 있도록 힘이 보태준 것. 처음에는 규모 큰 가게와 브랜드가 주를 이뤘다면, 그 이후 조성된 골목길에는 아기자기하게 시작하는 로컬 가게가 흐름을 이어갔다.

전주 원도심 부상을 단순히 한옥마을만의 부상으로만 보기는 어렵다. 관광객들이 한옥마을을 많이 방문하지만 그 발길이 원도심까지 연결되지는 않았다. 공공 기관과 공장 등이 떠나간 자리에 빈 건물로 방치된 곳들이 있어 사람들의 발길이 닿지 않았다. 이런 곳들을 엮어 일명 '버뮤다 삼각지대'라 불리기도 했다. 이곳을 촘촘히 메워준 것은 전주시 단계별 도시 계획과 이를 수용해준 상인과 시민의 힘이라 할 수 있다.

서울은 다양한 배경을 가지고 서울에 정착한 1인 가구가 모여 여러 목소리를 내는 로컬 골목을 만들었다. 반면 전주는 다시 돌아와 정착한 토박이들이 안정된 삶을 꿈꾸며 꾸려가는 '찐' 로컬들의 문화가 아닐까 싶다.

대한민국을 대표하는 로컬 브랜드
## 풍남동 (한옥마을)

**풍남동(한옥마을)**
① 인구(명) 3,995
② 인구밀도(명/km²) 1,860
③ 저층 주택 비중(%) N/A
④ 1인 가구 비중(%) 41.6
⑤ 스마트스토어 소상공인 비중(%) 82.3

한옥마을은 전국에서 지역색이 가장 강한 곳 중 하나다. 서울과 다른 지방에도 많은 한옥마을이 있지만, 전주는 조금 더 활력 넘치는 무언가가 있다. 이러한 정체성을 만드는 원동력은 어디에서 비롯된 것일까.

전주 한옥마을은 그냥 관광지가 아니다. 개성과 다양성을 중시하는 탈물질주의 경제에서 목표로 하는, 전통문화 산업화 '테스트 마켓'이다. 전주가 한국적 생활 문화의 중심지로 발전하는 것에는 이러한 사회적 기대를 담고 있다.

방문자가 한 해 1,000만 명을 넘으면서 전주의 가치가 재조명되고 있다. 이러한 시기에 한옥마을의 지나친 상업화는 전통문화 정체성 혼란이라는 문제를 야기하고 있다. 해결 방안은 단순하다. 한옥마을이 제공하는 서비스를 지역 문화로 만들어 지역 정체성, 여행자 수요,

전통문화 산업화를 조화롭게 결합해나가는 것이다.

장기적인 차원에서 지역 문화의 생활화는 반드시 필요한 과정이다. 탄탄한 로컬 소비를 바탕으로 고유의 매력을 가치로 바꾸어나가는 것이다. 전주 시민들이 우선적으로 전통문화 상품을 꾸준히 소비함으로써 상품과 서비스의 질을 높여야 한다. 고급 전통문화 가치가 창출되면 자연스럽게 이를 찾는 외부 관광객이 늘어날 것이다. 한복 대여 기업 '한복남'의 박세상 대표, 생활한복 브랜드 '리슬'의 황이슬 대표 등 청년 창업가들이 보여주듯, 전주는 이미 전통문화의 산업화를 꾀하고 있다.

전주시는 음식 문화 정체성 문제를 '규제'로 대응하고 있다. 한식 외의 음식을 판매하는 음식점은 엄격하게 규제하겠다는 방침이다. 문화 행사, 한옥 형태에서도 한옥마을의 정체성을 유지하는 방향으로 규제를 강화할 예정이다. 물론 정부 지원금이 투입되는 한옥마을에 적정 수준의 규제는 필요한 조치다. 그러나 규제만으로 과연 구조적 요인까지 해결할 수 있을지는 의문이다. 한옥마을이 한식, 한옥, 한복 등 정부가 원하는 수준의 문화 상품을 내놓지 못하는 것은 궁극적으로 수요 때문이다. 최근 한옥마을 주 고객이 된 청소년층은 고급문화 상품을 소비할 수 있는 구매력이 부족하다. 이것은 전주 한옥마을만의 문제만은 아니다. 정부의 '한(韓)스타일 육성 정책'에도 전국적으로 고급 전통문화 시장은 사업화되지 않은 소규모 수준에 불과하다.

지금까지 잘해왔다고 해서 앞으로도 잘될 것이라는 보장은 없다. 많은 사람이 한옥마을의 상업화 혼잡성, 젠트리피케이션을 우려해왔다. 이미 난개발의 징조가 나타났다고 평가하는 것이 맞을지도 모른다.

최근에는 정체성 없는 저가 먹자골목이 되었다는 비판을 가장 많이 받는다. 추러스, 꼬치, 치즈구이, 튀김 좌판이 한옥마을 거리를 뒤덮었다. 궁, 행원 등 전통 한정식 식당들은 한옥마을을 떠나고 있다. 한옥마을을 찾는 손님들이 전통 한식을 체험할 기회는 점점 줄어들고 있다.

한옥마을 정체성 혼란 때문인지, 최근 마을 전역에 임대 사인이 늘어나고 있다. 프랜차이즈와 대기업 브랜드 진입은 정체성을 상실한 골목 상권에 발생하는 것으로, 젠트리피케이션의 대표적인 부작용이다.

한옥마을 성공 사례는 호기심을 유발한다. 과연 이 사업은 누구의 작품일까? 전주를 우리가 사랑하는 도시로 만들고, 전국적으로 한옥마을

## 풍남동(한옥마을) All Local Brands

- **09 공장부인이공작한공작**
  전통 매듭공예 소품 숍
- **13 이종덕방짜유기**
  장인의 방짜유기를 판매하는 곳
- **15 니나스튜디오**
  한옥마을에 위치한 그림 상점
- **16 일상애**
  한복 체험 공간
- **18 부경당**
  70년 전통의 전통 한옥 스테이
- **19 한복남 전주한옥마을점**
  한복 대여 문화를 만든 브랜드
- **20 천양피앤비**
  3대째 이어져온 한지 브랜드

- **21 더마시랑게 전통주펍**
  명인의 모주를 판매하는 펍
- **24 노매덕비어가든**
  수제 맥주 브루어리
- **25 전주일몽**
  전통주를 직접 만들 수 있는 곳
- **26 향교길도자기**
  전통 도자공예 체험 공방
- **27 살림책방**
  전주한옥마을의 작은 독립 서점

**풍남동(한옥마을) 테마 여행**
**한복/전통 공예 숍**
- 09 공작부인이공작한공작
- 13 이종덕방짜유기
- 16 일상애
- 19 한복남 전주한옥마을점
- 20 천양피앤비
- 26 향교길도자기

열풍을 일으킨 것은 결코 우연이 아니다. 누군가가 제안과 여러 사람의 노력으로 이뤄낸 결실이다. 한옥마을 역사를 살펴보면 이러한 궁금증을 풀 수 있다. 전주시가 본격적으로 한옥마을을 관광지로 개발한 시기는 2002 월드컵을 앞두고서다. 2000년부터 구도심 정비 사업을 시작했다. 같은 해 정부는 건축물 규제와 함께 한옥 건물 개·보수에 대한 인센티브를 제공하고, 공공 시설을 신축하는 내용을 골자로 한 지역 단위 계획을 수립했다. 그 후 중앙정부와 지자체, 민간의 다양한 사업을 통해 한옥마을은 관광 명소로 발전했다.

한옥마을의 의미는 전통 마을 문화를 지역 거주지를 통해 재현한 데 있다. 이 마을은 2000년대를 지나면서 한식, 한지, 한자, 한복, 한방 등 다양한 '한(韓)스타일'을 체험할 수 있는 한국 문화 관광의 중심지로 진화했다. 편의 시설을 갖춘 관광지로 개발된 마을이 '한옥마을 1.0'이라면, 한(韓)스타일을 종합적으로 체험할 수 있는 마을은 '한옥마을 2.0'에 해당된다. 전주시가 홍보하듯 '대한민국을 전부 가볼 수 없다면, 대한민국을 전부 가지고 있는 곳'이 된 것이다. 한옥 게스트하우스 등 다양한 숙박 시설이 들어서면서 한옥마을은 체류형 관광지로 발전했다.

한옥마을은 이처럼 오랜 기간 단계적으로 발전했기 때문에 사업의 성공을 한 사람의 공으로 돌리기는 어렵다. 언론에서 언급한 주요 인물로는 2000년 지역단위 계획을 수립하고 추진한 김완주, 송하진 전주 시장, 2002년 사회적 기업 '이음'을 세워 한옥마을 지원 조례 제정을 주도한 김병수 대표, 2014년 시간제 한복 대여 사업을 시작한 '한복남' 박세상 대표를 꼽을 수 있다.

한옥마을에는 전주향교, 경기전, 전동성당, 오목대 같은 대체 불가능한 4개 역사적 자원이 있다. 전주 한옥마을 여행은 400년 전통의 교동 전주향교에서 시작하는 것이 좋다. 학문 전통에 대해 자부심이 느껴지는 곳이다. 이이, 김장생, 송시열 등 입지전적 유학자의 위패를 모시는 대성전 앞에 서면 숙연한 마음까지 든다.

한옥마을을 한눈에 내려다볼 수 있는 조선시대 정자인 오목대, 태조 이성계의 여진을 소장한 경기전, 호남의 대표 근대건축물인 전동성당으로 이어지는 길은 한옥마을의 중심 축이다. 이들은 전주가 자랑하는 역사적 유산이다. 이는 다른 지역 한옥마을과의 차별성을 띠게 하는 일등공신이다. 제아무리 겉모습을 흉내 낸다 한들, 세월과 역사가 만들어낸 진심은 따를 수 없다.

도심 속 한옥마을의 가장 큰 장점은 다른 관광지와의 자연스러운 공간 융합이다. 전북 지역 최대 전통시장인 남부시장, 전주 원도심 상업지역, '전주국제영화제'가 열리는 영화의 거리, 풍남문, 전주 객사 등 명소가 한옥마을 주변으로 밀집해 있다. 다양한 문화 공간이 한 곳에 모인 보행 중심 도시는 흔치 않다. 차 없는 거리, 일방 통행로 조성 등 전주시가 계획하는 도로 사업이 완성되면 한옥마을과 객리단길, 남부시장 등 주변 상권 사이의 도보 이동은 더욱 편리해질 것이다.

정수경 박사는 한옥마을의 성공 요인은 크게 두 가지로 볼 수 있다고 했다. 첫째로 문화재는 '보호'하되 한옥은 '보전'했다. '보전'은 엄격하게 규제를 둔 것이 아니라 실생활에 필요한 부분들은 어느 정도 바꿀 수 있게 해주었다는 것이다. 위원회가 새로운 가게 입점을 심사하게 해, 한옥마을에 어울리지 않는 업소나 프랜차이즈들은 입점을 제한했다. 이런 이유로 지역의 작은 로컬 콘텐츠, 로컬 브랜드의 입점 및 발전 기회가 더 많아졌다. 두 번째는 민간 로컬 브랜드의 탄생이다. 민간 로컬 브랜드가 전주 한옥마을을 한복을 입고 즐기는 로컬 경험 골목으로 만들었다. 한복을 입고 클럽을 즐기는 '한복데이'는 이러한 시도를 통해 형성된 문화다.

전주 한옥마을의 특징은 세 가지로 정리할 수 있다. 첫째, 전주 한옥마을 사업은 지역 사업에서 출발했다. 중앙정부가 한옥 관련 지원 사업을 시작한 것은 2005년, '한(韓)스타일 육성 종합계획'을 발표한 2007년이었다. 현재 문화체육관광부는 문화 도시 조성 사업, 고택·종택 명품화 사업 등을 통해 한옥 활성화를 지원하고 있다. 둘째, 한옥 보존 정책이 한옥마을 성공의 결정적인 계기가 아니었다. 한옥마을 사업은 2000년 지구 단위 지원 계획으로 본격 시작됐다. 1975년 시작된 보존 정책은 1995년 종료됐다. 지구 단위 계획은 보존 정책과 달리 건축 규제와 더불어 개선 인센티브를 제공했다. 셋째, 지역 주민의 적극적인 참여가 있었다. 전주시는 개발 초기 단계부터 지역 전문가가 참여하는 도시재생 추진단, 도시재생 대학생 서포터즈, 마을 만들기 코디네이터, 마을 재생 주민 리더 양성 등 다양한 제도를 통해 시민 참여를 독려했다. 주민의 적극적인 참여는 시민단체 주도의 한옥마을 지원 조례, 민간단체의 한복 대여 사업 등의 구체적인 성과를 가져왔다.

전주시와 한옥마을 주민들은 전통문화 수요를 확대하기 위해 무엇을 해야 할까? 전통문화를 소비할 수 있는 고객 유치만이 유일한 해결책이다. 한옥마을에 필요한 소비자는 일차적으로 전주 지역 주민들이 되어야 하고, 그 이후에 여행객으로 충원해야 한다.

주민들이 한옥마을에 거주하며 전통문화를 소비하고 즐기는 것이야말로 지속 가능한 발전의 원동력이 된다. 고급 전통문화에 대한 지역 생활 기반 수요가 증가하지 않는 한, 한옥마을은 인위적인 민속촌, 박물관과 다를 바 없다. 한옥 단지 확대와 더불어 한옥마을 내에 고급 전통문화를 찾는 여행객을 수용할 숙박 시설도 확충해야 한다. 현재의 시설은 가족 단위 여행객이 머물기에는 공간이 좁고 서비스가 부족하다.

한옥마을 3.0 시대를 맞는 전주의 가장 큰 숙제는 무엇보다 한옥마을의 확대다. 기존의 한옥 자산을 관광 자원으로 활용하는 수동적 전략에서 신규 한옥 단지를 건설해 대규모 주거 단지를 조성하는 것으로 전환해야 한다. 한옥 전문 건축사무소, 건설사 등 한옥 관련 지역 산업을 육성하며 전통문화를 기반으로 한 스토리 산업을 지원해나가야 한다.

PART I : 로컬이 강한 도시와 동네

## 제주도

# 제주만의 로컬 모델, 창업 생태계를 완성하다

제주는 이제 더 이상 관광 도시가 아니다. 적게는 1년에 수 차례에서 많게는 수십 번 제주를 오가는 여행자가 많아졌다. 지역민보다 제주를 잘 알고, 속속들이 제주를 탐하는 이들을 우리는 도시 여행자라 부른다. 이들은 머무르고 즐기며 제주의 진짜 모습을 탐닉한다. 누구의 강요도 아닌, 자생적으로 뿌리를 내린 제주만의 로컬 모델은 이곳만의 생태계를 완성해나간다. 몇 번을 찾아도 다시 찾고 싶은 제주의 매력은 바로 여기에 있다.

제주도
① 인구(명) 674,635
② 인구밀도(명/km²) 1,432
③ 저층 주택 비중(%) 65.6
④ 1인 가구 비중(%) 31.1
⑤ 스마트스토어 소상공인 비중(%) 70.7
(제주시 기준으로 작성)

11. 제주특별자치도 제주시 | 삼도이동(탑동)

제주도는 보물과도 같은 섬이다. 새로운 기회를 찾는 사람들은 꿈을 좇아 제주로 향한다. 외지인이 대거 이주하기 전에도 제주도는 독립 문화가 강한 지역이었다. 제주도는 조선 초 본국에 편입되기 전 까지 탐라국이라는 독립된 나라였다. 구한말까지 탐라라고 불렸다. 제주도는 섬 전체가 커다란 화산섬이며 중앙에 한라산이 자리한다. 고도가 높고 섬 둘레는 해안가로 이루어진 독특한 지형을 띠고 있다. 아름다운 바다를 보노라면, '해안가를 따라서 여행하면 좋겠다' 싶은 생각이 절로 든다. 그러나 도보로는 무척 힘드니 섣불리 도전해서는 안 된다. 제주도는 동서로 73km, 남북으로 41km, 해안선 총 길이는 253km으로 굉장히 큰 섬이다. 제주도는 바람, 돌, 여자가 많아서 삼다도(三多島), 도둑, 거지, 대문이 없어서 삼무도(三無島)라는 별명이 있다. 지형적으로 고립된 형태다 보니 한 마을에 일가친척이 모여 사는 부락 형태의 마을이 많았다. 한 다리 건너면 누구인지 사정이 빤한 이웃이기에 대문도 필요 없었다.

물론 요즘 제주는 예전과는 많이 달라졌다.

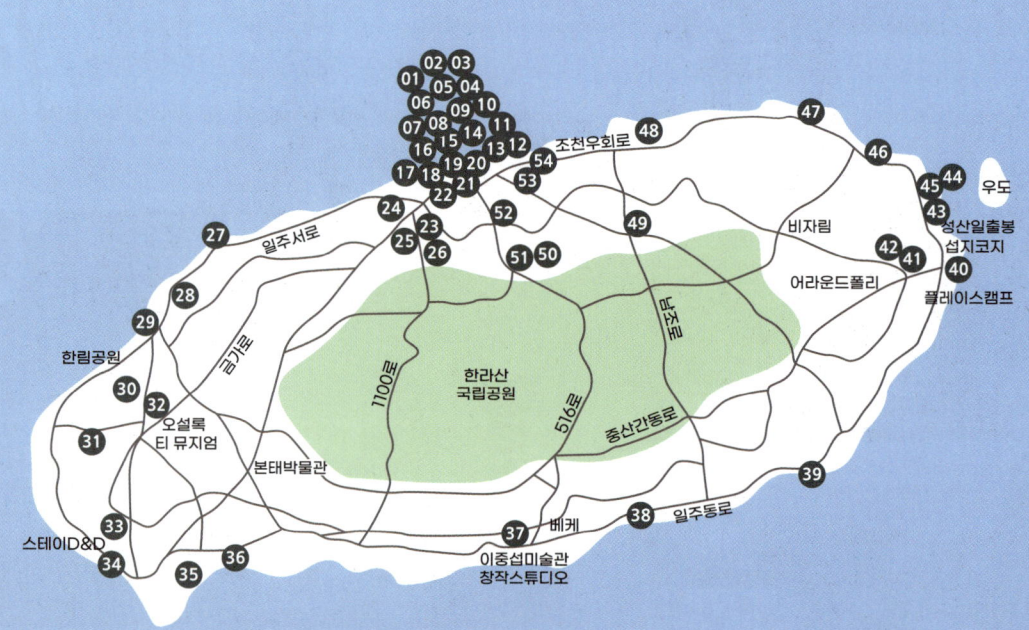

## 제주도 All Local Brands

**01 카고 크루즈**
제주 로컬 푸드 비건 식당

**02 mytjeju(더 프로젝트 목욕탕)**
팝업 스토어

**03 디앤디파트먼트 제주점**
롱 라이프 디자인 편집숍

**04 맥파이**
수제 맥주 펍

**05 이솝 제주**
비건 화장품 이솝의 제주 스토어

**06 아라리오뮤지엄 탑동시네마**
제주 원도심을 살리는 갤러리

**07 Portable**
제주 감성 의류 편집숍

**07 프라이탁 스토어 제주 By MMMG**
프라이탁 제품 편집숍

**08 미친부엌**
제주 로컬 이자카야

**09 코오롱스포츠 솟솟리버스제주점**
환경의 가치를 전하는 복합 문화 공간

**10 끄티 탑동**
크리에이터를 위한 복합 문화 공간

**11 올댓제주**
제주 식재료를 이용한 비스트로

**12 베드라디오 동문점**
제주 원도심의 로컬 호스텔

**13 브라보**
제주 재료로 만든 젤라토 전문점

**14 제로포인트트레일**
한라산을 트레킹하는 새로운 방법

**14 종이잡지클럽 제주**
잡지 전문 독립 서점

**15 아베베베이커리**
제주 재료로 만든 크림빵 맛집

**16 섬마을과자점**
제주 식재료를 활용한 베이커리

**17 텐저린맨션**
아트 스테이 문화 공간

**18 클래식문구사**
제주 원도심의 문구 편집숍

**19 이후북스 제주점**
이후북스의 망원동에 이은 2호점

**20 리듬**
옛 목욕탕 감성의 레트로 카페

**21 파드마 제주**
제주에서 탄생한 요가복 브랜드

**22 아일랜드프로젝트**
힙한 제주 패션 브랜드

**23 알라운지**
애월 아빠들의 계란 연구소 & 카페

**24 지구별가게**
제로 웨이스트 리빙 랩

**25 스톤제주**
제주 돌 모티브 리빙 브랜드

**26 우연못**
월별로 제안하는 블렌딩 티

**27 문사기름집**
제주 비건 버터 가게

**28 반짝반짝지구상회**
비치코밍 유리 공방

**29 우무**
제주 우뭇가사리로 만든 푸딩

**30 제주맥주**
제주맥주 양조장 및 브랜드 숍

**31 산노루 제주점**
제주 녹차 전문 브랜드

**32 책방 소리소문**
인생 책을 만나는 독립 서점

**33 무릉외갓집**
무릉리 농산물 체험 공간

**34 인스밀**
제주 청년들이 만든 로컬 푸드 카페

**35 사계생활**
콘텐츠그룹 재주상회의 공간

**36 심우당**
향과 향 도구 판매점

**37 유동커피로스팅팩토리**
스페셜티 커피 하우스

**38 하이커하우스보보**
가벼운 하이킹을 도모하는 카페

**39 그린블리스**
오가닉 라이프스타일 브랜드

**40 도렐 제주 본점**
스트리트 컬처 카페

**41 책방무사**
가수 요조가 운영하는 독립 서점

**42 어니스트밀크 본점**
자체 목장 우유로 만든 유제품

**43 소심한책방**
동쪽 끝 종달리 독립 서점

**44 해녀의부엌**
해녀의 삶을 담은 복합 문화 공간

**45 쇼룸 오구팔**
종달리를 담은 그림과 소품

**46 카카오패밀리**
직접 로스팅한 카카오 초콜릿

**47 바트인제주**
제주의 추억을 향기로 담는 공방

**48 함덕메리굿**
뮤지컬이 있는 제주 로컬 다이닝

**49 데일리스티치**
제주의 자연을 담은 패션과 소품

**50 아침미소목장**
제주 첫 번째 젖소 목장

**51 제주자연초**
제주 재료로 만든 발효 식초 브랜드

**52 피프틴디그리**
제주 재료로 만든 샤퀴트리

**53 해브어스멜**
제주 골목에서 시작한 향 브랜드

**54 무르무이**
디자인 스튜디오 겸 아트 숍

바람과 돌은 여전히 많으나 삼무도라는 별명도 더 이상은 통하지 않는다. 여느 육지의 대도시 못지않게 제주도 도시화가 진행됐다. '천혜의 자연환경'이라는 수식어로 관광 자원만 활용하던 제주 산업은 요즘 들어 다양해지고 있다. 로컬, 창업, 여행, 한달 살기 등의 키워드로 확대되어가고 있는 것. 대표적인 사례가 여행지다. 요즘 '제주'로 여행가는 사람은 많지 않다. 제주를 좋아하는 사람이라면 행선지를 제주시 탑동, 삼도2동(전농로), 성산읍 고성리, 구좌읍 종달리와 세화리, 안덕면 사계리 등 마을로 말한다. 그리고 여행자가 찾는 장소도 '아라리오뮤지엄', '아일랜드프로젝트', '플레이스캠프제주', '해녀의 부엌'과 '카카오패밀리', '사계생활' 등 동네를 대표하는 앵커 스토어로 바뀌었다.

물론 이런 변화는 한두 해에 만들어진 것은 아니다. 단체 관광 문화가 보편화 되어 있던 10년 전만 해도 몇 군데 관광지를 찍는 식의 여행이 대부분이었다. 최근 몇 년 사이 젊은 층에서는 계속 새로운 곳을 발굴하며 여러 번 여행하거나, 한 달 살기 등으로 제주살이를 경험하는 등 지역의 깊은 이해를 바탕으로 한 여행 패턴이 늘어나고 있다.

제주도는 제주시와 서귀포시로 행정구역이

나누어진다. 제주도 내에서 단체 관광객들은 서귀포시 중문관광단지를 주로 방문했다. 1978년 한국관광공사가 서귀포시에 중문관광단지를 조성하며 대형 호텔, 콘도, 관광 시설이 이곳에 모여 있어 단체 관광에 적합했기 때문이다. 예전에는 이처럼 제주도 여행이라고 하면 관광버스를 타고 다니며 몇 군데 관광지를 찍고, 다시 리조트로 돌아와 쉬는 일정의 여행을 떠올렸다. 하지만 이런 관광단지 수입이 외부·해외 투자자 혹은 사업자에게 돌아가고, 지역 경제에는 도움이 되지 않는다는 문제점이 제기되기 시작했다. 관광 산업이 지역을 소비하기만 하고 이득을 가져다주지 않는 구조 때문에, 오히려 지역 주민들이 피해를 입게 된 것이다.

이러한 단체 여행 문화를 도시 여행으로 바꾼 것은 다름 아닌 로컬 크리에이터들이다. 이들은 애정을 갖고 지역에 머물며 직접 주체가 되어 사업을 하기 시작했다. 제주도에서 방문할 만한 작은 여행지 곳곳에서 개성 있는 스테이, 식당, 상점 등을 만들어냈다.

자동차 없는 제주 여행은 상상하기 힘들다. 제주 여행을 계획할 때, 무엇보다 우선이 되는 것은 렌터카 예약이다. 자동차로 채운 관광지와 도로는 대기오염 문제를 유발할 뿐 아니라 마을과 거리 중심의 여행 디자인을 어렵게 만든다. 제주는 도시 여행자에게 좋은 도시가 아니었다. 마을과 멀리 떨어진 숙소에 머물면서 관광버스나 렌터카를 타고 관광지를 찾아가는 전형적인 리조트형 관광지였다. 가장 큰 중심지인 제주시에서도 오밀조밀 개성 있는 도시 문화를 발견하고 즐길 수 있는 골목길을 찾기 어려웠다. 미술 평론가 유홍준은 제주시에 도시 문화가 발전하지 못한 이유를 중심 광장의 부재에서 찾았다.

도시 여행자에게 골목 상권의 부재는 치명적인 결함으로 다가온다. 도시의 번잡한 거리와 경적 소리, 마음과 숨을 멎게 만드는 스모그, 과도하게 경쟁적인 도시 생활을 벗어나기 위해 제주를 찾았다. 그런데 호텔에 들어서는 순간, 생각하고 온 휴식과 쉼은 기대하기 어렵다. 공항을 빠져나오며 만났던 아름다운 자연도 한순간. 마을과 격리된 호텔, 리조트 생활은 오랫동안 향유하기 어렵다. 호텔 식당에서 식사하고 호텔 바에서 술을 마시면, 무언가 놓치는 것 같다. 새로운 사람을 만나고 여행지 문화를 체험할 기회를 위해 거리로 나가고 싶은 마음을 주체하기 어렵다.

다운타운 라이프스타일은 다양한 도시 문화를 요구한다. 고유 문화를 기반으로 한

라이프스타일은 차별화된 경쟁력으로 도시와 산업을 발전시킨다. 국내 도시 중 대표적인 사례가 제주다. 서울이 제공할 수 없는 자연주의 라이프스타일이 제주 성장의 원동력이다. 2010년 제주 문화를 매력적으로 묘사한 드라마 <인생은 즐거워>, 2011년 가수 이효리가 '제주댁'이 되어 살아가는 이야기 등이 방송을 탄 것도 영향을 끼쳤다.

제주 로컬 창업 모델에 주목하는 이유는 창업 생태계의 장소성, 독립성에 있다. 전 세계적으로 밀레니얼 세대가 도시 문화를 즐기며 일을 하는 라이프스타일을 선호함에 따라 장소성이 기업 입지를 결정하는 중요한 요인이 됐다. 독립성도 창업 생태계에 절실한 조건이다. 중앙에 의존하는 생태계가 아닌, 지역에서 자생적으로 성장하는 생태계가 미래 경제가 요구하는 창의력과 활력을 제공할 수 있다.

제주는 우리나라에서 지역 문화에 기반한 라이프스타일 산업이 성공을 거둘 가능성이 가장 높은 지역 중 하나다. 친환경, 건강, 해양 레저, 아웃도어 활동 등 보편적으로 알려진 거의 모든 라이프스타일이 가능하기 때문이다. 이 가운데 산업으로 발전할 확률이 가장 높고 이미 성과를 보이고 있는 라이프스타일이 친환경 라이프스타일, 다시 말해 지속 가능한 라이프스타일이다.

지속 가능함을 강조하는 기업이나 브랜드가 제주에서 많이 생겨나고 있다. 그중 대표적인 곳은 카셰어링 기업 '쏘카'다. 카셰어링 기업 쏘카는 다음의 제주 본사에서 근무했던 김지만 전 대표가 2011년 제주에서 창업한 기업. 김 전 대표는 제주 자동차 시장에서 사업 아이디어를 얻었다. 제주 주민들은 대중교통이 부족해 자동차를 많이 구입하지만, 실제 사용량이 많지 않아 대부분의 차가 주차장에 세워져 있는 경우가 많았다. 그가 목격한 공급과 수요의 격차에서 착안해 제주의 유휴 차량을 활용할 수 있는 비즈니스 모델을 기획한 것이다. 제주도 자연환경을 사랑하는 마음으로 기획한 사업은 그 가능성을 인정받아 서울을 비롯한 다른 도시로 사업을 확장했다.

라이프스타일 산업 중심지로서 제주의 잠재력을 실현하는 대표적인 기업은 로컬 편집숍 '사계생활'을 운영하는 '콘텐츠그룹 재주상회'다. 제주 매거진 <인iiin>을 발행하며, 사라진 제주의 명품 니트브랜드 '한림수직'을 재생했다. 재주상회는 250여 개의 로컬 브랜드를 취급한 경험을 바탕으로 상품성, 확장성, 디자인성이 뛰어난 로컬 브랜드를 큐레이션해 소개한다. 사계생활에서 만날 수 있는 제주 브랜드는

'코코리제주', '1950치약', '산노루', '도바나', '오마이솔트' 등이다. 감귤을 재료로 만든 식초나 제주 과자 큐레이션 박스 상품도 이곳의 스테디셀러이다.

성산읍에 있는 '아일랜드 오브'라는 제주 패션 브랜드도 제주 라이프스타일 산업의 가능성을 보인다. 제주를 테마로 한 '아일랜드 오브 탠저린'과 '아일랜드 오브 비자림'이라는 브랜드 라인을 출시했다. 브랜드 전체 이름을 정하고 그 이름에 서브 브랜드를 추가하는 방식으로 로컬 브랜드의 정체성을 쌓아가고 있다. 통합된 브랜드에 여러 서브 브랜드를 더할 만큼 로컬 자원은 매우 풍부하다. 기획과 판매는 '플레이스캠프' 편집숍 '페이보릿' 스니커즈는 연희동 브랜드 '마더그라운드', 의류는 제주 브랜드 '라이클리후드'가 분업한다. 의류 생산은 서울에서, 신발 생산은 부산에서 한다. 이렇게 다수의 로컬이 협업하며 로컬 제조업의 미래를 제시한다.

한가로운 일상, 저녁 있는 삶, 친환경적인 생활, 일과 가족의 균형, 아웃도어 여가 활동 등 제주 생활 전반의 이미지는 캘리포니아와 비슷하다. 그러나 캘리포니아 모델로 성공하기 위해서는 이미지만으로는 부족하다. 캘리포니아처럼 고유의 라이프스타일로 지역 산업을 키워가는, 라이프스타일 도시로 발전해야 한다.

또 원도심 도시 문화와 창업 생태계를 연결하는 것이 필요하다. 도시 재생 전문 스타트업 육성을 시작으로 소상공인 창업 시스템에 스타트업 문화를 접목해야 한다. 중추적인 역할을 할 기관은 '새로운 연결을 통한 동아시아 창조 허브'를 추구하는 제주창조경제혁신센터다. 센터는 이미 '로컬브랜딩 스쿨', '리노베이션 스쿨인 제주' 등 다양한 프로그램을 통해 원도심 창업 기업을 육성하고 있다.

제주 원도심의 힙한 변신
# 삼도 2동(탑동)

**삼도2동(탑동)**
① 인구(명) 8,051
② 인구밀도(명/km²) 9,700
③ 저층 주택 비중(%) N/A
④ 1인 가구 비중(%) 38.8
⑤ 스마트스토어 소상공인 비중(%) 73.9

도시 문화의 변방이었던 제주가 변하기 시작했다. 변화의 중심은 제주시 원도심이다. 이곳에 개성 있는 상점과 제주의 젊은이들이 모이기 시작했다. 새롭게 골목 상권으로 뜬 지역은 원도심 북쪽 해변가 지역인 탑동이다. 탑동 해변가에는 호텔, 상가, 문화 시설이 집중해 있고, 중심 도로인 탑동로 남쪽 이면 도로를 중심으로 골목 상권이 형성되어 있다. 이 골목 상권에 흑돼지거리가 조성되고, '올댓제주', '미친부엌' 등 젊은이들이 선호하는 맛집이 들어섰다. 탑동 골목 문화를 즐기는 사람은 제주에서 일하는 젊은 직장인들이다. 대학생이 모이는 시청 주변 상권이 제주의 '신촌'이라면

탑동은 경제적 여유가 있고 도시 문화를 선호하는 직장인들이 주로 찾는다. 원도심은 골목 창업자에게도 매력적인 공간이다. 올댓제주 김경근 오너 셰프는 원도심 골목길에 자신이 원하는 가게를 열고 싶었다고 한다. 올댓제주는 제주 돼지를 이용한 메뉴와 해산물 파스타 등 로컬 식재료를 충분히 활용했다. '사장님이 장 봐오시는 것에 따라서 메뉴가 달라질 수 있다'는 가게 리뷰만 봐도 이곳이 동네에 스며든 맛집임을 알 수 있다. 로컬 가게에서만 느낄 수 있는 단골 고객의 이야기다. 집 드나들 듯 자주 드나든 사람만이 남길 수 있는 진짜 후기인 셈이다. 많은 방문객이 제주도에서

관광객을 대상으로 하는 제주 토속 음식을 찾았다면 '찐' 로컬이 찾는 식당은 바로 이런 곳이 아닐까.

한 때 탑동은 제주 문화의 중심지였다. 제주공항-제주항을 사이에 둔 탑동은 광장, 호텔, 시장 등 많은 사람이 모이기 좋아 많은 문화 행사 등을 열곤 했다. 그러나 2000년대로 돌입하며 쇠락의 길로 접어들었다. 대형 프랜차이즈 붐이 일면서 각 지역의 독자적으로 운영되어온 문화 공간과 상점이 버티지 못했다. 식음료뿐 아니라 개인 혹은 지역 극장도 힘을 잃어갔다. 2000년 CJ에서 CGV 영화관을 앞세워 만든 멀티플렉스 쇼핑몰이 성공한 이후로 전국적으로 멀티플렉스 붐이 일었기 때문이다. 제주 지역의 '코리아극장', '탑동시네마', '신제주극장'도 대규모 증축 공사를 통해 변화에 발 맞추고자 했다. 하지만 이미 상권의 힘을 잃어버린 동네에서 경영난을 버티지 못하고 탑동시네마는 2005년에 폐업했다. 그리고 꽤 오랫동안 그 공간은 비어 있었다.

그렇다면 탑동 지역은 어떻게 젊은 직장인과 창업자가 좋아하는 골목 상권으로 되살아났을까? 원도심 상권과 가까운 점도 상권 부활에 일조했다. 과거보다는 활력을 잃었지만 제주 원도심은 아직도 전통시장인 동문시장뿐 아니라 음식점, 공방, 의류 전문점, 공예품 가게 등이 살아 있는 중요한 상권이다. 관덕정, 칠성로, 무근성, 오현당 등 문화유적지를 중심으로 골목길 투어가 운영되고 있다. '탐라문화제', '프랑스영화제' 등 다양한 문화 행사도 원도심 문화에 대한 주민들의 관심을 높이는 데 기여했다. 그러나 탑동 지역이 도시 여행자가 좋아하는 골목 상권으로 변하게 된 가장 중요한 분기점은 새로운 도시 기획자의 등장이었다. 2014년을 시작으로 무려 4개의 미술관을 탑동에 개장한 아라리오뮤지엄 김창일 대표. 그가 바로 새로운 유형의 도시 기획자였다. 그가 미술관을 연 목적은 도시 재생이다. 아라리오뮤지엄은 '탑동시네마', '바이크숍', '동문모텔1', '동문모텔2' 등 4개의 공간을 운영한다. 흥미로운 점은 미술관 시설과 위치다. 1호점 탑동시네마는 아라리오 복합 문화 단지의 중심 '가게'다. 탑동시네마를 중심으로 미술관 단지를 건설한 아라리오뮤지엄은 단지 내에 돈가스집, 베이커리, 수제 맥주집을 입점시키고, 건너편에 건물을 매입해서 이탈리언 음식점과 카페를 직접 운영한다. 2호점 바이크 숍은 이 단지 옆 건물에 입점했다. 동문모텔1과 동문모텔2 미술관은 탑동시네마에서 남동 쪽으로 걸어서 15분 거리인 산지천에 있다. 이 네 미술관 위치를 보면 이들이 마치 탑동 상권을 에워싸는 것처럼 보인다.

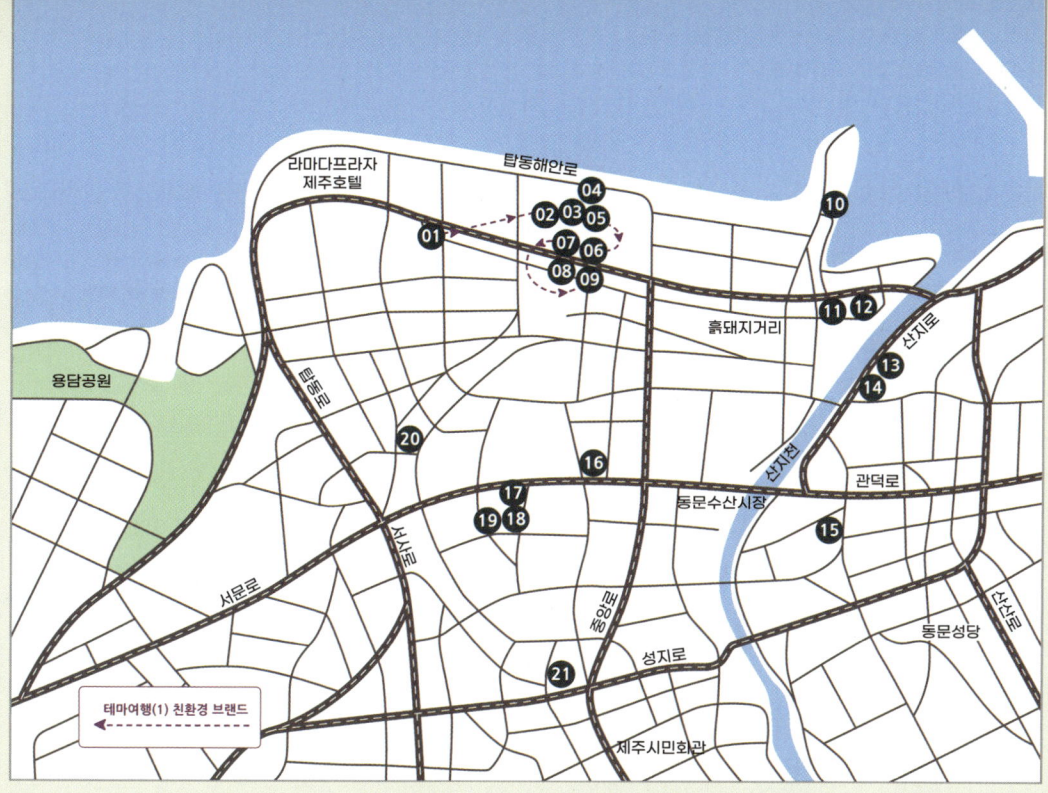

## 삼도 2동 All Local Brands

01 카고 크루즈
제주 로컬 푸드 비건 식당

02 mytjeju(더 프로젝트 목욕탕)
팝업 스토어

03 디앤디파트먼트 제주점
롱 라이프 디자인 편집숍

04 맥 파이 탑동점
수제 맥주 펍

05 이솝 제주
비건 화장품 이솝의 제주 스토어

06 아라리오뮤지엄 탑동시네마
제주 원도심을 살리는 갤러리

07 프라이탁 스토어 제주 By MMMG
프라이탁 제품 편집숍

08 미친부엌
제주 로컬 이자카야

09 코오롱스포츠 솟솟리버스제주점
환경의 가치를 전하는 복합 문화 공간

10 끄티 탑동
크리에이터를 위한 복합 문화 공간

11 올댓제주
제주 식재료를 이용한 비스트로

12 베드라디오 동문점
제주 원도심의 로컬 호스텔

13 브라보
제주 재료로 만든 젤라토 전문점

14 제로포인트트레일
한라산을 트레킹하는 새로운 방법

14 종이잡지클럽 제주
잡지 전문 독립 서점

15 아베베베이커리
제주 재료로 만든 크림빵 맛집

16 섬마을과자점
제주 식재료를 활용한 베이커리

17 텐저린맨션
아트 스테이 문화 공간

18 클래식문구사
제주 원도심의 문구 편집숍

19 이후북스 제주점
이후북스의 망원동에 이은 2호점

20 리듬
옛 목욕탕 감성의 레트로 카페

21 파드마 제주
제주에서 탄생한 요가복 브랜드

### 삼도 2동(탑동) 테마 여행
💡 친환경 브랜드
(대기업, 플래그십 등)

01 카고 크루즈
02 mytjeju(더 프로젝트 목욕탕)
03 디앤디파트먼트 제주점
05 이솝 제주
06 아라리오뮤지엄 탑동시네마
07 프라이탁 스토어 제주 By MMMG
09 코오롱스포츠 솟솟리버스제주점

아라리오타운 기획의 핵심은 골목길이다.
아라리오길이 대로변에 뮤지엄, 상업 시설을
배치했다면, 아라리오타운은 골목길을 만들고
골목길로 이어지는 타운을 조성했다. 앵커
시설도 아라리오뮤지엄과 디앤디파트먼트, 투톱
시스템이다.
디앤디파트먼트 D&Department 는 일본 로컬
편집숍이다. 50년 이상 유지된 브랜드만
찾아 로컬 브랜드를 발굴하는 것이 특징이다.
제주 매장에는 1/3이 제주 브랜드, 2/3가
일본 브랜드다. 그중 제주 브랜드는 공예,
식가공 등이 주류를 이룬다. 일본 기업에서
제주 라이프스타일 제품을 발굴한다는 것이
이색적이다. 국내뿐 아니라 해외 로컬 브랜드,
해외 로컬 크리에이터와 협업한다는 점에서 더
큰 시너지를 기대해볼 수 있을 것이다.
골목 상권 개척에 대한 아라리오뮤지엄의
야망은 직영점 운영에 그치지 않는다. 직영하는
'에이팩토리 베이커리'에서 아라리오미술관
등의 위치를 표시한 지도를 제공하고 지도에
주변 맛집을 소개하고 있다. 이 지도를 보면
탑동시네마에서 시작해 동문모텔2로 끝나는
'아라리오길'이 탑동 상권의 중심 골목길인
것처럼 보인다. 아라리오뮤지엄 프로젝트에 대한
전문가의 평가는 대체로 긍정적이다. 원도심

재생 사업과의 시너지도 좋은 방향으로 인식되고
있다.
우리가 아라리오프로젝트를 주목해야 하는
이유는 도시 재생 모델의 혁신성에 있다. 스페인
'빌바오 구겐하임 미술관', 로스앤젤레스 '폴 게티
미술관', 서울 '대림미술관' 등 개인이나 정부가
미술관을 건설해 도시 문화를 업그레이드하고
재생한 사례는 많다. 하지만 개인 미술관이 복합
문화 단지를 형성해 상업 시설을 직영하고 주변
상권을 활성한 사례는 찾기 어렵다.
아라리오뮤지엄은 새로운 시각으로 탑동
골목상권을 체험할 수 있는 '제주 데이 트립'도
운영한다. 참여자들이 탑동 골목의 삶과 거기
담긴 이야기를 살펴보고, 새로운 도시 문화를
체험하는 프로그램이다. 아라리오뮤지엄을
시작으로 단지 내 직영점 '탑동왕돈까스'와
'맥파이브루어리'를 방문한 후 아라리오뮤지엄
4개관 에서 열리는 다채로운 전시를 전문가
해설과 함께 감상할 수 있다.
아라리오뮤지엄과 같이 하나의 미술관이
도시를 재생할 수 있다면 정부가 굳이 무리하게
나설 필요가 있을까 싶다. 민간 재생 사업을
지원하면서 주민 공감대가 형성될 때까지
기다리는 것도 현명한 정책일 수 있다. 홍대 앞,
가로수길, 이태원 등 서울 골목길들이 성장한

역사를 보면 변화는 민간에서 시작됐음을 알 수 있다. 싼 임대료를 찾아 문을 연 가게가 성공해 유동 인구를 유발하고, 이를 본 다른 가게가 진입해 상권을 형성한 것이 골목 상권의 일반적인 역사다. 탑동에서는 아라리오뮤지엄이 골목 상권을 활성화해, 유동 인구를 창출하는 '첫 가게' 역할을 하고 있는 것이다.

아라리오프로젝트의 의미는 민간 주도 도시 재생의 지속 가능성에 있다. 좀 더 많은 문화 혁신가와 도시 기획자가 창의적인 비즈니스 모델로 도시의 골목 상권을 조성해 나가야 한다. 그게 바로 우리가 원하는 골목길의 미래가 아닐까. 지역의 한 사람 한 사람이 각자의 경험과 이야기를 풀어내는 도시 기획자, 문화 혁신가가 되는 날을 꿈꿔본다.

2018년 '제주창조경제혁신센터'는 '원도심 혁신 창업 생태계 구축 계획'을 발표했다. 이 사업의 파트너는 제주도시재생센터다. '일자리와 기업 창업'이라는 과제를 공유하는 두 센터가 뜻을 모아 도시 재생과 창업 생태계를 연결하는 사업을 제안한 것이다. 도시재생센터의 주요 역할은 건물주와 협력해 스타트업, 소상공인이 입주할 공간을 확보하는 일이다. 제주창조경제혁신센터는 입주 스타트업을 모집하고 지원하는 업무를 맡는다.

제주 파트너십 모델은 스타트업에 투자할 벤처캐피털 회사, 기업을 훈련할 전문 기관을 포함한다. 지역 기업에 적극적으로 투자하는 벤처캐피털 '크립톤'과 일본 도시 재생 스타트업 기업 '리노베링'이 파트너로 참여했다.

제주창조경제혁신센터의 도시 재생과 로컬 크리에이터 지원 사업은 시간이 지나면서 가시적인 성과를 보인다. 탑동 해안가가 아라리오타운이라면, 제주시 이도일동에 위치한 하천인 산지천에는 '끄티', '오각집', '일도가공', '베드라디오', '제로포인트트레일' 등 창조경제혁신센터 사업으로 탄생하고 성장한 로컬 숍이 빈 공간을 채워간다.

제주 로컬 모델에 주목하는 것은 창업 생태계의 장소성과 독립성 때문이다. 전 세계 밀레니얼 세대가 도시 문화를 즐기며 일하는 라이프스타일을 선호함에 따라 장소성이 기업 입지를 결정하는 중요한 요인이 됐다. 독립성도 창업 생태계에 절실한 조건이다. 중앙에 의존하는 생태계가 아닌 지역에서 자생적으로 성장하는 생태계가 미래 경제가 요구하는 창의력과 활력을 제공할 수 있다.

PART I : 로컬이 강한 도시와 동네

## 광주 남구 양림동

# 선교 역사, 문화 자산이 된다

광주 남구 양림동은 기독교적
문화유산으로 채워진 곳이다.
20세기 초 선교사들이 세운 교회,
병원, 학교, 사택 등 건축물은 아직도
가치를 유지하며 자리를 지키고
있다. 국내에서는 보기 힘든 기독교
마을이라는 특징 덕분에 이곳을 찾는
방문객도 많아졌다. 종교적인 이유
혹은 힐링을 위해 양림동을 찾는
이들을 위한 다양한 콘텐츠 개발이
필요한 시점이다.

광주 남구 양림동
① 인구(명) 6,948
② 인구밀도(명/km²) 10,000
③ 저층 주택 비중(%) N/A
④ 1인 가구 비중(%) 29.3
⑤ 스마트스토어 소상공인 비중(%) 80.6

광주를 다양하게 소개할 수 있겠지만, 도시 관점에서 정확한 표현은 '예향 광주, 어반 광주로 이어지다'다. 외곽 신도시가 확장하고 있지만 아직까진 원톱 도심 구조를 유지하는데, 고층 주상 복합도 늘었으나 아직까진 차분하고 걷기 좋은 길로 연결된 원도심을 유지한다. '아시아문화전당', 상권의 건축과 예술 콘텐츠를 제공하는 '광주폴리', 도시 전역에 분포된 공공 미술관 등이 도시에 예술성을 더한다. 그러나 생활에서 스며 나오는 예술성에 비하면 공공의 것은 오히려 부수적인 측면이 크다.

광주 원도심을 학문적으로 표현하면 '뉴 어버니즘 New Urbanism'이다. 뉴 어버니즘은 지역 환경을 고려해 도시 개발을 진행하는 대안적 정책을 의미한다. 재개발보다는 재생, 자동차보다는 보행자, 랜드마크보다는 일상을 중시하는 방향으로 정책은 진행된다. 광주는 이러한 뉴 어버니즘을 바탕으로 진화가 진행되고 있다. 뉴 어버니즘이 성공적으로 반영된 장소는 원도심 동명동-충장동-양림동 라인이다.

동명동, 산수동, 충장동, 양림동 등 광주 원도심은 다양한 문화 자원을 기반으로 매력적인 도시 문화를 만들고 있다. 그중 복제할 수 없는 콘텐츠를 갖춘 동네를 고르라면 양림동을 꼽겠다. 양림동은 국내에서 거의 유일하게 기독교 유산을 바탕으로 유니크한 동네 문화를 만든 곳이다.

20세기 초 서양인 선교사들은 광주성 남쪽을 선교 근거지로 삼아 활동했다. 이들이 세운 교회, 신학교, 병원, 학교, 사택 건축물은 근대 문화 자원으로 보존돼 있다. 광주 선교 역사의 중심인물은 1895년 미국 남장로교회에서 선교사로 파송된 유진 벨 Eugene Bell 목사다. 그는 광주, 전남에 20여 개의 교회를 개척했고, 광주 '수피아여학교'와 '숭일학교'를 비롯해 목포에 '정명학교'와 '영흥학교'를 세우고, '광주기독병원'도 설립했다. 선교사 묘역, 선교사 사택, 양림교회, 기독병원 등 양림동 기독교 유적지는 유진 벨 목사, 그의 가족, 그리고 동료들이 활동하고 영면한 장소다.

광주광역시는 태백산맥에서 분기한 소백산맥이 내장산, 추월산, 무등산, 월출산으로 이어지는 자리에 있다. 동부 산지와 서부 평야를 양 옆에 끼고 있다. 산지와 평야가 만나는 지대에 위치해 군사·행정·교역상 좋은 조건을 갖추었다. 일제강점기에 생긴 호남선이 광주를 빗겨나 근대화는 늦어진 측면이 있지만 오히려 이런 이유로 광주광역시 문화재는 대부분 원형을 유지하고 있다. 이러한 문화재는 광주에서 만날 수 있는 특별한 골목 자원이 되었다.

광주 남구는 광주에서 근대화가 시작된 곳. 당시 중요한 역사 문화 자료와 건축물 등이 산재해 근대역사문화마을로 불린다.

양림동 골목길은 훌륭한 도시 문화 자원을 갖추었다. 마을 곳곳에 자리 잡은 기독교 유적과 골목길을 배경으로 개성 있는 카페와 가게가 속속 들어서고 있다. 양림동의 매력은 외적인 도시 경관이 아닌 내적 가치에서 뿜어져 나온다. 주민들이 직접 운영하는 오래된 가게들도 지나치게 상업적이지 않아 좋다.

많은 여행자가 기독교 마을이라는 이색적 풍경에 매력을 느껴 양림동을 찾는다. 관광자원으로 양림동의 가치를 인식한 광주시는 2009년부터 호남신학대와 함께 양림동 역사문화마을 관광 자원화 사업을 추진해왔다. 대학 자체적으로 기독교 문화 유적을 성지순례지로 개발하고, 광주시가 이를 기반으로 역사문화마을 조성 사업을 추진한 것이다.

2010년 공식적으로 시작된 이 사업은 현재 커뮤니티센터, 주차장, 경관 개선 등 제3단계 관광지 인프라 건설 사업이 진행 중이다. 1~2차 사업에서는 순교자 기념 공원 조성, 선교사 사택 보수, 의료원 기념관 건립 등 역사 유적 복원 사업에 역점을 뒀다.

광주시는 양림동 문화 인프라를 활용한 다양한 문화 사업을 추진 중이다. 양림동과 주변 남구 지역을 연계해 새로운 관광 지역 개발도 계획 중이다. 문화체육관광부도 지난 2015년 광주 남구를 '2017년 올해의 관광도시'로 선정해 3년간 양림동 관광 활성화 사업을 지원했다. 정부 사업과 별개로 민간에서 자발적으로 시작한 사업도 양림동 개발에 크게 기여했다. 양림동 대표 관광지로 부상한 '펭귄마을'이 대표적 사례다. 이곳에는 오래된 생활용품을 모아 만든 정크 아트 작품이 구석구석 전시되어 있다. 텃밭을 가꾸는 주민들의 뒷모습과 걸음걸이가 마치 펭귄과 같다 해서 붙인 이름이다. 전통적인 골목 문화와 소박한 시민들의 생활문화를 같이 체험할 수 있는 장소로 인기를 끌고 있다. 광주시는 펭귄마을을 공예 창작소로 육성할 계획이다. 도시문화 관점에서 흥미로운 점은 양림동 기독교 유적이 '살아 있는' 시설이라는 것이다. 선교사들이 설립한 교회, 학교, 병원 등은 아직도 활동을 이어가고 있다. 양림동은 국내에서 보기 드물게 기독교 시설과 교인이 집적된 마을이다. 기독교 교육 기관과 병원에서 일하는 사람이 많아 주민 약 60%가 기독교인이라 알려져 있다. 양림동을 방문하는 여행자는 느끼지 못하지만 이곳 사람들은 이구동성으로 마을 주민의 보수성을 이야기한다.

## 양림동 All Local Brands

**01 갤러리S**
양림동 입구에 위치한 갤러리

**02 러브앤프리**
지역 청년과 협업하는 독립 서점

**03 양림객주**
테라스에서 즐기는 한식 주점

**04 그림길 공방**
마트료시카 제작 공방

**05 햅어무드**
캔들 클래스를 운영하는 향 공방

**06 소근소근잡화점**
수입 인테리어, 빈티지 소품 숍

**07 오하이**
귀여운 소품을 판매하는 잡화점

**08 카페어비슨**
어비슨 기념관 카페

**09 양림빵집**
양파빵이 맛있는 베이커리

**10 양지바른**
아트 갤러리 겸 카페

**11 10년후그라운드/ 호리두유**
성장을 도모하는 복합 문화 공간

**12 육각커피**
양림동 기반 커피 맛집

**13 양인제과**
좋은 동네를 만드는 빵집

**14 이이남갤러리카페**
미디어 아티스트 이이남의 갤러리 카페

**15 호랑가시나무언덕 게스트하우스**
선교사 사택을 리뉴얼해 만든 스테이

**16 호양호림**
양림동 고택을 개조해 만든 카페

**17 기독교서적센터**
광주 남구의 기독교 서점

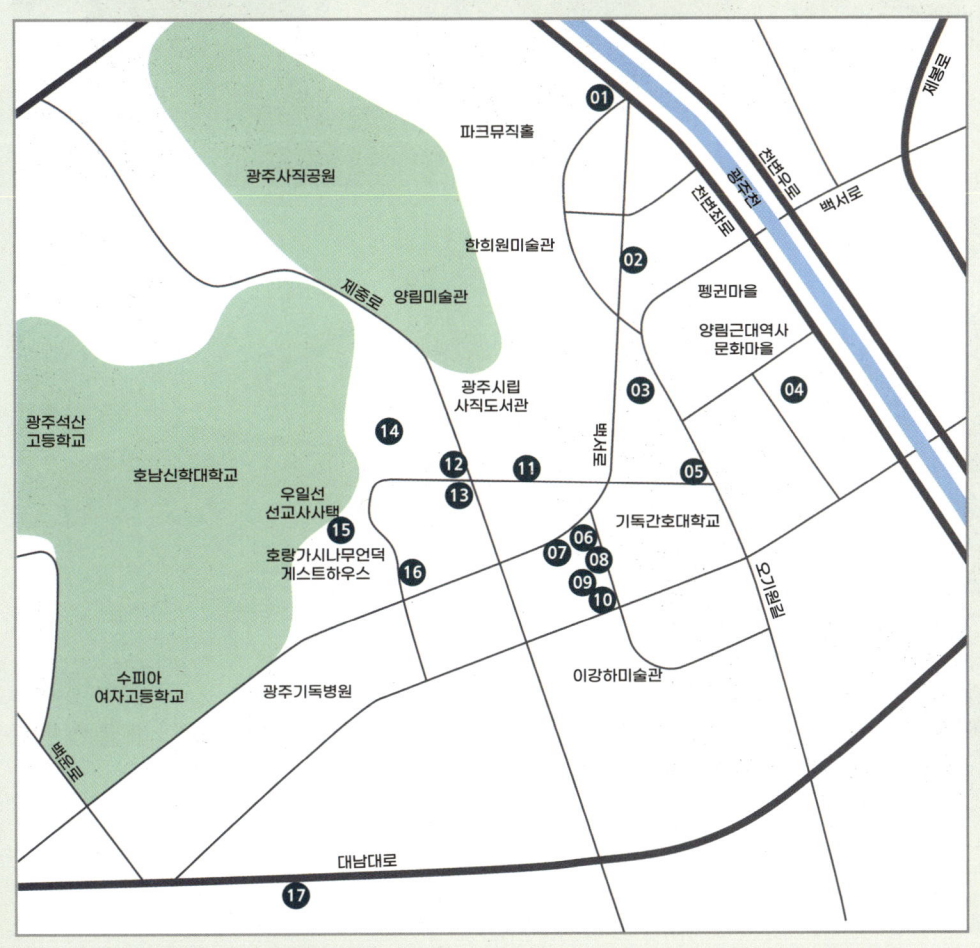

보수적인 교회의 영향을 받아 마을 주민들이 엄격한 신앙 생활을 하고, 세상 변화에 크게 반응하거나 동요하지 않는다고 한다. 여행자의 눈에 보이는 기독교적 특색이 있다면 이곳에서는 유흥 시설을 찾기가 힘들다는 점이다. 보수적인 주민들의 눈길 탓에 늦게까지 문을 여는 주점은 운영하기 어렵다는 이야기도 있다.

양림동을 기독교 마을이라고 부를 수 있을까? 이곳이 기독교 마을이라면 기독교 마을의 경제적 의미가 무엇인지 궁금해진다. 기독교 서점, 선교사 기념 카페, 선교사 의복 대여점 등 기독교 관련 상업 시설이 일부 눈에 띄지만, 양림동 상권만의 기독교 문화 상품과 서비스는 찾기 어렵다.

종교는 개념적으로는 라이프스타일에 가장 영향을 미치는 요인 중 하나다. 정부 인구 총주택 조사에 따르면 전체 내국인 4,700만 명 중 기독교인은 860만 명(18%), 불교인은 1073만 명 (23%), 천주교인은 515만 명(11%)으로, 전체 인구의 52%가 종교인이다.

하지만 사회적 행동에 있어 종교 차이는 크게 나타나지 않는다. 예컨대 기독교인이 경영하는 기업이 다른 종교인들과 경영 측면에서 차이점을 갖는 경향은 뚜렷하게 나타나지 않는다.

지역 단위에서도 마찬가지다. 한번은 가까운 목회자에게 '한국에서 가장 기독교적인 도시가 어디냐'고 질문한 적이 있다. 그랬는데 '그런 도시가 없다'는 답변이 돌아왔다. 기독교인 비중이 상대적으로 높은 서울·경기·호남 지역 등 몇몇 도시는 기독교 성격이 강한 도시로 떠오를 수 있을 법하다. 그러나 그럼에도 기독교 문화를 표방하는 도시는 없다는 것이 업계의 중론이다.

다른 나라의 경우는 사뭇 다르다. 미국에서 기독교인이 많이 사는 남부 지역인 '바이블 벨트 The Bible Belt'의 중심 도시 애틀란타에 가보면 기독교적 영향을 피부로 느낄 수 있다. 주거지에 십자가나 기독교 사인을 걸어둔 집이 흔하다. 수퍼마켓 잡지책 판매 구역도 인상적이다. 진열대 앞 기독교 서적 전시대가 따로 배치돼 있다. 가장 인상 깊었던 곳은 스스로를 기독교 기업으로 홍보하는 패스트푸드 체인점 '칙필레'였다. 패스트푸드 음식을 판매하는데도 주일인 일요일은 문을 닫는다. 애틀란타 곳곳에서 종교를 동네 정체성으로 삼는 모습을 목격할 수 있었다.

우리나라에는 지금 다양한 문화를 지닌 도시가 필요하다. 적어도 외관적으로는 불교 도시, 유교 도시, 원불교 도시가 존재하고, 이들 모두 종교 유산을 적극적으로 관광 자원으로 활용해야 한다. 양림동이 한국 기독교 마을로서 명성을 더하려면 무엇을 해야 할까? 기독교 문화가 가득한 골목길을 적극적으로 활용하는 방안을 생각해봐야 할 것이다. 여기에 기독교적 가치를 접목해 현대인의 수요를 더할 수 있으면 더욱 좋겠다. 명상원, 수양원, 치유 리조트 등 기독교 문화 서비스를 개발한다면 양림동만의 색깔을 지닌 문화 산업이 더욱 다양해질 것이다.

양림동 변화를 주도하는 '쥬스컴퍼니'도 기독교 유산을 주목한다. 양림동 기반의 지역 재생 기업인 이곳은 2020년 10월 복합 문화 공간 '10년 후 그라운드'를 오픈했다. '어른을 위한 유치원'을 표방하는 이곳은 광주 시민을 위한 다양한 프로그램을 운영한다. 쥬스컴퍼니는 이 공간에서 '카페1890', '여행자라운지'도 운영한다. 양림동 여행자를 위한 여행자라운지는 로컬 브랜드 편집숍이다. 쥬스컴퍼니 역시 다른 로컬 앵커 기업의 궤적을 따라간다. 콘텐츠 개발로 시작해 편집숍, 편집숍에서 로컬 브랜드로 발전해나가며 동네를 바꿔나가는 작은 기업이다.

쥬스컴퍼니는 최근 선교사 역사를 기반으로 커피와 두유 브랜드를 출시했다. 술은 못하지만 선교사에게서 배운 커피 문화를 즐긴 시인 김현승에게 영감 받은 '디 카페인 모단 보이 커피', 그리고 부족한 우유를 대체하기 위해 두유를 만들어 지역 아이들에게 제공한 선교사 부부의 이야기를 담은 '호리두유'가 그것이다.

양림동 관광 자원을 개발하기 위해 정부도 획기적인 아이디어를 찾아야 한다. 양림동 선교사들의 생활과 활동을 담은 이야기가 흥미로운 콘텐츠가 되어줄 것이다. 근대 기독교 시설에 현대 디자인을 접목해 리모델링함으로써 차별화된 근대 문화유산으로 발전시키는 방안도 모색해야 할 것이다.

양림동 역사 문화 자원을 더 적극적으로 활용하기 위해서는 근대 문화, 선교 문화를 뛰어넘는 새로운 개념의 스토리텔링도 시도해야 한다. 예컨대 기독교 역사와 서양사를 함께 담은 서양 역사 도서관을 세우는 것도 추천한다. 음악, 미술, 여행 등 다양한 테마를 전문으로 하는 현대카드 라이브러리처럼 기독교 문화 향유 공간을 마련하는 것이다. 서양 역사 도서관은 국립 아시아 문화전당의 아시아 문화 사업과 보조를 맞춰, 서양사 서적을 제작하거나 영상 자료를 제공하는 등 콘텐츠를 개발하는 데 기여할 수 있다. 기독교적 가치가 근대 유럽의 시장경제 발전의 원동력이었다는 막스 베버 이론이 국내에서도 통할 수 있을까. 미국 기독교 도시들이 보여주듯 기독교 라이프스타일은 흥미롭고 매력적인 문화를 만든다. 건축, 음악,

미술, 음식 등 기독교 문화가 도시 문화에 기여할 수 있는 영역은 무수히 많다. 기독교인이 많은 비율을 차지하는 한국에서도 기독교를 도시 문화 자원으로 활용하는 노력이 필요하다. 특히 기독교인 많이 사는 지역에서는 종교 자원을 새로운 지역 산업의 소재로 활용하는 실용적인 사업을 추진해 지역사회에 기여해야 한다.

다행히 한국 기독교는 광주 양림동의 지역·문화적 가치 활용을 창의적으로 실천하고 있다. 지역 교육, 복지 향상은 물론 지역 산업과 경제 발전 측면에서도 교회의 많은 노력이 필요하다. 기독교인 주거 지구에 기독교 문화에 기반한 산업 문화를 창조하는 것은 종교를 위해서도, 지역 발전을 위해서도 자연스럽고 생산적인 일이다.

PART I : 로컬이 강한 도시와 동네

충남 홍성군
홍동면(홍동마을)

# 라이프스타일에
# 유기농을 더하다

홍동마을은 낯설지만 '풀무학교'라는 이름은 들어봤음직하다.
충남 홍성군에 위치한 홍동마을은 풀무학교를 시작으로 대한민국의
유기농업과 협동조합의 모태를 형성한 고장이다. 단순히 경제관념이 아닌
라이프스타일에 있어서도 대안적 형태를 제안해온 곳이기도 하다.

충남 홍성군 홍동면(홍동마을)
① 인구(명) 3,432
② 인구밀도(명/km²) 90
③ 저층 주택 비중(%) 100
④ 1인 가구 비중(%) 31.5
⑤ 스마트스토어 소상공인 비중(%) 68.2

충남 홍성군 홍동면(홍동마을)

선진국 라이프스타일과 로컬 산업 중심지를 견인하는 산업은 유기농과 협동조합이다. 국내 유기농, 협동조합의 중심지는 어디일까. 필자는 충남 홍성군 홍동마을이라 생각한다.

홍동면 스토리는 홍성군에서 시작해야 한다. 충남 중심에 위치한 홍성군은 조선시대부터 행정과 군사 요충지 역할을 해왔다. 그 때문인지 작은 군 단위 지역이지만 '최영', '성삼문', '김좌진' 등 우리가 익히 알 만한 위인을 배출한 곳이기도 하다. 홍성군의 본래 이름은 홍주군인데, 일제강점기 결성군과 통폐합되며 홍성군이라는 이름이 붙게 됐다. 이 지역의 강한 기운을 의식한 일본이 반일 기운을 잠재우고 같은 충남 지역의 '공주'와 일본 발음 구별이 어려운 점을 들어 홍성으로 개칭하게 했다.

홍성군은 충남 내 군 중 가장 인구수가 가장 많다. 충남 통계에 따르면 홍성군은 단위는 군이지만 보령시, 계룡시 등 충남 내 몇몇 시보다 인구가 많다. 많은 지역에서 지방 소멸을 이야기하고 있는데 홍성군에는 어떤 요인으로 인구가 유지되는 것일까.

위대한 평민. 1958년 개교 후 홍성군 홍동면을 '협동조합에 바탕을 둔 마을 공동체의 이상이며 유기농업 혁명의 본산'으로 이끈 풀무학교의 교훈이다. 협동조합과 유기농은 대안적 라이프스타일의 중요한 구성 요소다. 이러한 생활 기반은 홍동면을 '귀농 귀촌 1번지'로 불리게 했다. 자녀를 교육하고 독립적인

창업을 할 수 있는 좋은 환경을 갖춘 곳이라는
의미일 것이다. 소멸 위기에 처한 농촌으로는
예외적으로 인구가 늘어나며, 공동체가 운영하는
어린이집, 학교, 병원 등 다른 농촌과 비교할
수 없는 수준의 사회 서비스가 제공된다.
사회 서비스뿐만이 아니다. '밝맑도서관',
'씨앗도서관', '지역센터마을활력소', '갓골목공소',
'갓골게스트하우스' 등 동네에 집적된 문화

시설이 높은 수준의 생활을 가능하게 한다.
홍동마을에 주목해야 하는 진짜 이유는 로컬
브랜드다. 홍동마을 자체가 유기농, 오리농법,
평민주의 성지로 브랜딩되었다. 그리고 마을
문화와 자원을 연결해 창업한 다수의 로컬
브랜드를 배출했다.
대표적인 로컬 브랜드는 전국적으로
유통되는 '평촌요구르트'다. 풀무학교

졸업생이 창업한 평촌목장의 요구르트는 한국을 대표하는 프리미엄 요구르트로 자리 잡았다. '풀무학교생활협동조합'이 운영하는 '자연의 선물가게'도 어느 도시에도 뒤지지 않은 수준의 커피와 주식 빵을 생산한다. 오리농법으로 생산한 쌀로 빵을 만드는 문당리 '초록이둥지협동조합'도 새로운 로컬 브랜드로 부상했다.

홍동마을이 생산하는 1차 농산물 중 전국적인 평판을 얻은 제품으로는 오리쌀, 유기농 채소, 고구마, 자연 재배 채소, 지장골 복숭아를 꼽을 수 있다. 국내 최초 유기농 단체인 '정농회'를 중심으로 2022년에는 오리농법에 투입된 오리를 가공해 훈제 오리 제품을 개발했다. 홍동마을에서 생산된 로컬 농산물은 홍동농협매장에서 구매할 수 있다. 마켓 가드닝 스타일 채소도 주목할 만한 로컬 브랜드다. 소량 다품종 채소 생산으로 새로운 요리 스타일을 제안하는 '오와린 농장'이 대표적인 브랜드다.

마을에서 시간을 보내면 필연적으로 질문하게 된다. 왜 홍동마을일까. 사실 홍성은 반골 기질이 강한 고장이다. 홍성의 반골 기질은 조선시대로 거슬러 올라간다. 홍성이 자랑하는 인물의 면면을 보자. 최영, 성삼문, 김좌진, 한용운 등 홍성 출신 인물을 보면 저절로 고개가 끄덕여진다. 현대적 반골 역사는 풀무학교에서 시작된다. 풀무학교가 들어오면서 홍동마을은 유기농, 협동조합, 마을 공동체가 마을의 정체성으로 자리 잡는다.

물질주의가 강한 나라에서 유기농과 협동조합으로 정체성을 세우고, 더 나아가 이를 전국적으로 확산한 학교와 마을이 있다는 것은 기적에 가깝다. '풀무원', '한살림' 같은 전국적인 기업도 풀무학교 운동에서 파생된 것으로 풀무학교의 영향력을 가늠할 수 있다.

풀무학교는 학교, 교회, 마을을 하나의 유기체로 인식하는 무교회주의 기독교 신자들이 세운 학교다. 더 정확히 말하면 1907년 평북 정주에서 설립된 오산학교에서 활동하던 무교회주의자들이 월남해 그 전통을 이어간 곳이다. 풀무학교 설립자는 오산학교 설립자 이승훈 선생의 조카인 이찬갑 선생과 그가 월남해 만난 홍동면 출신 주용로 목사다.

고등 공민학교로 시작한 풀무학교는 지금도 대안학교 지위를 유지한다. 공동체의 모든 권위를 부정하는 무교회주의 철학에 따라 권력을 공식화할 수 있는 정식 학교 지위를 의도적으로 거부한다.

'무교회주의 공동체의 이상은 학교이면서 교회이고, 동시에 자급자족하는 마을이다.

*공부와 신앙과 노동의 완전한 일치를 지향한다*'. 풀무학교가 1975년 일본에서 도입한 유기농법도 '오직 생명으로 생명을 키운다'는 무교회주의의 성서 해석과 일맥상통한다.

풀무학교 무교회주의자들은 또한 생활 운동을 중심으로 활동했다. 전반적으로 개혁적인 성향을 보였으나 민주화 운동을 포함한 정치 운동에 적극적으로 참여하지 않았다. 전통적인 문화 예술 운동과도 거리가 있다. 미국 히피와 같이 정치도, 문화도 아닌 생활 운동을 추구했다. 라이프스타일 관점에서 홍동마을이 중요한 이유는 '세계관적' 라이프스타일의 존재다. 국내에서는 거의 유일하게 라이프스타일을 소명으로 실천하는 마을인 것이다.

홍동마을이 어떤 라이프스타일을 추구하는지 단언하긴 어렵다. 서구 역사 기준으로 보면 홍동마을 추구하는 문화는 일종의 반(反)문화다. 한국의 기득권 문화에 저항하는 반문화, 대안 문화 또는 하위 문화로 이해할 수 있다. 여기서 한국의 주류 문화, 기득권 문화가 무엇인지 논의할 필요가 있다. 한국 사회의 구성원들은 삶이 피폐해지는 것은 획일적인 성공 기준과 행복 기준 때문이라고 말한다. 그런데 그 기준이 어디서 왔는지는 이야기하지 않는다. 한국 사회를 지배하는 삶의 방식은 서구 산업 사회의 성공 기준과 다르지 않다. 산업 사회의 엘리트 문화, 바로 부르주아 문화에 있다.

부르주아 문화의 다른 이름은 물질주의다. 한 조사에 따르면 한국인의 86%를 물질주의자로 분류할 수 있다고 한다. 한국인의 86%가 부르주아라는 의미다. 기성세대 문화가 부르주아면 그 대안은 무엇인지 궁금해진다. 아쉽게도 대안을 담아내는 언어가 존재하지 않는다. 청년들은 '헬조선', '나다움', '홀로 살기'를 외치며 기성세대 문화를 피하려고만 한다. 부르주아가 먼저 자리 잡은 서구 사회 역사를 보면 다양한 하위 문화가 대세적 흐름에 저항했고 그중 상당수가 주류 문화로 편입됐다. <인문학, 라이프스타일을 제안하다>에서는 주류로 수용된 하위 문화를 보헤미안, 히피, 보보, 힙스터, 노마드로 정리했다. 이 중 하나를 대안적 라이프스타일로 제안한다. 필자는 이 책을 읽으며 히피마을에서 홍동마을과의 유사성이 느껴졌다. 자연과 함께하는 공동체 생활을 이상적인 라이프스타일로 추구한다는 점에서다. 한국이 라이프스타일 강국이 되려면 홍동마을 같은 대안 문화 중심지가 더 많이 생겨야 한다. 현재와 같이 부르주아 문화가 경쟁 없이 한국 사회를 지배하면 라이프스타일 혁신은 제한적일 수밖에 없다.

## 홍동면(홍동마을) All Local Brands

- **01** 예전 문화창고 박물관
  오리와 기독교 테마 박물관
- **02** 오와린농장
  이웃과 마을을 함께 돌보는 농장
- **03** 풀무농업고등기술학교
  위대한 평민을 길러내는 학교
- **03** 갓골목공소
  목공 수업 교실
- **03** 풀무학교 환경농업전공부
  (풀무농업고등기술학교)
  더불어 사는 농민을 기르는 학교
- **03** 정농회(풀무농업고등기술학교)
  우리나라 최초의 유기농업 농민 단체
- **04** 도기더스테이
  반려동물이 행복한 펜션
- **05** ㅋㅋ만화방
  청소년을 위한 커뮤니티
- **06** 홍동농협로컬푸드직매장
  친환경 농산물 마켓
- **07** 홍동양조장
  1974년 탄생한 막걸리 양조장
- **08** 홍성여성농업인센터
  여성 농업인을 위한 지원 센터
- **09** 풀무신협
  풀무 정신을 바탕으로 한 신용협동조합
- **10** 밝맑도서관
  평화 사상을 기르는 마을 도서관
- **10** 두밀리책방(밝맑도서관1층)
  어린이들에게 꿈을 심어주는 도서관
- **11** 풀무학교생협자연의선물가게
  로컬 그로서란트
- **12** 갓골게스트하우스
  홍동마을의 게스트하우스
- **13** 평촌요구르트
  유기농 목장에서 직접 만든 요구르트
- **14** 논밭상점
  다양한 작물을 판매하는 상점
- **15** 문당쌀이야기
  홍동마을 쌀로 만든 베이커리
- **15** 내포막걸리
  유기농 오리쌀로 만든 막걸리
- **16** 초록코끼리
  로컬 친환경 식품으로 만든 밀키트
- **16** 레이럴
  홍성의 산에서 영감을 받은 브랜드

### 홍동면(홍동마을) 테마 여행
#### 유기농 식가공

- **02** 오와린농장
- **03** 풀무농업고등기술학교
- **03** 풀무학교 환경농업전공부
- **03** 정농회
- **06** 홍동농협로컬푸드직매장
- **07** 홍동양조장
- **08** 홍성여성농업인센터
- **11** 풀무학교생협자연의선물가게
- **13** 평촌요구르트
- **14** 논밭상점
- **15** 내포막걸리
- **15** 문당쌀이야기
- **16** 초록코끼리

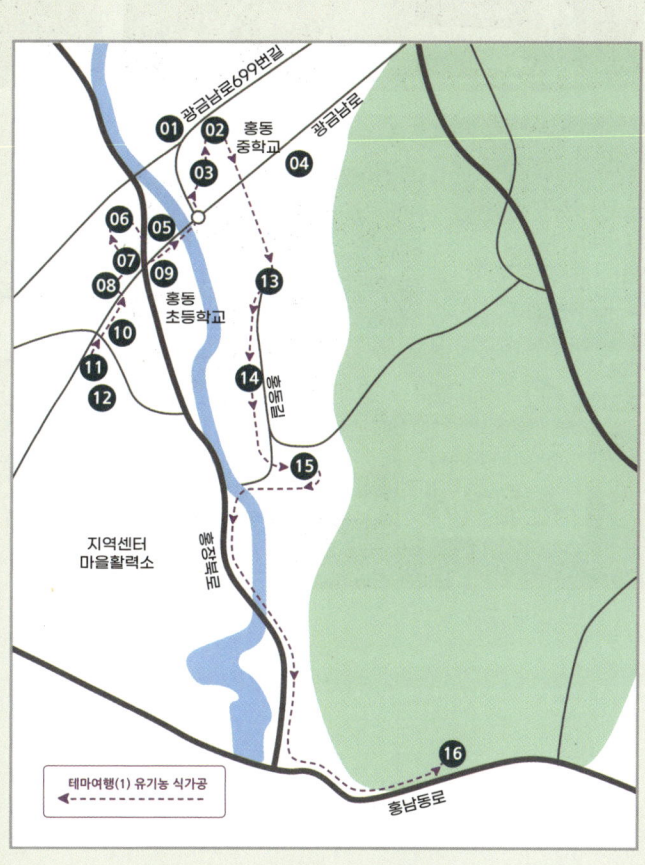

<대한민국의 설계자들>을 집필한 김건우 씨는 풀무학교 설립자들이 한국의 정통 우익에 속한다고 주장한다. 한국 우익의 본류는 자유주의 보수주의에 근간을 두고 있다는 것이다. 이들이 해방 후 대한민국을 건설하고 경제와 정치 발전의 초석을 놓았고 주장한다. 이 책의 저자가 '학병 세대'라고 부르는, 해방 후 월남한 서북 기독교인들이 바로 그들이다. 출판사 소개글을 살펴보면 다음과 같다.

'학병 세대는 왜 중요한가. 학병 세대는 주로 1920년 전후 다섯 해 정도에 출생한 이들로, 실제로 대한민국의 기초를 놓은 사람들이라고 할 만하다. 이름만 들어봐도 쟁쟁하다. 장준하, 김준엽, 지명관, 서영훈, 백낙준, 장기려, 선우휘, 김성한, 양호민, 류달영, 김수환, 지학순, 조지훈, 김수영 등이 여기에 속하며, 이들의 사상적 선배로는 이들 '진짜 우익'에게 적지 않은 영향을 끼친 류영모, 함석헌, 김재준 등이 있고, 그 후배들로는 천관우, 이기백 등이 여기에 속한다. 이들은 선배 세대인 이승만, 장면, 박정희 등과 달리 친일 문제에서 완전히 자유로웠고, 또한 남북 분단의 현실에서 주로 이북 출신으로 남쪽을 택한 사람들이기에 반공 문제에서도 의혹이 없었다. 실제로 이들은 정치, 언론, 교육, 종교, 학술, 사상 각계에서 오늘날 대한민국의 기초를 놓은 이들이기도 했다.'

2017년 '올해의 책'으로 선정되기도 한 이 책은 지역 창업가들의 필독서가 되어야 한다고 생각한다. 국내에도 지역 발전과 지역 기반 라이프스타일 산업 발전에 헌신한 분들이 있다. <대한민국의 설계자들>에 소개된 김교신, 함석헌, 류영모, 이찬갑, 홍순명 등 무교회주의 기독인들이 풀무학교, 풀무원, 한살림으로 대표되는 한국 유기농업 산업을 개척했다. 이 책은 지역에서 라이프스타일 비즈니스에 도전하는 창업가에게 다소 무거운 메시지를 던진다. 그들의 하는 일은 종교적 신념 수준의 사명감이 필요한 일이다.
홍동마을의 미래가 밝은 것만은 아니다. 홍동마을을 대표하는 문화 시설이었던 '느티나무헌책방', '그물코출판사', '채소생활'이 홍성 다른 지역으로 이전했다. 갓골마을에도 새로운 창업자의 진입이 절실하다. 그러나 홍동마을의 기본 정신은 변함없는 듯하다. 앞으로도 홍동마을이 평민주의에 기반한 로컬 라이프스타일을 선도할 것으로 기대하는 이유다.

# PART 2

# 뉴 로컬 브랜드 리뷰

로컬의 힘,
대한민국 지역 문화를 살리다

새로운 아이디어로 무장한 크리에이터의 등장은
2022년에도 이어졌다. 덕분에 로컬 문화는 한층
더 새로워지고 다양해졌다. 이들이 만들어내는
문화에 한계란 없다. 나다움의 실현, 고향 사랑,
환경보호 등 로컬 산업에 발을 디딘 이유도
다양하다. 이 모든 것을 관통하는 한 가지 이들이
누구보다 그 일에 '진심'이라는 점이다. '진정성'을
담아, 완성한 로컬 브랜드의 가치는 그래서
소중하고 특별하다. 2023년 대한민국에 로컬
문화를 덧입힌 로컬 브랜드 100곳을 소개한다.

## 2023년 주목할 만한 로컬브랜드 100

1. 감자아일랜드
2. 감자유원지
3. 강화도령 화문석
4. 공존공간
5. 굿올데이즈호텔
6. 그라핀
7. 그린블리스
8. 글씨당
9. 깨 로스터리 옥희방앗간
10. 다다르다
11. 다시부산
12. 단양노트
13. 대구 1988
14. 댄싱사이더
15. 더피커
16. 데일리스티치
17. 도만사
18. 도미넌트 인더스트리
19. 도시공감 협동조합 건축사사무소
20. 도아디자인
21. 독도문방구
22. 돈애스크마이플랜DAMP
23. 돌창고프로젝트
24. 동강주조
25. 동래아들막걸리
26. 동키마켓
27. 로컬멀티플라이
28. 로컬업
29. 르사봉
30. 마사나이
31. 마시즘
32. 매드맵
33. 멧앤멜
34. 문사기름집
35. 미스크스튜디오
36. 반츠
37. 배리삼릉공원
38. 뱅크크릭브루잉
39. 배러댄서프
40. 부자진
41. 브로컬리컴퍼니
42. 비로컬
43. 산노루
44. 석장리 미더리
45. 선미한과
46. 세상상회
47. 소모
48. 손끝비
49. 솔트레인
50. 송림도향
51. 스몰데이즈
52. 스트리트H
53. 슬로우슬로우담담
54. 심상
55. 써드플레이스
56. 쓰리소사이어티스 증류소
57. 씨드
58. 알맹상점
59. 예고은삼베
60. 오롯컴퍼니
61. 오르머
62. 오어츠
63. 운기석9020
64. 우연못
65. 워커비
66. 원더러스트
67. 원써드
68. 웨이브우드
69. 위크엔더스
70. 유익한상점
71. 이번주말
72. 이티씨블랭크
73. 이플릭
74. 인더로컬
75. 인스밀
76. 제로포인트트레일
77. 젤라부
78. 옛간
79. 주식회사 메뉴앳
80. 쥬스컴퍼니(10년후 그라운드)
81. 지구별가게
82. 천양P&B
83. 추추비니
84. 캐치볼
85. 커피플레이스
86. 케일
87. 코스모40
88. 코코베리
89. 큐앤리브즈
90. 팀버샵
91. 파도스튜디오
92. 파주타이포그라피배곳
93. 팜0311성주하늘목장
94. 품격사회협동조합
95. 피프틴디그리
96. 하이커하우스보보
97. 핸드픽트호텔
98. 호호히
99. 환상의숲곶자왈공원
100. 희녹

못난이 감자, 수제 맥주로의 화려한 변신

## 1. 감자아일랜드

- 강원도 춘천시 우두동
- gamjaisland.com
- 입점하지 않음
- @gamja_island
- 식품

대학에서 독어독문학과를 전공한 강원도 출신의 두 청년이 고향의 '못난이 감자'를 활용해 만든 감자맥주 브랜드. 창업 경진대회 상금을 모아 자본금을 만들고, 수백 번의 시행착오를 거쳐 감자 맥주 레시피를 개발했다. 쉽지 않은 과정이었지만, 감자의 독특한 맛을 담은 맥주를 만드는 데 성공하고 특허도 출원했다. 양조장과 맥주를 파는 공간은 춘천 우두동에 마련했는데, 9개월 동안 직접 인테리어를 했다. 2021년 5월, 시장에 출시한 맥주는 곧바로 맛을 인정받았다. 이후 2022년 1분기 매출액은 1억을 넘기며 상승세를 이어가고 있다. 감자아일랜드는 로컬 향을 입힌 맥주를 꾸준히 개발하고 있다. 강원도 감자 맥주 '포타 페일에일'에 이어, 춘천의 명물 닭갈비와 잘 어울리는 '닭갈비어', 동네 주민을 위한 '우두동 사람들'도 출시했다. 우두동 주민들에게는 맥주를 할인해주고, 수익금 일부는 지역의 보육원에 기부하며 앵커 스토어로 자리 잡고 있다. 감자아일랜드 맥주는 자체 양조장뿐만 아니라, 전국 백화점과 아울렛, 춘천 닭갈비 골목에서 만날 수 있다. 2022년 9월에는 춘천 온의동에 2호점을 열었다.

강원도 감자의 모든 것, '감자 테마파크'

## 2. 감자유원지

- 강원도 강릉시 임당동
- theroot.co.kr
- smartstore.naver.com/thehonestfarm
- @the.potato.park
- 식품

2022년 3월 강릉에 문을 연 '감자유원지'는 감자를 이용한 식문화 테마 공간이다. 농식품 스타트업 회사인 '더루트컴퍼니'와 로컬 푸드 메뉴를 개발하는 대구 '동아식당'과의 협업을 통해 메뉴의 완성도를 높였다. 감자유원지 1층에서는 로컬푸드로 만든 샐러드, 샌드위치, 감자수프 등 간단한 먹거리와 음료를 판매한다. 지하 1층 로컬 스토어에는 가공식품과 직접 큐레이션한 로컬 브랜드 상품이 자리한다. 2층은 로컬 다이닝 레스토랑으로 '메밀김밥', '감자우동', '항정살 감자솥밥' 등 강릉 특산품을 감자유원지 관점에서 새롭게 해석한 메뉴를 선보인다. 못난이 감자로 만든 감자칩 '포파칩'은 이곳을 들렀다면 꼭 사야 할 아이템으로 꼽힌다. 감자 500톤을 재배하면 그중 20%는 유통되지 못하고 폐기되어왔는데, 감자유원지는 이를 감자칩으로 가공했다. 소금, 치즈, 갈릭&버터 등 세가지 맛으로 개발해 펀딩에서 목표치를 3,000% 달성할 정도로 인기를 끌었다. 특히 '못난이 감자'를 캐릭터화해서 만든 포파칩 틴 케이스는 귀여운 감성으로 방문자들에게 인기를 끌고 있다.

문화 가치, 왕골에 꽃처럼 새기다

## 3. 강화도령 화문석

- 인천시 강화군 송해면
- hwamunsuk.com
- smartstore.naver.com/hwamunsuk
- @hwamunseok
- 공예

1,000년이 넘는 시간 동안 명맥을 이어온 화문석이지만 전통 방식으로 재배하는 왕골 재배 농가는 급격히 줄어들며 위기에 처해있다. '강화도령 화문석'은 사라져 가는 화문석의 가치를 체험과 홍보를 통해 알리고, 디자인과 기술 개발을 통해 시장을 키워나가는 로컬 업체다. 대를 이어 화문석을 만드는 박윤환 대표는 2014년 고향으로 돌아와 농업회사 법인을 만들고, 화문석 브랜드 '자리'를 만들었다. 기존 유통 과정이 화문석 판매에 집중했다면, 박 대표는 고품질의 화문석 제조, 사후 관리, 유통의 모든 과정을 표준화하는 데 힘을 쏟고 있다. 디자인 혁신을 통해 화문석의 가치를 높여가는 것도 그가 공들이는 것 중 하나다.

왕골 재배부터 화문석 제작 과정을 볼 수 있고, 체험과 카페까지 갖춘 '강화 화문석 테마파크'는 이러한 노력을 집대성한 공간이다. 방문자들이 2인 1조를 이뤄 화문석 방석을 만들 수 있는 베틀 짜기, 티매트나 코스터를 만들 수 있는 화문석 체험 프로그램 등이 인기다. 직접 방문할 수 없는 고객을 위해 강화 화문석 티 코스터, DIY 키트를 개발해 사업 영역을 확장하고 있다.

'수원 찐 토박이'가 꾸린 문화 공간

## 4. 공존공간

- 경기도 수원시 팔달구 장안동
- blog.naver.com/girin_master
- 입점하지 않음
- @coexistence_space
- 복합 문화 공간

수원 행궁동에 위치한 지역 커뮤니티 브랜드. 박승현 대표는 무려 6대에 걸쳐 수원에서 살아온 '찐' 토박이다. 그가 로컬에 관심을 갖게 된 계기는 2009년 전국 여행. 지역 축제 스태프로 참여해 지역 특성을 살린 체험 아이디어로 축제를 성공시킨 경험이 바탕이 됐다. 여행을 마치고 수원을 살기 좋은 도시로 만들기 위한 첫걸음으로 '공존공간'이라는 회사를 차렸다. 할아버지가 살던 이층집을 개조해 지하는 사무실로 운영하고, 1층은 카페, 2층은 게스트하우스로 운영했다.

이 밖에도 지역의 이야기를 모으고, 플리마켓과 지역 행사를 열고, 책을 출간하며 동네 기획사 역할을 하고 있다. 2018년에는 '수원행'이라는 사회적 협동조합 만들었다. 현재 지역 맥주, 막걸리, 전통시장 살리기, 지역 여행 상품 같은 콘텐츠를 개발해 살고 싶은 도시로 수원을 알리는데 힘을 보태고 있다. 외부인뿐만 아니라 지역 주민들이 소통하고 어울릴 수 있는 커뮤니티도 꾸렸다. 2021년에는 사옥을 오픈했다. 공존공간의 사무실, F&B 사업 팀 '팔딱'이 입점해 있다. 지역 청년을 위한 공유 오피스, 다양한 로컬 크리에이터가 운영하는 독립 가게도 함께한다.

PART 2 뉴 로컬브랜드 리뷰

로컬 호텔, '중리단길' 시대를 열다
## 5. 굿올데이즈호텔

- 부산시 중구 중앙동
- 네이버 예약: booking.naver.com/booking/3/bizes/785544
- @goodoldays_hotel
- 호텔

1990년대까지 부산의 중심지였던 중앙동은 시청 이전 후 많은 변화를 겪었다. 그곳에 남겨진 즐비한 노포와 멋진 은행나무길을 새로운 보물로 만든 곳이 로컬 호텔 '굿올데이즈호텔'이다. '중리단길'의 시작이기도 하다. 사진작가와 부산 곳곳의 아름다운 풍경을 담아 150종 이상의 엽서로 만들고, 호텔 1층은 로비를 카페로 꾸며 주민 누구라도 편히 이용할 수 있도록 오픈했다. 객실 내부에는 부산 로컬 브랜드를 가득 담았다. 객실 냉장고에 '삼진어묵' 어묵 바, '고릴라 브루잉'의 수제 맥주를 채워 넣고, 욕실에는 부산 동구 '온리원숍' 배스밤, 객실에는 부산 동구 조향 공방 '프롬마레' 디퓨저를 비치했다. 또 호텔 근처 중앙동에서 30년 이상 운영해온 노포를 소개하는 노포 소개 카드를 만들어 투숙객들에게 중앙동 여행을 제안한다.

이렇듯 굿올데이즈 호텔은 '오션뷰' 없는 원도심의 매력을 '로컬 문화'로 만든다. 웰컴 기프트로 지역 이미지를 담은 엽서와 우표를 제공하는데, 이 엽서들은 우편을 통해 또 다른 방문객들을 이곳으로 이끈다.

그래픽 스튜디오, '서핑 송정'을 담다
## 6. 그라핀

- 부산시 해운대구 송정동
- grapin.co.kr
- smartstore.naver.com/grapin
- @grapinout
- 복합 문화 공간

서핑을 좋아해 부산 송정에 아예 터를 잡은 조성익 디자이너는 디자인 스튜디오이자 카페, 쇼룸을 겸한 복합 문화 공간 '그라핀'을 오픈했다. 그라핀이라는 이름은 그래픽$^{graphic}$과 송정을 뜻하는 소나무$^{pine}$를 합친 단어다. 일을 하다가도 파도가 좋은 날이면 언제든 바다로 달려나가려는 조 대표의 '사심'이 담긴 공간. 그라핀에서는 취미와 일이 완벽히 공존한다. 바다와 서핑에서 받은 영감을 디자인을 통해 녹여낸 것. 영국 유학 시절, 그는 방학을 맞아 귀국해 부산 여행에서 서핑을 접했다. 5일간 계속 서핑을 할 정도로 서핑에 푹 빠졌다. 좋아하는 서핑을 자신의 기술과 연결해, 영국 학교에 돌아간 후 첫 과제물로 서핑을 주제로 본격적으로 일을 시작했다. 이제는 서핑을 주제로 다양한 디자인 상품과 굿즈, 의류를 만든다. 본인이 서핑을 할 때 필요한 제품도 상품으로 개발하는데, 젖은 물건을 담아도 방수가 돼서 옷이 젖지 않는 '샤카백'이다. 좋아하는 서핑을 즐기면서 자신의 디자인 역량을 발휘하는 그라핀의 목표는 송정을 찾는 방문객들에게 우연히 찾은 특별한 기쁨으로 남는 것이다.

자연과 동물을 사랑하는, 라이프스타일 브랜드
## 7. 그린블리스

- 제주도 서귀포시 표선면 세화리
- greenbliss.co.kr
- smartstore.naver.com/greenbliss
- @greenbliss7
- 라이프스타일

오가닉 소재로 만든 양말, 마스크, 의류 등에 제주를 담는 '그린블리스'는 자연과 동물의 소중함을 알리는 라이프스타일 브랜드다. 유신우 대표는 구제역 발생 당시 돼지가 살처분되었다는 뉴스를 접하고, 환경과 동물에 관심을 갖게 되었다. 자연을 보호하려는 자신의 철학을 실천하기 위해 그린블리스를 창업했다. 처음으로 내놓은 상품은 유기농 양말. 3년 이상 농약과 화학비료를 사용하지 않은 토양에서 재배한, 유전자 조작을 하지 않은 100% 유기농 코튼을 사용해 만들었다. 자신이 전하고자 하는 메시지는 일러스트로 양말 디자인에 담았다. 멸종 위기 동물인 판다, 수족관에 갇힌 벨루가, 화재로 멸종 위기에 처한 아마존 야생동물과 곶자왈, 귤, 한라산과 오름, 남방돌고래 등 제주의 자연과 동물도 담아냈다.
2022년 제주 표선에 쇼룸도 마련했다. 비건 카페와 환경 서적 중심의 독립 서점도 함께 운영한다. 제주 유기견 문제 해결을 위한 캠페인도 진행하는데, 지역 작가의 일러스트를 더한 양말을 펀딩으로 판매하고, 수익금 전액을 동물 보호 단체에 기부하는 방식이다.

강릉을 강릉답게, 글씨에 담다
## 8. 글씨당

- 강원도 강릉시 홍제동
- ksycalli.com
- 입점하지 않음
- @ksycalli
- 캘리그라피

'씀에 쓰임을 생각합니다' 글씨당은 강릉을 담은 글자와 디자인을 만들며 캘리그라피 뉴트로를 선도하는 로컬 브랜드. 글씨당 김소영 대표는 '하고 싶은 일을 하며 살고싶다'며 안정적인 회사에 사표를 던진 용감한(?) 사람이다. 그리고 자신이 가장 좋아하는 도시인 강릉에 터를 잡았다. 회사에 다니며 틈틈이 익힌 캘리그라피를 업으로 삼아, 2015년 강릉 안목 카페 2층에 캘리그라피 스튜디오를 열었다. 이후 강릉 축제에서 붓글씨로 글씨를 써주는 캘리그라피 퍼포먼스를 통해 지역 네트워크를 쌓아갔다. 2020년 강릉 홍제동에 70년 된 구옥을 리모델링해 지금의 '글씨당'을 만들었다. 글씨가 만들어지고 머무는 집이란 뜻의 '글씨당'은 공간 이름이자, 브랜드 이름이다. 김소영 대표는 강릉을 좋아하고, 강릉의 자연에 감탄한다. 그래서 지역에 도움이 되는 일은 언제든 발벗고 나선다. 지역 소상공인들을 위해 간판을 디자인하고, 지역 행사를 알리는 포스터를 디자인한다. '난설헌체', '솔방울체'와 강릉을 담은 폰트도 개발했는데, '내가 강릉이 되고, 강릉이 곧 내가 되는' 삶이 바로 그녀의 삶이 아닐까 싶다.

'깨 크리에이터' 시대를 열다
## 9. 깨 로스터리 옥희방앗간

- 강원도 원주시 행구동
- blog.naver.com/okheemill
- smartstore.naver.com/okmill
- @okhee_mill
- 식품

조부의 35년 된 정미소에 엄마의 방앗간을 옮겨온 딸이 만든 깨 볶는 공간. 모든 아이디어는 다년간 여행 잡지 에디터로 일하며, 세계 골목길을 여행해온 딸 문지연 대표의 경험에서 나왔다. 이탈리아 올리브유 콘퍼런스에 참석하면서, 올리브를 테마로 다양한 문화 콘텐츠를 창출할수 있음을 경험했다. 그리고 우리에게 익숙한 참기름, 들기름에 여러 콘텐츠를 접목했다. 할아버지의 공간에 어머니의 방앗간을 옮겨오면서 이러한 기획은 현실이 되었다. 300m 이상 산지에서 재배한 강원도 들깨는 향이 강하고 풍미가 깊다. 옥희방앗간은 강원도에서 자란 최상품 들깨만 까다롭게 골라 사용한다. 그리고 취향에따라 로스팅 정도를 고를 수 있게 했다. 시그너처 메뉴는 강원도 들깨와 크림을 넣은 '크림들깨라떼', 지역 우유로 만든 '들깨벌꿀 아이스크림'. 로컬 먹거리 큐레이션 코너와 계절별 강원도 먹거리를 배송하는 구독 서비스 '로컬 미식생활'도 운영한다.

대전 도시 여행자를 위한 로컬 콘텐츠
## 10. 다다르다

- 대전시 중구 은행동
- citytraveller.co.kr
- 입점하지 않음
- @city_traveller
- 독립 서점

'노잼 도시'라는 대전의 불명예를 '성심당'이 털어냈다면, '다다르다'는 새로운 대전의 라이프스타일을 제시하며 서로에게 연결될 수 있다는 메시지를 전달한다. 2011년 동네 주민이 동네를 안내해주는 콘셉트의 도시 여행자 카페에서 시작했다. 이는 2014년 문을 연 대전 원도심 대흥동 독립 서점 '도시여행자'로 이어졌다. 임대료로 어려움을 겪던 시절, 서점 독자들과 함께 건물을 매입해 '시민 자산화'를 진행했다. 그야말로 지역민들이 함께 키워낸 공간인 셈이다. 이곳의 시그너처는 '영수증 서점일기'다. 8cm 종이에 서점의 일상과 책에서 찾은 좋은 문장과 다다르다의 소식을 담는다. 한 달에 두세 편 정도 발행하는 서점 일기를 꾸준히 모으는 단골도 많다.
다다르다는 로컬 문화를 중요한 가치로 여기고, 지역 커뮤니티와 함께하는 콘텐츠를 만들어나간다. 도시 인문학 독서 모임에서는 한 달에 한 번 도시에 관련한 책을 읽는다. 마지막 주에는 원도심을 함께 둘러보며, 도시의 정체성과 시민이 정책에 참여할 방법을 고민한다.

로컬 매거진을 넘어 브랜드 플랫폼이 되다
## 11. 다시부산

- 부산시 영도구 대교동
- 입점하지 않음
- @dasibusan_official
- 매거진

'단양 사랑'으로 채운 문화공간
## 12. 단양노트

- 충북 단양군 단양읍 도전리
- blog.naver.com/herolsj3
- @shop_danyangnote
- 복합 문화 공간

<다시부산>은 2016년 창간한 로컬 매거진이다. 지역 작가와 부산 로컬 브랜드의 협업으로 제작된다. 일명 '부산 럭키 박스'라 부르며 '삼진어묵', '씨드', '덕화명란', '모모스커피', '대선주조'와 함께 리워드 상품을 기획했다. 부산의 숨겨진 이야기와 일러스트, 맛집을 소개하는 이 잡지는 1년에 2~3회 정기적으로 발행하는데, 2023년 현재 11호까지 나왔다.

매거진을 발행하는 것 외에도 다양한 로컬 콘텐츠를 만들고 있다. 10년간 가본 부산의 맛집 1,000여 곳 중 500여 곳의 정보를 엮은 책 <맛있는 부산>을 2022년 11월 출간했다. 부산 관광공사와 협업해 부산 관광 스타트업의 상품을 엮어 판매하는 팝업 스토어 '부산 슈퍼'를 열어 300여 종의 상품을 선보이기도 했다. MZ 세대를 타깃으로 한 '인스타그래머블 Instagramable' 한 내·외부 공간 기획으로 많은 인기를 끌어, 2021년 9월에는 시즌 1을 성공리에 마무리했다. 기업들의 요청으로 2022년 8월에는 '부산슈퍼 시즌 2'를 부산역 앞에 열었고, LCDC SEOUL에서 2주간 팝업을 진행했다.

'단양노트'는 기업에서 마케팅을 담당 하던 이승준 대표가 2019년 문을 연 독립 서점 겸 기념품 숍이다. 아버지가 운영하던 단양의 헌책방 '새한서점'을 단양 청년 창업 지원 프로그램으로 새롭게 인테리어하고, 월세를 충당했다. 직접 고른 독립 출판물, 여행 테마 책은 물론, 작가들과 협업해 직접 제작한 굿즈로 공간을 채웠다. 16명의 작가와 협업해 단양의 로컬 콘텐츠를 만들기도 했다. 이 협업 과정에는 한 가지 조건을 내세웠다. 1년에 4회 이상 단양을 방문해 작업을 진행해야 한다는 것. 교통, 숙박, 체류비를 단양노트에서 지원하는 아티스트 레지던시 방식을 택했다. 직접 그 지역에 머물면서 경험해야 진정한 콘텐츠를 만들 수 있다는 이승준 대표의 철학을 엿볼 수 있는 부분이다. 단양팔경을 상징하는 '8'을 프린트한 가방, 단양의 아름다운 관광지를 엽서에 담았다. 2022년 6월에는 '단양 로컬 크리에이터가 추천하는 진짜 로컬 여행'을 기획했다. 단양 여권을 구입한 후 지역의 45군데 가게를 이용해 도장을 받으면 '단양굿즈'를 받는 프로그램이다. 청년 네트워크 '청년협동조합'도 준비하고 있다.

잠자리에 깃든 로컬 콘텐츠
## 13. 대구 1988

- 대구시 서구 중리동
- daegu1988.co.kr
- smartstore.naver.com/daegu1988
- @daegu1988__
- 라이프스타일

'대구 1988'은 섬유 도시 대구에서 34년간 침구를 전문적으로 제조해온 '한빛침장'에서 만든 로컬 브랜드. 품질 좋은 침구는 기본, 기발한 컬래버레이션을 통해 요즘 세대의 취향을 저격하는 침구 제품을 선보이며 로컬 브랜드로서 입지를 다지고 있다.
2022년 진주햄과 협업해 선보인 '천하장사 소시지' 침구는 한마디로 '센세이션'했다. 1985년 출시된 천하장사 소시지 실물을 거의 완벽히 재현하기 위해, 실제 제품에 사용한 색상, 디자인, 폰트를 그대로 디자인에 반영한 점이 특징. 보디필로, 차렵이불, 베개 커버 등 8종 상품으로 구성했다. 온라인 편집숍 무신사에서 판매했고, 2주간 진행한 '스며들다' 기획전 메인 상품으로 소개된 바 있다.
2021년에는 약수동 맛집으로 유명한 '금돼지식당'과 협업해 디자인 침구를 선보였다. 코로나 기간 집 안에서 보내는 시간이 많아진 고객들을 위해, 편안한 잠과 재미를 주기 위한 디자인 상품들이다.
대구시가 주최한 '2022 대한민국 꿀잠페스타'에도 참여해 국내 최고급 풍기 인견을 소재로 한 여름 침구 협업 상품을 선보였다.

이것이 K-애플 사이더 맛이다
## 14. 댄싱사이더

- 충북 충주시 중앙탑면
- dancingcider.com
- smartstore.naver.com/dancingcider
- @dancingcider
- 식품

'사이더'는 사과즙으로 만든 술이다. 낮은 알코올 도수와 풍부한 사과 향으로 유럽과 미국에 마니아층이 많다. 2018년 시작한 '댄싱사이더'는 충주산 사과를 활용해 크래프트 애플 사이더를 만든다. 이대로 대표는 미국 유학 시절 친구가 만든 애플 사이더를 처음 맛봤다. 이후 다니던 회사를 그만두고 충주에 자리 잡았다. 물 좋고 맛있는 여러 과일이 나는 곳이라 술을 빚기에 더할 나위 없다고 생각해서였다.
애플 사이더 1병에는 사과 2개가 들어간다. 모두 충주 인근에서 재배한 사과를 활용한다. 우리나라 대표적인 사과 품종인 부사는 단맛이 강하고 향이 풍부해서 사이더를 만들기에 좋다. '스윗마마'가 대표 상품이고, '스윗파파'는 스윗마마에서 단맛을 줄인 상품이다. 사과 외에도 오미자, 블루베리, 배, 멜론 등 지역의 농산물을 첨가해서 사이더를 만든다. 직원의 절반 이상이 충주 주민으로 지역 경제 발전에도 이바지하고 있다.
코로나19로 온라인 판매에 주력해왔지만 앞으로는 오프라인 행사를 통해 소비자와의 접점을 늘려나갈 계획도 세우고 있다.

한국판 제로 웨이스트 라이프스타일 플랫폼
## 15. 더피커

- 서울시 성동구 성수동
- thepicker.net
- smartstore.naver.com/the_picker
- @thepicker
- 라이프스타일

2016년 성수동에 문을 연 '더피커'는 국내 1호 제로 웨이스트 편집숍이다. 2016년 오픈할 당시, '일상에서 쓰레기를 배출하지 않는 삶을 실천할 수 있도록 제로 라이프스타일 플랫폼을 공유한다'는 슬로건 아래 모든 제품 포장을 없앴다. 그 당시만 해도 '제로 웨이스트'라는 개념이 친근하지 않았던 터. 포장재를 제공하지 않는 것에 대해 '너무한다'라며 불편함을 토로하는 고객도 있었다. 그러나 요즘은 이러한 취지에 공감하는 이가 많아지면서 성수동의 명소로 자리매김했다. 폐기물 대란이 사회 문제로 대두되면서 전국적으로 늘어난 제로 웨이스트 숍은 현재 200여 개에 달한다. 지역 특성에 맞게 제로 웨이스트 문화를 실천하는 숍도 늘어나고 있다.

더피커는 최근 기업을 대상으로 제로 웨이스트 컨설팅을 하며, 모든 가게가 제로 웨이스트를 실천할 수 있도록 제로 웨이스트 기준을 만들고 있다. 소비문화 회복을 위한, 사물의 생애를 큐레이션한 '더피커 도슨트 투어'도 팬데믹 이후 다시 문을 열었고, '제로 웨이스트 생활기술 워크숍'을 통해 폐기물에 새로운 가치를 더하는 작업도 하고 있다.

제주로 물들이고, 제주를 한 땀 놓다
## 16. 데일리스티치

- 제주도 제주시 조천읍 와흘리
- smartstore.naver.com/dailystitch
- @dailystitch_jeju
- 라이프스타일

'데일리스티치'는 제주 자연의 가치를 담은 원단을 만들고, 그 원단을 이용해 패브릭 제품을 만든다. 경력 단절 여성과 지역 주민에게 전문적인 양재 교육을 진행하고, 이들과 함께 사업을 확장하고 있는 로컬 브랜드다. 서울에서 디자이너로 일하던 이민정 대표는 제주로 이주한 뒤, 아이를 키우며 자신만의 공방을 열었다. 공방을 찾는 고객중에는 아이를 낳고 경력이 단절된 여성이 많았다. 함께 의기투합해 협동조합을 만든 것이 데일리스티치의 시작이다.

이곳에서 만드는 상품은 제주 로컬 자원을 새롭게 해석한 것이 대부분이다. 제주의 대표적인 천연 염색법인 감물 염색으로 만든 갈천을 이용하는 방법도 남다르다. 동백, 수국, 메밀같이 제주를 대표하는 이미지를 갈천에 담아 의류, 모자, 패션 소품으로 만든다. 조천읍 선흘리에 위치한 데일리스티치 매장은 자체 제작한 상품과 제주 지역 작가들의 상품을 채운 기프트 숍, 누구나 재봉 작업할 수 있는 공유 공방으로 운영한다. 이곳의 특별함은 자체 교육을 통한 인재 양성에 있다. 데일리스티치공방 전문가 과정을 교육받은 수강생들이 상품을 만든다.

성수동 골목 문화를 기록해나가다
## 17. 도만사

- 서울시 성동구 성수동
- domansaseoul.org
- smartstore.naver.com/domansa
- @DOMANSA_
- 복합 문화 공간

2020년 2월 시작한 '도만사'는 '도시를 만드는 사람들'을 뜻한다. 성수동 작은 골목 광나루, 동네 이발소가 폐업한 자리에 도시 문화 공간을 마련했다. 도시를 주제로 전시, 공연, 토크, 연구 및 출판 등을 진행하는 도시 문화 플랫폼으로 행보를 이어가는 중이다.
<도만사 매거진 SS21>은 이러한 취지에서 발행한 로컬 매거진이다. 일하고, 살고, 노는 도시를 다양한 관점에서 바라보며, 도시라는 공간을 어떻게 활용하고, 어떤 가치를 보존해야 하는지 담았다. 공간 관점에서 '연무장길'의 매력을 분석하고, 후암동 프로젝트 이야기를 통해 도시를 만드는 사람들의 가치를 찾아보기도 한다. 또 성수동의 다양한 문화 공간을 연결하는 행사를 기획하고 이를 통해 성수동 커뮤니티도 형성해가고 있다. 2022년 가을에는 '성수동 가을 운동회' 행사를 기획해 성수동 9개 공간의 기획자, 예술가, 크리에이터와 함께 로컬 라이프에 대한 담론을 나눴다. 그뿐 아니라 골목 플로깅 행사를 진행하며, 지속 가능하고 깨끗한 골목 문화를 만들어가기 위해 노력 중이다.

계절을 담은 잉크 라이브러리
## 18. 도미넌트 인더스트리

- 경기도 파주시 서패동
- smartstore.naver.com/dominantink
- @dominantindustry
- 제조업

파주출판단지에는 출판사뿐 아니라 출판과 관련된 분야의 브랜드가 모여 있다. '도미넌트 인더스트리'는 파주에서 계절을 담은 잉크를 기획하고 판매한다. 자연의 색감에서 영감을 얻어 잉크를 만드는데, 잊고 지나갈 수 있는 순간을 잉크로 기록한다. 봄에는 벚꽃 빛깔을 담은 '이른 봄', 가을에는 '11월의 낙엽'같이 계절을 담은 상품을 기획한다.
오프라인 체험 공간은 '잉크 라이브러리'라 이름 붙이고, 마치 책을 모아둔 도서관처럼 잉크를 진열해두었다. 방문객을 위한 특별한 체험도 진행한다. 바로 세상에 단 하나뿐인 나만의 잉크를 만드는 것. 자신이 만든 잉크를 활용 글을 쓰고, 그림을 그리는 시간도 가질 수 있다. 자기다움을 발견하고 표현하는 과정으로, 만년필과 딥펜을 좋아하는 애호가들에게 인기가 높다. 최근에는 고체 물감 브랜드 '도화'를 출시했다. 텀블벅에서 선보인, 자연의 정령에서 영감을 얻어 만든 고체 물감 8종은 목표치 400%를 넘기기도 했다. 도미넌트 인더스트리 제품은 스마트스토어와 국내 4개 펜숍, 해외 취급점에서 구매할 수 있다.

후암동을 사랑하는 5명의 건축가
## 19. 도시공감협동조합 건축사사무소

- 서울시 용산구 후암동
- project-huam.com
- 입점하지 않음
- @dosi_0_gam
- 공간 기획

남산 자락, 고즈넉한 옛 서울 정취가 느껴지는 후암동. 그곳에는 후암동을 사랑하는 마음으로 뭉친 5명의 청년 건축가가 있다. 2014년 지역 재생과 마을 공간 만들기 등을 연구하며, 실행하기 위해 설립한 '도시공감협동조합 건축사사무소'다. 2016년 동네 주민을 위한 공유 공간 '프로젝트 후암'을 시작으로 '후암주방'을 열었다. 후암주방은 조리 환경이 제대로 갖춰지지 않은 1인 가구를 위한 공유 주방이다. 원목 테이블이 놓인 따뜻한 분위기의 공간에서 예약한 시간 동안 요리와 식사를 즐길 수 있다. 베이킹을 위해 공간을 빌리는 이도 많다. 공유 공간을 통해 이전 사용자들이 놓고 간 재료 공유도 이루어진다. 후암주방은 하루도 빠짐없이 예약이 차 있을 정도로 인기가 높다.

'후암서재'는 누구나 쓸 수 있는 공유 서재로 아늑한 분위기에서 독서를 즐기거나 일을 할 수 있다. 책꽂이에는 다양한 주제의 독립 출판물, 잡지, 베스트셀러 도서를 비치했다. 간단하게 커피를 즐길 수 있는 공간도 마련되어 있다. '후암가록'은 무료 전시 공간으로 후암동의 모습과 사람들을 담은 기록이 전시되어 있다.

MZ감성 불교도시 경주의 '굿즈'숍
## 20. 도아디자인

- 경북 경주시 북부동
- m.doadesign.co.kr
- smartstore.naver.com/doadesign
- @doa_design103_1
- 디자인용품

신라의 수도 서라벌로 1,000년간 발전한 경주는 불교의 도시다. 경주읍성 향일문 맞은편에 여느 카페나 인테리어 소품점 같은 세련된 분위기의 불교용품점 '도아디자인'이 위치한다. 소위 MZ세대인 김도아 대표가 젊은 감성으로 연출한 이 공간은 불자가 아니더라도 한 번쯤 들러보고 싶은 감각적인 소품이 가득하다. 불교미술 작가인 김 대표는 무속신앙과 구분되지 않고 어둡게 진열된 불교용품에 마음이 쓰였다.

사찰에서 불구는 소중히 다뤄지지만, 불교용품점에서 판매 전시되는 방식은 그렇지 못했기 때문이다. 그러던 중 2022년 경주시 청년 창업 지원 사업에 선정된 것이 기회가 됐다. 평소 친분이 있던 불교 예술 작가들의 작품을 소개하고, 판매하는 플랫폼으로 도아디자인을 열었다.

대량생산과 대량 소비를 방식으로 운영하는 일반 불교용품점과 달리, 불교와 전통 예술 분야의 작가들의 작품을 취급한다. 불자가 아닌, 일반인에게 많은 호응을 이끌고 있다. 앞으로는 불교문화뿐만 아니라 경주에서 출토된 문화재에서 영감을 받은 유·무형 콘텐츠를 개발해나갈 예정이다.

울릉도에서 외치는 '독도는 우리 땅'
## 21. 독도문방구

- 경상북도 울릉군 울릉읍 저동리
- www.dokdostore.kr
- blog.naver.com/dokdostation
- @dokdo_munbanggu
- 디자인용품

울릉도 저동항 여객선터미널 뒤편에는 2015년에 문을 연 '독도문방구'가 있다. 울릉도에 5대째 살아가는 김민정 대표가 서울 생활을 정리하고 고향으로 돌아와 시작한 공간이다. 그녀는 울릉도, 독도에 수학여행 온 학생들이 선물로 명이나물, 오징어를 사 가는 모습을 보고, 굿즈 숍의 필요성을 느꼈다. 지역 토박이로서 울릉도, 독도에 대한 애정으로 똘똘 뭉친 그녀는 다양한 작가들과 협업해, 독도문방구만의 굿즈를 만들어내기 위해 노력한다. 특히 페트병 10개를 재생해 만든 폐플라스틱 재활용 솜을 활용한 '독도강치' 인형이 인기 상품이다. 초등학교 2학년 교과서에 나오는 강치는 한때 독도에 수만 마리가 서식했지만, 일제강점기 무분별한 포획으로 멸종된 동물이다. 강치 인형 외에도 독도와 울릉도의 동식물, 자연을 담은 문구, 소품, 캐릭터 상품 등도 선보인다. 독도문방구의 상품은 이곳을 방문하는 외국인 관광객들에게도 인기다. 자체 인터넷 쇼핑몰에서 상품을 구입할 수 있다. 독도문방구는 제로 웨이스트, 플로깅, 원 데이 클래스 등 체험 공간으로서 프로젝트들도 계획 중이다.

스트리트 컬처, 대세가 되다
## 22. 돈애스크마이플랜(DAMP)

- 울산시 중구 성남동
- damp.co.kr
- 입점하지 않음
- @dontaskmyplan_official
- 패션

'돈애스크마이플랜$^{DAMP}$'(이하 DAMP). '내 계획을 묻지 마세요'라니, 이름만으로도 MZ 스타일의 '마이웨이'가 느껴진다. DAMP는 2011년 울산에서 문을 연 스트리트 컬처 브랜드. 전창호·박찬인 공동 대표가 창업을 결정하고, 자본금 250만 원씩을 모아 티셔츠 5종을 선보인 것이 'DAMP'의 시작이다. 시작은 소박했으나 성장세가 대단하다. 울산에서 자체 매장과 온라인 쇼핑몰을 운영하고, 영국 온라인쇼핑몰에 입점하며 해외에서도 인정받는 스트리트 브랜드로 성장했다. 최근에는 방탄소년단 멤버 정국이 입은 티셔츠 덕분에 해외 주문도 크게 늘었다. 울산에서 나고 자란 두 대표의 지역 사랑은 남다르다. 울산대학교와 협약을 맺어 학생들의 디자인을 활용한 상품을 출시하는 등 후배 양성에도 공을 들이고 있다. DAMP의 다음 목표는 문화 사업이다. 울산에서 인디 필름과 음악, 스케이트보드 등 고유한 라이프스타일을 응원하는 문화를 만들어나가는 것이 DAMP의 비전. 의류 판매 수익금을 독립 영화와 익스트림 스포츠 등에 후원하며 스트리트 문화를 알리기 위해 꾸준히 노력해온 것도 이러한 비전과 맞닿아 있다.

보물 창고가 된 돌창고
## 23. 돌창고프로젝트

- 경남 남해군 서면 대정리
- smartstore.naver.com/dolchanggoproject
- @dolchanggo_project
- 복합 문화 공간

남해에는 '돌 창고'라 불리는 고유의 특별한 건축물이 있다. 1920년대 비료 등을 보관하던 석조 창고는 이제 크리에이터들의 손을 거쳐 '힙'한 문화 공간으로 탈바꿈했다. 근대문화유산으로 지정돼 그저 자리를 지키던 돌창고가 '보물' 창고가 된 셈이다. '돌창고프로젝트'는 로컬에서 뿌리를 내리고자 하는 청년들을 위한 문화 인프라 구축 차원에서 시작되었다. 김영호 도예가와 최승용 문화 기획자가 합심해서 2016년 첫 선을 보인지 7년차를 맞았다. 벌써 여러 돌창고들이 그 가치를 높여가고 있는 중이다. 돌창고는 역사적 가치가 있는 부분은 남기고, 필요한 부분은 재생해 개성 있는 공간으로 거듭났다. 창작자에게 작품을 전시할 기회와 공간을 제공하고, 방문객들에게는 문화를 접할 기회를 주기 위해 다양한 공동체와 협업을 진행한다. 이러한 노력이 더해져 매달 2,000명이 찾는 남해 대표 명소로 이름을 올리고 있다. 전시회, 음악 공연, 영화 상영, 콘서트 등 문화 행사를 꾸준히 진행하는 것도 이러한 노력의 일환이다. 청년 창업가를 육성하기 위한 프로젝트도 진행 중이다.

맥주 브루 마스터, 막걸리에 고향을 담다
## 24. 동강주조

- 강원도 영월군 영월읍 덕포리
- eastriverbrewery.com
- smartstore.naver.com/eastriverbrewery
- @eastriver_brewery
- 식품

강원도 영월 '동강주조'는 막걸리 입문자도 부담 없이 즐길 수 있는 스파클링 막걸리 '어떨결에'를 론칭하며 막걸리 시장에 발을 들였다. 반도체 엔지니어로 근무하던 방용준 대표는 영국과 독일 맥주 문화에서 감명을 받고 발효와 주조에 대한 관심을 갖게 됐다. 이후 방통대 농업학과에 편입해 지식을 쌓고, 맥주 브루어리에서 일하며 브루마스터로서 실무를 익힌 뒤 20년 만에 고향으로 돌아와 영월 쌀 막걸리로 동강주조를 오픈했다. 그동안 쌓아온 맥주 양조 경험을 살려 막걸리에 라거 공법을 도입해, 청량감을 살리고 향긋함을 더한 막걸리를 만든 것이다. 동강주조의 막걸리 '얼떨결에'는 오직 영월 쌀과 누룩, 물로만 빚었다. 풍부한 맛을 내기 위해 쌀 함량을 40%로 늘렸다. 소비자는 이 맛에 반응했고, 이제는 월 1만 병이 팔리는 스테디셀러 막걸리가 되었다. 막걸리 종류는 세 가지. 얼떨결에 민트, 얼떨결에 퍼플, 얼떨결에 옐로 모두 영월에서 자란 농산물로 빚는다. 앞으로 영월을 담은 주류 제품을 강화할 예정이다.

술에 바친 청춘, 그리고 막걸리
## 25. 동래아들막걸리

- 부산시 동래구 사직동
- gidarim.co.kr
- smartstore.naver.com/gidarim34
- @brewery_gidarim
- 식품

부산 동래구 사직동 한적한 주택가에 '뜬금없이' 3층짜리 막걸리 양조장이 위치한다. 동래 토박이 조태영 대표가 살던 동네에 차린 '동래아들막걸리'가 바로 그것. 조 대표는 2001년 바텐더로 주류업계에 입문한 후 일본 도요대학에서 전문적으로 와인을 공부하고 긴자 미슐랭 레스토랑에서 일하며 전문 기술을 쌓았다. 파리 보르도 양조장에서 3년간 양조법도 배웠다. 이후 대학원에서 양조학을 배우며 발효 원리를 익히고, 배운 기술로 '우리 술'을 만들어보기로 결심했다. 그렇게 자리 잡은 곳은 고향인 부산 사직동. 도심에 있는 양조장은 전례가 없다는 이유로 허가받는 데 1년이란 시간이 필요했다. 힘겹게 양조장을 열고 처음으로 만든 막걸리가 '기다림34'. 100일간의 숙성 기간을 위한 '기다림'과 술을 만들 당시 조 대표 나이인 '34'와 부산을 상징하는 동백을 라벨에 넣었다. '라이스 와인'이란 이름으로 후쿠오카 주점을 일일이 방문해 일본에서 먼저 판로를 개척했다. 전통주 시장의 한계를 극복하고자 시판 막걸리와 전통주 중간쯤으로 포지셔닝 했다. 동래아들막걸리는 2022년 전통주 부문 대상을 받으며 주류 시장에서도 인정받고 있다.

로컬 커머스, 동네를 키워가다
## 26. 동키마켓

- 경기도 시흥시 장현동
- 입점하지 않음
- @donkeymarket
- 로컬 커머스

2021년 중소기업벤처부와 소상공인시장진흥공단이 '동네단위 유통채널 구축 시범 사업' 공고를 냈다. 지역 경제 활성화를 위해 소상공인, 동네 가게, 소비자를 연계해 새로운 유통 체계를 만들어보자는 취지에서다. 공모 결과 시흥시가 선정되었고 '동네단위 유통채널 구축 사업'이라는 딱딱한(?) 사업명 대신 '동네를 키우는 마켓'을 뜻하는 '동키마켓'이라는 이름을 갖게 됐다. '우리가 사는 곳, 우리가 사는 것, 곧 동네가 되다'라는 슬로건 아래 지역 물건을 사게 하기 위한 사업을 전개한다. 동키마켓은 지역 생산자와 소비자를 오프라인 매장과 앱을 통해 연결하고, 지역 화폐로 결제하는 편리성과 할인 혜택까지 주는 동네 단위 서비스 플랫폼이다. 시흥 지역에서 9개의 오프라인 동키마켓 모델 숍을 운영한다. 지역 생산자들이 더욱 편리하게 상품을 판매할 수 있도록 생산자를 위한 공동 패키지 제작도 지원한다. 햇토미(시흥시 쌀 브랜드)쌀로 만든 식혜, 동키마켓 수제 맥주 등 다양한 PB 상품도 개발했다. SNS를 운영하고 온라인 플랫폼 모바일 앱을 개발해 지역 생산자를 위한 네트워크도 공고히 하고 있다.

청년 크리에이터를 위한 성장 플랫폼
## 27. 로컬멀티플라이

- 경기도 화성시 진안동
- localmultiply.com
- 입점하지 않음
- @local.multiply
- 콘텐츠 기획

'당신과 로컬을 연결합니다'라는 비전으로 운영하는 '로컬멀티플라이'는 화성시에 위치한 로컬 기획사다. 로컬멀티플라이는 청년들이 지역성을 바탕으로 로컬 크리에이터로 성장할 수 있도록 교육 프로그램을 지원하고, 지역에서 활동하는 로컬 크리에이터를 위한 네트워크를 제공한다.
김미애 대표는 문화 예술 단체 '앙상블온'을 이끌어온 문화기획자. 지역에서 민간 문화 예술 단체를 운영하며 지역만의 고유한 문화에 관심을 갖게 됐다. 그리고 지역에 필요한 문화 콘텐츠를 제작하는 활동을 해왔다. 그런 과정 중에 지속적인 지역재생을 위해서 지역의 창작자, 소상공인, 로컬 크리에이터가 함께하는 로컬 플랫폼의 필요성을 깨닫게 되었다. 2020년 예비 사회적 기업 로컬멀티플라이를 창립, 화성시 문화와 지역 자원을 다양한 유·무형 콘텐츠로 제작하고 있다. 2022년 7월 운영된 '로컬브릿지화성'에서는 로컬 창업 기획 기초 과정을 제공했다. 단순히 교육에 그치는 것이 아니라 컨설팅 등 후속 지원도 받을 수 있도록 하고 있다.

전남 대표 미디어 콘텐츠 그룹
## 28. 로컬업

- 전남 화순군 화순읍 교리
- localup.kr
- blog.naver.com/localup
- @localup_official
- 콘텐츠 기획

'로컬업'은 전남 화순에서 로컬 크리에이터 양성 교육을 하고, 매거진과 책, 영상을 만드는 콘텐츠 그룹이다. 방송작가, 라디오 PD 경력이 있는 김진희 대표는 2019년 9월 로컬업을 시작해 같은 해 10월 청년 로컬 크리에이터들에게 필요한 정보를 제공하는 <로컬업> 매거진을 창간했다. 창간호에서 서울, 부산, 제주에서 활동하는 다양한 로컬 매거진을 소개하고, 매거진을 발행하는 데 필요한 정보를 담았다. <로컬업> 2호에서는 네이버, 구글, 쿠팡 등 콘텐츠 크리에이터를 위한 온라인 플랫폼을 소개했다. 이 밖에도 전남에서 활동하는 청년들의 이야기를 담은 매거진 <J-Uth(제이유스)> 등을 발행했다. 단행본 <지속가능한 마을을 만드는 5가지 키워드>에서는 귀촌에 필요한 실용적인 정보를 담았다. 전남 화순 5개 마을에서 찾은 '지속 가능한 마을을 만드는 노하우'도 함께 엮었다. 2021년에는 로컬 콘텐츠 큐레이터 교육을 본격적으로 진행했다. 1기 '청년 유튜브 크리에이터'를 시작으로 2기 '청년 로컬 매거진 크리에이터', 3기 '청년 문화기획 크리에이터', 4기 '소상공인과 시니어를 위한 크리에이터' 과정을 진행했다.

춘천 특산품으로 만든 천연 비누
## 29. 르사봉

- 강원도 춘천시 요선동
- smartstore.naver.com/lesavon
- @le._.savon
- 라이프스타일

춘천시 요선동에 자리한 비누 공방 '르사봉'. 르사봉은 프랑스어로 비누를 의미한다. 비누의 기원이 프랑스라는 데서 착안해 공방 이름을 지은 정진희 대표. 어떠한 수식도 없이 그저 '비누'라는 이름을 붙인 것은 본연의 역할에 충실한 제품을 만들겠다는 의지를 담은 것이기도 하다. 강원도 토박이인 정 대표는 미생물을 연구하는 연구원이었다. 1년 넘게 알레르기로 고생하다, 의사의 권유로 보디 제품을 천연 성분으로 만든 것으로 바꿨다. 제품을 바꾼 후 증세가 완화되었고 본인이 경험한 것을 바탕으로 천연 화장품을 직접 만들어 사용하기 시작했다. 이러한 경험은 창업으로 이어졌다.
르사봉에서 만드는 비누는 춘천 로컬 재료를 사용해 더욱 특별하다. 아침 세안용 비누 '본마땅'은 춘천 두뇌밀에서 자란 순메밀을 이용해 만들었다. 춘천 양조장 막걸리를 제공받아 정제수 대신 사용하고, 술지게미를 넣어 만든 '르뷰흐' 비누도 선보인다. 일반 비누와 달리 경화제, 방부제(산화 방지제), 화학 계면활성제를 넣지 않고 100% 생분해되는 천연 숙성 비누만 생산한다.

마~ 이게 마산 패션이다!
## 30. 마사나이

- 경남 창원시 의창구 북면 마산리
- masanaiworks.com
- smartstore.naver.com/masanai
- @masanai_works
- 패션

1970년대만 해도 마산은 전국 7대 도시로 꼽힐 정도로 규모가 컸다. 1990년대 마산수출자유지역은 근로자들로 북적거렸다. 하지만 이제 마산은 창원시에 통합되어 창원시 마산합포·회원구가 되었다. 마산 사나이들이 화려했던 과거의 마산을 추억하며 패션 브랜드를 일궜다. '마사나이'가 바로 그것. 이들은 마산에서 태어나 함께 어린 시절을 보낸 친구들로 각자 영국, 미국, 부산에 살다 고향으로 돌아왔다. 그리고 의기투합해 마산 문화를 녹여낸 패션 브랜드를 만들어 보기로 한다. 이들은 태어나고 자랐지만 제대로 알지 못했던 마산의 역사, 문화부터 공부했다. 이러한 노력과 애정은 제품에 그대로 담겨 있다. 마사나이 브랜드 로고는 마산 대표 새였던 괭이 갈매기와 1970년대 산업 개발의 주역인 여공이 '3.15의거'를 상징하는 깃발을 든 모습을 담고 있다. 마사나이는 아귀 모자, 괭이 갈매기 티셔츠, 마산 연필과 라이터, 소화기, 유리컵 등 마산의 특산물과 마산의 언어가 담긴 물건 10여 종을 선보인다. 2022년 3월에는 서울 신사동 가로수길에 팝업 스토어를 열어 많은 이의 이목을 끌었다.

'튀는' 아이디어, 새로운 음료 플랫폼을 열다
## 31. 마시즘

- 전북 전주시 호성동
- masism.kr
- 입점하지 않음
- @masism.kr
- 식품

'마시즘'은 전주에 기반을 둔 로컬 미디어 스타트업체. 전북대 신문방송학과 강준만 명예교수 제자로 구성된 팀원들로, 모두 같은 대학 선후배 사이다. 많고 많은 콘텐츠 중 이들은 어쩌다 '마시는 것'에 꽂혔을까. 시작은 전북대 앞에 있는 독립 서점 '북스포즈'였다. 로컬 커뮤니티를 만들고자 독립 서점을 열었고, 그곳에서 '마시는 것'에 대한 공론을 시작했다. 음료에 담긴 이야기를 책으로 엮었다. 단행본 <마시는 즐거움>을 출간하기도 했다. '저런 주제로 무슨 미디어를 한다는 거냐'라는 주변의 우려는 격려로 바뀌었다. '정체성'으로 승부를 건 '튀는' 그들의 행보는 '요즘 것'들의 눈길과 입맛을 사로잡았다.
마시즘 유튜브 구독자는 약 5만 명. '1분 만에 바나나맛 우유 만드는 법'은 조회 수 250만 회, '포도봉봉 건더기 다 먹는 법'은 조회 수 154만 회를 기록할 정도로 인기다. 2021년에는 롯데칠성음료와 협업해 동치미 베이스 음료인 '미치동'을 출시했다. 음료 학교를 운영하며 대학생 팀의 숭늉 음료수 아이디어를 '흑미숭늉차 까눙'으로 만들어, 출시 5개월 만에 매출 10억원을 달성하기도 했다.

로컬의 로컬에 의한, 로컬을 위한 지도 공유 플랫폼
## 32. 매드맵

- 서울시 은평구 응암동
- madmap.co.kr
- smartstore.naver.com/madmap
- @madmap_official, @madmap_design
- 디자인 스튜디오

'우리 동네는 내가 제일 잘 안다'라는 모토로 운영하는 '매드맵'. 지도라고 하면 대략적인 정보를 담은 이미지가 떠오르는 게 일반적이지만, 매드맵의 경우는 다르다. 매드맵은 동네 이야기를 가장 자세하게 담는 지도 만들기를 지향한다. 매드맵은 다양한 지역에서 지도 만들기 워크숍을 기획하고 진행하며, 관련 굿즈를 디자인하는 스튜디오다. 매드맵을 창업한 박예솔 대표는 학부 졸업논문 주제였던 '런던의 버스맵'에서 아이디어를 착안했다. '이 버스맵을 서울에 적용해보면 어떨까' 하는 생각에서 프로젝트를 시작했다. 서울 버스 정류장 몇 곳을 버스맵으로 '리디자인'했다. 마을 지도를 지역 주민과 워크숍 형태로 작업해 나가는 일도 진행했다. 정부 창업 지원 사업의 도움을 받아 개인 비용으로 테스트하기 어려운 부분을 샘플링하며 작업물의 퀄리티를 높여갔다. 매드맵의 시그니처는 마을지도 아카이빙archiving 웹사이트. 매드맵 워크숍 참가자들이 만든 지도가 웹사이트에 쌓이면서 점점 더 뜻깊은 성과물이 되어가고 있다.

인도네시아 '사롱', 한국을 디자인하다
# 33. 멧앤멜

- 서울시 용산구 보광동
- mattandmel.co.kr
- smartstore.naver.com/mattandmel
- 라이프스타일

직접 만드는 비건 버터
# 34. 문사기름집

- 제주도 제주시 애월읍 애월리
- 입점하지 않음
- @moonsa.jeju
- 식품

동남아 여행 중 사원을 방문해본 사람이라면 '사롱'을 걸쳐본 경험이 있을 것이다. 형형색색 화려한 색감의 사롱은 처음 마주할 때는 낯설지만, 시간이 지날수록 휘뚜루마뚜루 걸치기 좋아 쓸모가 많다. 서핑을 위해 발리를 찾았다 우연히 사롱의 매력에 빠진 '멧앤멜' 대표 홍종수·송리영 부부. 사롱은 인도네시아와 말레이시아 등지에서 널리 착용하는 민속 의상으로 너비가 1m, 길이가 2m 정도 된다. 용도에 따라 피크닉 매트, 테이블 커버, 커튼, 원피스, 가방 등 다양하게 활용할 수 있다. 여행을 편하고 아름답게 만들어준 사롱을 한국에 널리 알리기 위해 두 대표는 한국적인 디자인과 색감으로 디자인을 변형했다. 패턴과 무늬도 햇살, 정원, 별, 파도 같은 보편적인 콘텐츠로 녹여낸 것. 제주의 자연에서 영감을 받아 로컬 특색을 담은 작업도 진행 중이다. '제주 시트러스, 오렌지 사롱'에는 싱그러운 감귤 패턴을 가득 넣었다. '제주 산방산 사롱'에는 우뚝 솟은 사계리 산방산과 단산을 표현한 패턴을 담았다. 자연에서 영감을 얻은 디자인을 만들고, 지속 가능한 패브릭 브랜드가 되는 것이 멧앤멜의 목표다.

환경을 생각하는 소비자가 많아지면서 로컬에도 비건 문화가 확산되고 있다. 제주 애월읍에는 수제 비건 버터를 만드는 '문사기름집'이 있다. 국내 최초로 식품 제조업 허가를 받은 비건 버터 공장으로 제주 로컬 식재료로 제품을 만든다. 송현애 대표는 유제품, 견과류 알레르기가 있어 버터를 마음 편히 먹지 못했다. 자신이 먹을 비건 버터를 만들기 위해 시행착오를 거듭하다 마침내 자신만의 레시피를 완성했다. 직접 만든 버터를 먹어본 주변의 긍정적 반응에 힘입어 한살림 '담을장 플리마켓'에 처음으로 비건 버터를 선보였다. 제품은 완판으로 이어졌다. 그 후 2년 동안 제품을 연구하고 시식과 품평을 통해 레시피 수정을 거쳤다. 그런 문사기름집을 오픈했다. 대표 상품인 '제주 비건 버터벗'은 공정 무역 유기농 생캐슈너트과 제주 봉개동에서 생산한 '타이거넛츠'를 이용한다. 유기농 코코넛 오일, 제주 용암수, 유산균을 넣은 발효 버터는 제주 옹기에서 발효시킨다. 특히 타이거넛츠는 직접 생산지에 찾아가 수확에도 참여한다. 제주 전역 한살림 매장과 서울, 대구의 제로 웨이스트 숍에서 이곳 제품을 구입할 수 있다.

전통문화의 재해석
## 35. 미스크스튜디오

- 서울시 성동구 성수동
- misc.kr
- 입점하지 않음
- @misc.kr
- 디자인 스튜디오

'미스크스튜디오'는 아티스트와 디자이너가 함께하는 디자인 스튜디오다. 제품, 가구, 공간 연출, 그래픽, 퍼포먼스 등 사람들에게 새로운 영감을 줄 수 있는 오브제와 공간을 만든다. 미스크는 수필을 의미하는 영 단어 'Miscellany'의 약자다. 나다움을 자유롭게 표현하고, 다양한 삶을 다루는 수필의 의미를 미스크 스튜디오에 담고자 했다.
미스크스튜디오는 2021년 한국 전통문화를 현대적으로 해석한 가구 디자인을 선보였다. '서울반 사이드 테이블'은 한국의 대표적인 가구인 소반을 사이드 테이블로 재해석했다. 전통 농기구 '지게'에서 영감 받아 현대적으로 해석한 라운지 체어 '클라시커 KLASSIKER 체어'도 있다. 지게의 구조를 살려 무게를 효율적으로 지탱할 수 있도록 고안했다. 미스크 스튜디오는 한국공예·디자인 문화진흥원이 2020년부터 시행 중인 '전통문화 청년 창업육성 지원 사업'에 선정된 곳이기도 하다. 배윤주 대표는 다른 분야의 브랜드, 크리에이터와 협업해 다양한 소재를 활용한 제품 개발을 계획 중이라고 전했다.

세련된 '부산 싸나이' 패션의 완성
## 36. 반츠

- 부산시 진구 전포동
- bants.co.kr
- 입점하지 않음
- @bants_official
- 패션

'반츠'는 2015년 부산에서 전포동에서 문을 연 남성 패션 브랜드다. 다양한 체형의 남성이 멋스럽게 입을 수 있는 바지를 만들고자 기존 기성복과 달리 넉넉하지만 멋스러운 디자인을 제안한다. 팬츠에서 시작해 토털 브랜드로 성장했으며, 좋은 원단으로 자연스러운 실루엣을 담은 남성복을 만들고 있다. 이곳이 특별한 이유는 티셔츠에 '부산 시티 *Busan City*' 같은 지명을 넣고 새우 과자를 입에 문 갈매기를 캐릭터로 옷에 새기는 등 스스로 부산 브랜드임을 내세운다는 데 있다. 팝업 스토어 방식으로 운영하다가 2022년 4월 부산 전포동에 첫 공식 매장을 오픈했다. 2022년 10월에는 여성복 브랜드 '올드페이보릿'을 선보였다. 여성복 분야에서도 일상에서 편안하게 입을 수 있는 스타일을 추구한다.
지난 12월에는 '반츠 스타일링 클래스'를 열어 누구나 따라 입을 수 있지만 많은 사람에게 인정받을 수 있는 반츠만의 스타일링을 배워보는 기회도 마련했다.

황리단길 초입, 발걸음을 멈추게 하는 '예쁨'
## 37. 배리삼릉공원

- 경북 경주시 황남동
- smartstore.naver.com/baeri3park_
- @baeri3park_
- 디자인 소품

알록달록한 건물이 이어지는 황리단길. 그 초입에 위치한 투박한 외관의 '배리삼릉공원'에 오히려 눈길이 간다. '경주 선물 가게'라는 담백한 가게 소개도 유난스럽지 않은 주인장들의 정서가 담긴듯 하다. 경주 쌍봉총과 천마총이 보이는 곳에 자리한 배리삼릉공원은 스스로 '경주를 닮은 물건을 소개하는 기념품 숍'이라고 설명한다. 이형진 대표는 소나무와 어우러진 '배리삼릉(신라 아달라왕, 신덕왕, 경명왕의 삼릉)'을 사진으로 접하고 반했고, 그곳의 이름을 담은 가게를 열었다. 시작은 첨성대 모양 향초를 만드는 공방이었다. 공간을 운영하며 알게 된 지역 작가들의 작품을 공방에 전시하며 배리삼릉공원으로 이어졌다. 상품은 자체 제작하기도 하고, 지역 작가들과 협업해서 만든다. 전체 상품의 절반은 경주 지역 작가 작품으로 구성했다. 전주 한지 작가에게 의뢰해 경주 유적지를 디자인한 '한지 드림캐처'를 만들기도 했다. 2022년 4월에는 경주에서 나는 아카시아꿀, 달걀을 재료로 한 프랑스 디저트 '누가'를 선보였다. 앞으로도 배리삼릉공원만의 로컬 상품을 개발해 나갈 예정이다.

직접 재배한 홉으로 완성한 '한국산' 수제 맥주
## 38. 뱅크크릭브루잉

- 충북 제천시 봉양읍 삼거리
- bankcreek.co.kr
- 입점하지 않음
- 식품

'뱅크크릭브루잉'는 충북 제천에 자리한 수제 맥주 브루어리다. 맥주에 '꽂힌' 홍성태 대표는 수제 맥주를 직접 만들기 위해 미국과 벨기에 등 해외 양조장을 4년간 돌아다니며 양조 기술을 배웠다. 그리고 산 좋고 물 좋은 제천에 자리 잡은 후, 2015년 뱅크크릭브루잉을 설립했다. 뱅크bank는 '제방'을, 크릭creek은 '천(川)'을 뜻하는데, 제천을 영어로 해석한 이름이다. 맥주 브랜드 '솔티'는 충북 제천시 봉양읍에 위치한 솔티마을에서 이름을 따왔다. 그중에서 '솔티 8'이 시그니처 맥주. 항일 투쟁 당시 제천에서 활약한 류인석 장군의 '팔(8)도에 고하노라'에 착안, 도수 8도의 독한 맥주를 만들고, 이름에 숫자 8을 붙였다. 수도원 맥주인 '배론 에일'은 제천에 있는 천주교 배론 성지에서 이름 땄다. '한국산 맥주'라는 정체성을 위해 원료인 홉을 직접 재배하고 가공한다.

솔티 맥주는 두 번 증류하는 이양주이기 때문에, 캔이 아닌 병에만 담는다. 제천시 중앙시장에 솔티 펍도 운영한다. 펍에서는 주류만 주문이 가능하고, 안주는 지역 시장에서 공수해서 먹을 수 있다. 지역과 상생하기 위해서다.

서핑 마니아가 직접 만든 서핑용품의 세계
## 39. 배러댄서프

- 제주도 제주시 이도이동
- betterthansurf.com
- 입점하지 않음
- @betterthansurf
- 레저용품

'배러댄서프'는 제주에 거주하는 두 서퍼가 만든 서핑용품 브랜드다. 서핑을 즐기는 사람이라면 누구나 들어봤을 이름이다. 서핑을 좋아해, 제주에 본사를 두고 있는 로컬 브랜드로 '제주'와 '서핑'을 이미지로 담아내는 제품으로 유명하다. 서프보드, 웨트슈트 같은 서핑용품과 의류, 캠핑용품, 홈웨어까지 다루며 제품 스펙트럼을 넓혀가고 있는 중이다. 로컬 숍들과 협업해 새로운 제품을 개발하고, 기존 상품을 리브랜딩 함으로써 제주 문화와 자연에 대한 책임을 다하고자 한다. 지역 마을회, 새마을회, 제주에서 활동하는 서퍼들과 함께 '비치 클린' 이벤트도 진행하고 있다. 제주 청정 자연을 지키고 마케팅도 겸하는 '똘똘한' 프로젝트인 셈. 제주에서 느낄 수 있는가치와 휴식을 담은 제주 에디션도 출시했다. 제주 항구 모슬포와 동쪽 다랑쉬오름에서 영감을 받아 만든 '모슬Mosule'과 과 '다랑쉬Darancie' 라인이 그것. 다양한 기업과 컬래버레이션도 진행한다. '마이크로소프트'와 함께 친환경 제품으로 구성한 '워크앤클린세트'를 개발했고, 현대백화점과 협업해 판교점에서 팝업 스토어를 열고 NFT도 발행했다.

한국산 진(Gin), 세계에 통(通)하다
## 40. 부자진

- 경기도 양평군 강하면 운심리
- bujagin.com
- smartstore.naver.com/bujagin
- @bujagin
- 식품

'부자진'은 '부자(父子)'가 만든 '진gin'을 의미한다. 경기도 양평에서 유기농 허브 농장을 운영하는 아버지와 영국, 싱가포르에서 증류 기술을 익힌 아들이 함께 만들어낸 진gin 브랜드다. 아들인 조동일 대표는 영국에서 공부하고, 해외 금융 기관에서 일하다가 진의 세계에 눈을 떴다. 우리나라에서 진은 익숙한 술은 아니었지만, 해외 시장을 염두에 두고 사업을 시작했다. 그리고 2020년 4월, '시그너처 진'을 처음 세상에 선보였다. 진은 이전까지만 해도 노년층이 즐겨 마시는 술로 알려져 있었다. 하지만 1999년 스코틀랜드의 핸드릭스 진 출시 이후 '힙'한 술로 변신했다. 이후 일본, 중국, 태국 등 아시아 지역에서도 진이 나오기 시작했다. 부자진은 이러한 움직임을 감지하고, '한국산 진'의 가능성을 긍정적으로 판단했다. 부자진은 2021년 영국 'THE GIN MASTERS'에서 금메달을 수상하고, 2022년 홍콩 'CWSA'에서 금메달을 받으며 세계에서 가치를 인정받고 있다. 15가지 국산 유기농 재료로 만든 시그니처 진 등 6종류의 '부자진 서울' 상품도 출시했다. 부산, 제주 등 로컬 재료를 담은 지역 대표 진을 만들겠다는 계획도 있다.

못난이 식재료의 재발견
## 41. 브로컬리컴퍼니

- 서울시 강남구 역삼동
- owndo.kr
- smartstore.naver.com/blocally
- @owndo_official
- 라이프스타일

'브로컬리컴퍼니'는 전남 화순 구절초로 만든 화장품 '온도'와 비품 농산물을 가공해 식품과 화장품을 만드는 '어글리시크'를 운영한다. 브로컬리는 '브랜드$^{brand}$'와 '로컬리$^{locally}$'의 뜻을 담은 합성어. 지역과 상생하는 로컬 브랜드로 성장해 나가는 것을 목표로 창업한 김지영 대표의 마음을 담아 네이밍했다. 우연히 이 마을을 여행하다 유난히 맑은 마을 사람들의 피부를 보며 이곳 구절초에 관심을 갖게 됐다는 김 대표. 피부 진정과 아토피 개선 효과가 있어 화장품 원료가 될 수 있다는 것을 알고 구절초를 듬뿍 넣은 비건 화장품 라인을 구축했다. 친환경으로 재배하는 유기농산물의 3/1은 너무 크거나 작아서 상품 가치가 없는 '비품'으로 분류된다. 이런 비품 농산물의 가치를 높이기 위해 '어글리시크'라는 비건 라이프스타일 브랜드도 론칭했다. 브랜드 스토리, 디자인을 현대적으로 녹여내 글로벌하게 전달될 수 있는 정체성을 구축하는 데 힘을 쏟았다. 지역을 찾아 다니면서, 로컬 자원을 발굴하고 재료를 추출해 완제품을 만든다. 로컬의 숨겨진 자원을 찾고, 새로운 가치를 더해 상품으로 개발하는 로컬 큐레이션 커머스로 성장해 나가는 것이 목표다.

로컬 비즈니스의 A to Z
## 42. 비로컬

- 서울시 서초구 방배동
- belocal.kr
- 입점하지 않음
- @belocal_official
- 로컬 비즈니스 플랫폼

'하고 싶은 일을, 살고 싶은 곳에서 할 수 있도록 돕는다'. 2019년 5월 시작한 로컬 커넥트 스타트업체인 '비로컬'이 내건 목표다. 비로컬은 성장성 있는 크리에이터를 발굴해 새로운 로컬 브랜드 가치를 쌓아가고자 한다. 또 로컬 브랜드와 크리에이터를 연결해 커뮤니티를 만들고, 다양한 라이프스타일 담은 콘텐츠를 기획하고, 기록한다. 로컬 비즈니스의 A부터 Z까지 함께하는 것이 김혁주 대표가 전한 비로컬의 존재 이유다. 비로컬이 하는 일은 방대하다. 미디어 홍보, 크리에이터 성장 교육, 로컬 비즈니스 활성화를 위한 행사를 기획하고 진행한다. 로컬 비즈니스 전문가 연계를 통한 자문과 컨설팅, IT 플랫폼 서비스도 제공한다. 어느 것 하나 허투루 넘길 수 없는 중요한 부분이다. 온라인 플랫폼을 통해 변화하는 로컬 콘텐츠를 담고, 오프라인 플랫폼을 통해 크리에이터를 위한 만남의 장을 제공한다. 사람과 지역을 연결한 플랫폼으로 지역 활성화를 위한 인프라 환경을 만든다. 펀딩과 투자를 통해 로컬과 로컬 크리에이터를 연결하는 사업을 진행할 계획도 세우고 있다.

무궁무진한 제주 녹차의 가치
## 43. 산노루

- 제주도 제주시 한경면 조수리
- sannolu.co.kr
- smartstore.naver.com/sannolu
- 식품

'산노루'는 제주 중소형 농가와의 협업을 통해 고품질 소량의 녹차를 수급, 소비자에게 공급하는 F&B 브랜드다. 제주시 한경면 조수리에 위치한 산노루 본점에서는 녹차를 활용한 다양한 음료를 즐길 수 있다. 서울 강남 한복판 삼성동에 '산노루 삼성점'도 운영한다. 녹차를 테마로 한 공간이니만큼 '자연미'가 넘칠 것이라는 예상과는 달리(?) 산노루 삼성점은 모던한 인테리어를 자랑한다. 반투명 아크릴 테이블과 의자, 금속 오브제가 감각적인 느낌을 더한다. 내부와 외부가 이어지는 곳에 얕은 물을 담아놓은 공간이 있다. 녹차 한잔 마시며 '물멍'을 즐기기에 더할 나위 없다. 제주에서 생산되는 녹차, 홍차, 말차 외에도 호지차, 옥로차 같은 차 제품과 다도에 필요한 제품을 판매한다. 찻잎으로는 사용하지 않는 차나무 아랫잎을 활용한 '산노루 수딩 바디오일', 녹차 추춧물을 활용한 토너, 비누, 보습 제품도 구입할 수 있다. 앞으로 중소형 다원과 협업해 제품 기획, 마케팅, 유통을 통합한 시스템을 갖추어나갈 계획이다. 다양한 크리에이터와의 협업을 통해 제주 녹차를 원료로 한 상품 다각화도 기획 중이다.

술에 꿀을 더하다
## 44. 석장리 미더리

- 충남 공주시 석장리동
- 입점하지 않음
- @seokjangrimeadery
- 식품

벌꿀로 만든 술인 '미드'는 인류 최초의 술로 불린다. 고대 바이킹이 즐겨 마시던 술로 북유럽이 대표적인 생산지로 꼽힌다. 꿀로 만든 술을 만드는 양조장은 '미더리 $^{meadery}$'라 불린다.

충남 공주시 석장리에 '한국판 미드'를 만드는 '석장리 미더리'가 있다. 이재천 대표는 독일 되멘스 아카데미에서 비어 소믈리에 과정을 마친 후 수제 맥주 공방을 운영했다. 양조 기술을 전하고 어울리는 음식 페어링을 알려주는 일을 하던 그는 평소 관심을 갖던 미드를 선택해 양조장을 오픈했다. 2020년 공주산 배와 국산 야생화 꿀을 사용한 '졸인 꿀술'을 출시했다. 오로지 꿀로만 만든 미드가 아닌, 과일과 꿀을 넣은 다양한 꿀술을 개발한 것. 체리를 넣은 '츄즈', 블랙 커런트 '블랙 미드' 등이 그것이다. 코르크를 열면 코끝으로 전해지는 꿀 향, 과일 향이 마시기 전부터 취기를 느끼게 한다. 석장리 미더리 꿀술은 한식과도 잘 어울리지만, 피자, 치즈 등 양식과도 페어링하기 좋은 술이다. 석장리 미더리 오프라인 숍에서 직접 테이스팅하고 구입할 수 있다.

## 세대를 넘어선 한과의 매력
## 45. 선미한과

- 강원도 강릉시 사천면 노동리
- sunmi-hangwa.com
- smartstore.naver.com/sunmi
- @sunmi_hangwa_official
- 식품

강릉 사천면에는 '한과마을'이 있다. 마을 곳곳에서 한과를 판매하는 가게 간판이 눈에 띈다. 특히 명절을 앞두고 한과를 찾는 손님이 많다. 그러나 성수기를 지나면 한과의 인기는 시들해지는 것이 보통이다. '선미한과'는 이러한 한과의 한계를 넘어서기 위해 다방면으로 노력 중이다. '할머니 과자'로 인식되던 한과를 프리미엄 강릉 디저트로 기획한 것. 만드는 방식과 로컬 재료를 이용한다는 점은 유지하되, 제품과 마케팅을 다양화했다. 그러한 수고로움이 헛되지 않아 'K-디저트'로 많은 관심을 받고 있다.

1939년 문을 연 '최씨방앗간'의 명맥을 이어 2001년 선미한과라는 이름으로 새롭게 출발했다. 손자가 경영을 맡으면서 로컬 브랜드로 단단히 뿌리를 내렸다. 지역 대학과 협업, 커피 도시 강릉을 담은 커피 한과도 최초로 개발했다. 포도, 흑임자, 메밀, 차조, 흑미 등 15가지 맛의 한과도 선보인다. 선미한과는 '청송강릉모둠', '강릉 디저트 담은 세트'같은 강릉을 내건 상품 개발에 '진심'이다. 전통 한과에 서양 디저트 기법, 재료를 더한 디저트 코스를 제공하는 공간 '시시호'도 2022년 10월에 오픈해 운영 중이다.

## 충주 골목길에 자리 잡은 '홍대 감성'
## 46. 세상상회

- 충북 충주시 성내동
- smartstore.naver.com/sesang_seraxjack
- @sesang_sera
- 복합 문화 공간

'세상상회'는 충주 원도심에서 새로운 골목길 문화를 만들어간다. 1945년에 지었지만 13년간 빈집으로 방치되었던 구옥을 고쳐 카페를 열었다. '세상'이라는 이름은 '세은'과 '상창', 두 부부의 이름에서 한 글자씩 가져왔다. 서울에서 도시 재생 컨설턴트로 일하던 이상창 대표는 2016년 충주의 도시 재생 사업 총괄 계획자로 일하며 충주를 알게 되었다. 준비하던 도시 재생 공모 사업이 무산되자, 직접 공간을 매입해서 세상상회를 열었다.

세상상회는 로스팅한 원두로 만든 커피와 디저트를 파는 카페 지역의 로컬 크리에이터를 위한 '네트워크 라운지', 로컬굿즈를 판매하는 '세상상점'으로 나누어 운영한다. 세상 상점에는 세상상회에서만 판매하는 '온리 세상상회', '온리 충주', '온리 충북' 카테고리를 나누어 로컬 디자인 굿즈를 판매한다. 또 지역의 작가들과 인근 대학생들의 작품도 전시한다. 지역 창업가들과 '보탬플러스 협동조합'을 조직하고, 플리마켓 '담장마켓'을 열며 골목에 활기를 더하고 있다.

전주 서학동에 연 패션 잡화점
## 47. 소모

🏠 전북 전주시 완산구 서학동
🌐 smartstore.naver.com/somo_office
📷 @somo_office
🏷️ 라이프스타일

'소모'는 재미 있는 생활양식을 제안하는 라이프스타일 브랜드다. 2022년 1월 1일 전주에서 시작해 '소모(消耗)함으로써 비로소 빛나는 것들'이라는 모토로 운영한다.
숍 이름처럼 이곳에서는 '소모하는 즐거움'을 제공하는 패브릭 소품을 판매한다. 소모 이왕근 대표는 전주에서 11년간 한옥 스테이를 운영해왔다. 숙박업을 운영하면서 전주 정체성을 고민하던 중, 패션을 전공한 본인의 장점을 살려보기로 했다. 화가로 활동하는 어머니를 통해 서학동을 알게 됐고, 동네에 대한 애정으로 이곳 이야기를 담은 브랜드 소모를 론칭했다. 이곳의 상품은 '기본 Standard', '제철 한정 Season Edition', '전주 한정 Jeonju Edition'으로 분류한다. 전주 한정 상품은 소모와 전주의 로고를 담은 원단으로 만든다. 가게 건물은 1981년에 지은 한옥을 활용했다. 대들보, 서까래 같은 과거의 흔적은 보존하고, 소 여물통을 의자로 고쳐 만드는 등 위트 넘치는 인테리어가 인상적이다. 소모 제품은 전주 서학동 매장과 스마트스토어에서 구입할 수 있다.

밀랍, 친환경 제품으로 거듭나다
## 48. 손끝비

🏠 부산시 금정구 선동
🌐 sonkkeutbee.co.kr
🌐 smartstore.naver.com/sonkkeut_bee
📷 @sonkkeutbee
🏷️ 라이프스타일

'손끝비'는 '손끝(손끝의 옛 표기)'와 벌을 뜻하는 '비 bee'의 합성어. '밀랍을 이용해 손으로 만든다'라는 의미를 담고 있다. '기분 좋은 불편함'이라는 슬로건 아래 친환경 제품을 생산하는 로컬 브랜드다. 양봉장에서 버려지는 밀랍을 활용해 포장재와 비누 등을 만든다. 지역 양봉장에는 새로운 수익원을 창출하고, 환경보호에도 앞장설 수 있다는 점에서 관심을 받고 있다.
송정화 대표는 10년간 양초와 비누 공방을 운영하며 밀랍을 처음으로 접했다. 천연 성분인 밀랍을 재료로 사용한 후, 그녀를 괴롭히던 알레르기와 두통이 없어졌다. 그 후 밀랍에 빠진 그녀는 연구를 계속했다. 이 과정을 거듭하며 밀랍 포장지도 개발하게 되고, 창업 프로그램에도 참여하면서 사업을 확장하게 됐다.
그녀의 관심은 물건을 만들고 파는 데 그치지 않는다. 다음 세대를 위해 더 나은 환경을 만들어야 한다는 생각에서 '꿀비랩'을 운영하고 있다. 꿀비랩에서는 아이들을 대상으로 자연과 더불어 살아가는 방법을 알려주는 환경 교육을 진행한다.

소금, '힙'한 변신은 무죄
## 49. 솔트레인

- 서울시 강남구 신사동
- saltrain.kr
- smartstore.naver.com/beyond_ie
- @saltrain_official
- 라이프스타일

'솔트레인'은 전남 신안의 '염전 신화'를 이어가기 위해 나선 라이프스타일 브랜드다. 신안 토판염을 원료로 치약을 비롯한 생활용품을 만들고 있다. 강운철 대표는 신안 임자도에서 초·중·고등학교를 졸업한 신안 토박이. 가족과 함께 '비온뒤첫소금'이라는 브랜드를 만들고, 갯벌에서 나온 소금인 토판염을 생산·판매했다. 밤낮없이 일했지만, 소금 판매로는 이익을 내지 못했다. 고민 끝에 토판염을 활용해 부가가치 상품을 개발하기로 했다. 소금을 구울 때 나오는 고운 입자로 치약이나 화장품 만들어보기로 한 것. 디자이너, 마케터, 화장품 전문가를 영입하고, 브랜드명을 비온뒤첫소금에서 '솔트레인'으로 바꿨다. 제품 디자인에도 공을 들이고, 성분 배합에도 전문성을 기했다. 2020년 토판염으로 만든 치약, 핸드크림, 비누를 출시했다. 결과는 대성공. 2030 세대에게 사랑받는 제품으로 꼽히며, 국내 온·오프라인 매장 70여 곳에 입점했다. '타다', '보마켓' 등 다양한 브랜드와의 협업도 진행 중이다. 2022년 6월에는 일본 도쿄 신주쿠 이세탄 백화점에 팝업 스토어를 열며, 세계 시장으로 영역을 넓혀가고 있다.

미슐랭을 접수한 세계 최초 '소나무차(茶)'
## 50. 송림도향

- 강원도 강릉시 대전동
- songlimdohyang.com
- smartstore.naver.com/songlimdohyang
- @_songlimdohyang
- 식품

한국을 대표하는 나무인 '소나무'. 분명 훌륭한 자원임에도 이제까지 특별한 대접을 받지 못했다. 이러한 소나무의 가치를 알아보고 '차(茶)'로 개발한 사람이 있다. 강릉에서 브랜드 '송림도향'을 만든 최훈석 대표다. 뉴욕에서 디자인을 전공한 최훈석 대표는 고향 강릉에 돌아와 제재소에서 일했다. 그는 직원들이 고택을 수리할 때 나오는 오래된 소나무를 대패로 밀어 차로 마시는 것을 보고 아이디어를 얻어 곧장 송림도향 문을 열고 본격적으로 사업을 시작했다. 소나무차는 150년 이상 된 최고급 소나무인 황장목 중 줄기 중심부인 '심재'를 이용한다. 황장목 심재는 항산화 성분이 많아 예로부터 약재로 쓰였다. 황장목을 6개월간 자연 건조하고, 40단계가 넘는 생산 공정을 거쳐 차가 만들어진다. 이렇게 완성된 '황장목 심재 티백차'는 미슐랭 식당에 납품될 정도로 우수성을 인정받고 있다. 송림도향은 황장목 심재를 활용한 다양한 상품도 꾸준히 선보이고 있다. 황장목 심재차를 음료로 만든 '아임파인'과 '황장목 심재 소금세트'도 출시했다. 황장목 심재 소금은 태안 소금과 황장목 심재 분말을 섞어 만들었다.

작지만 큰 우리들만의 추억
## 51. 스몰데이즈

- 서울시 종로구 누상동
- blog.naver.com/seochonlife
- @seolnal
- 로컬 커뮤니티

'스몰데이즈'는 서촌 추억을 기반으로 다양한 로컬 콘텐츠를 만든다. 서촌에서 나고 자란 설재우 대표는 '동네를 지키기 위해' 콘텐츠를 발굴했다. 2011년에는 서촌 도슨트 투어의 기초 자료이자 서촌 여행 붐을 이끌어낸 <서촌 방향>을 펴냈다. 책에는 직접 발품을 팔며 발굴한 로컬 콘텐츠를 담았다. 딱히 '핫플'이 없던 시절 주민들의 생활 이야기, 인테리어가 특별한 숍 등 동네 사람만이 알 수 있는 이야기를 실었다. 책은 서촌에 대한 지역 보고서, 기록물이 되었다.
어린 시절 자주 가던 서촌 마지막 오락실이 문을 닫는다는 소식을 접했는데 주인 할머니에게 인수를 제안받았다. 그러나 자금이 부족했다. 온라인 펀딩을 통해 '서촌에서 가장 오래된 오락실 되살리기' 프로젝트를 기획했다. 후원자 40여 명이 기부했고, 오락실 문을 다시 열었다. 입소문을 탄 오락실은 꾸준히 수익을 창출했고, 이후 사업을 여덟 곳의 무인 오락실로 확장했다. 설재우 대표는 오락실을 '동네 사랑방'으로 정의한다. 주민들이 쉬었다 가는 커뮤니티 역할을 할 수 있고, 청소년들이 모여 놀 수 있는 공간이기 때문이다.

14년째 역사를 담아가는 홍대 매거진
## 52. 스트리트H

- 서울시 마포구 상수동
- street-h.com
- 입점하지 않음
- 없음
- 매거진

'홍대'는 홍대만의 감성으로 사람들을 이끈다. 홍대 유일한 동네 잡지인 <스트리트H>는 2009년 창간된, 서울 최장수 동네 잡지다. 홍대를 졸업하고, 홍대에 살며 일하던 장성환·정지연 부부가 홍대 문화를 알리고 기록해온 것이 지금에 이르렀다. 부부는 다니던 회사를 그만두고, 뉴욕에서 1년 여를 보내면서 로컬잡지인 <타임아웃 뉴욕>, <L매거진> 같은 잡지를 보며 유용한 정보를 얻었다. 귀국 후 홍대에 자리 잡고, <스트리트H>를 창간하며 홍대 감성을 담은 잡지를 14년째 만들고 있다.
<스트리트H>는 홍대 앞 지역은 물론, 사람들을 다룬다. 뮤지션, 아티스트, 작가 같은 예술가뿐만 아니라 주민, 소상공인 이야기도 담아낸다. 자신만의 독립 브랜드를 만들어온 사람들을 문화 전파자로 정의하고, 이들의 이야기에도 주목한다. 매달 직접 거리를 돌며 얻은 정보를 바탕으로 홍대 앞을 기록해 나간다. 홍대앞을 거점으로 지역과 주민들에게 의미 있고 가치 있는 정보를 전달하는 <스트리트H>는 홍대 문화를 공고히 하는 데 주력한다. 매월 3,000부를 발행해 홍대 인근 50곳에 무료 배포한다.

강원도 그릇에 담다
## 53. 슬로우슬로우담담

- 강원도 강릉시 임당동
- slowslowdamdam.kr
- smartstore.naver.com/slowslowdamdam
- @slowslowdamdam
- 도자기

'슬로우슬로우담담'은 손으로 빚는 도자기 브랜드다. 강릉에서 나고 자란 최소연 대표는 강릉 자연을 그릇에 담고자 했다. 자신이 직접 경험한 곳을 소재로 도자기를 만들때, 진정성이 담긴다는 것이 최 대표의 생각. 슬로우슬로우담담은 강릉을 '온화함'과 '부드러움'으로 정의한다. 그래서 이곳 작품은 부드러운 곡선 형태가 많다. 강릉을 잘 표현해내기 위해 유약도 직접 배합한다. 강릉 솔잎과 솔방울, 허균, 허난설헌 생가 터에서 자라나던 새순, 송정 바다의 빛깔과 모래사장, 포남동 하늘빛 등이 이 곳만의 색으로 재창조됐다.

슬로우슬로우담담의 목표는 한 가지. 바로 강릉의 특성과 라이프스타일을 잘 담아내는 브랜드가 되는 것이다. '강원감자 컬렉션'은 이러한 지역 사랑에서 출시한 제품 라인이다. 강원도 감자 모양 그대로 도자기를 빚었다. 작은 알감자 잔에는 차를 담아, 감자잔에는 간식을 담아 일상에서 위트 있게 강원도를 느낄 수 있다. 슬로우슬로우담담의 제품은 온라인 스토어와 스마트스토어에서 판매한다.

향(香)에 담아낸 불교문화
## 54. 심상

- 경북 경주시 황남동
- 입점하지 않음
- @simsang.g
- 라이프스타일

경주시 경리단길에는 고즈넉한 분위기의 인센스 숍 '심상'이 있다. '심상'은 '이미지 상(象)'이란 뜻. 경주를 떠올리면 연상되는 여러 이미지들이 코 끝으로 전해지며 또 다른 여행의 재미를 더해준다. 김예림 대표는 2019년 심상을 오픈하며, 경주라는 정적인 도시 분위기를 공간에 담아내기 위해 노력했다. 내외부 공간은 모두 옛것을 그대로 살리고, 길에 방치된 가구를 모아 혼자 인테리어를 했다. '뻔한' 기념품 위주로 상품을 구비한 편집숍과 차별화하기 위해 인센스를 메인 상품으로 정했다. 불교의 도시 경주 사찰에서 느껴지는 심상을 인센스로 전할 수 있다고 생각했기 때문이다. 제품을 고르기까지 오랜 시간이 걸렸다. 국내 여러 향방 제품과 다양한 해외 인센스 제품을 섬세하게 큐레이션했다. 향 제품을 원하지 않는 고객은 빈티지 잡화와 경주 랜드마크를 담은 엽서를 구경하고 구입할 수 있다. 엽서 속 장소에 가보기 위해 즉석에서 여행 루트를 바꾸는 여행객도 있다고. 경주를 가정에서도 추억하고 느낄 수 있도록 홈 패브릭 제품 제작도 계획 중이다.

새로운 주거 모델이 된 '제 3의 공간'
## 55. 써드플레이스

- 서울시 마포구 망원동
- thirdplace.co.kr
- 입점하지 않음
- @thirdplace1
- 공간 디자인

'제3의 장소'를 내세운 스타벅스 마케팅이 화제가 된 때가 있었다. 가정도 회사도 아닌, 전혀 다른 공간에서 찾는 의미는 생각보다 꽤 강렬했다. '에이라운드건축' 박창현 소장이 제안하는 '써드플레이스'는 새로운 주거 모델에 있다. 아파트, 단독주택, 다세대, 다가구 주택으로 나누는 주거 형태를 '써드플레이스'는 공동체 개념으로 재정의했다. 입주자 간 커뮤니티 형성을 주거의 큰 목적으로 두고 정성을 기울였다.
써드플레이스 초기, 프로젝트 '전농'과 '홍은1'을 완공했다. 지속적인 유지와 관리가 없으면 커뮤니티 형성이 쉽지 않았다. 이러한 이유로 방창현 소장은 직접 건물주가 되어 부지 결정, 건축 설계, 입주자 모집, 커뮤니티 프로그램까지 모든 영역에 참여해 '홍은2'를 만들었다. 커뮤니티를 만들어 한 달에 한 번, 모든 세대원이 모여 라운지에 앉아 같이 식사하는 '일월일식(一月一食)' 프로그램을 기획했다. 입주민들은 서로 텃밭 계획을 세우고, 베이킹 수업에 참여하면서 커뮤니티를 공고히 하고 있다. 써드플레이스는 '홍은6'까지 진행되었고, 1층 외부 공간을 누구나 즐길 수 있는 정원으로 만들 계획이다.

대한민국 최초 싱글몰트 증류소
## 56. 쓰리소사이어티스 증류소

- 경기도 남양주시 화도읍 녹촌리
- threesocieties.co.kr
- 입점하지 않음
- @three_societies
- 식품

2020년 오픈한 '쓰리소사이어티스 Threesocieties' 증류소. 국내 최초로 싱글 몰트 위스키를 만든 곳이다. 정통 스카치 위스키 생산 방식으로 이곳에서 만든 위스키는 '기원'이다. 사계절을 지나면서 숙성된 싱글몰트 위스키를 선보이기 위해 컬렉션을 차례대로 내놓고 있다. 첫 번째로 출시된 에디션 '호랑이 에디션'에 '유니콘 에디션'까지 선보였다. '유니콘 에디션'은 20개월이라는 짧은 숙성 기간을 가진 위스키지만, 세계 3대 주류 품평 회중 하나인 샌프란시스코 국제 주류 품평회에서 2022년 싱글몰트 부문 금상을 수상하며 인정받았다.
네이버 예약을 통해 '쓰리소사이어시트 익스피리언스' 양조장 투어도 진행한다. 위스키를 제조하는 과정 등을 직접 보고 체험할 수 있는 기회다. 시음도 가능하며, 기념 잔도 제공한다.
쓰리소사이어티스의 위스키는 미국, 싱가포르, 일본 등으로 수출되고 있으며, 미국 에이스호텔에 위스키 기원과 진을 제공한다. 가평 보리, 군산 맥아를 이용한 위스키도 만들어, 조만간 보다 다양한 맛과 향을 지닌 제품을 만나볼 수 있을 듯하다.

기장 미역, 해외 시장을 노리다
## 57. 씨드

- 부산시 기장군 장안읍 반룡리
- welovesead.com
- smartstore.naver.com/welovesead
- @welove.sead
- 식품

부산 기장은 난류와 한류가 교차하는 환경으로 해조류가 맛있기로 유명하다. 해조류 가공업체 '씨드'는 기장에서 생산하는 미역, 다시마를 원재료로 다양한 상품을 개발하고 있다. 1960년대부터 기장군 앞바다에서 미역 양식을 한 조부모님 가업을 손녀가 물려받아 씨드라는 이름으로 이어가는 중이다. 브랜드 이름인 '씨드'*SEA.D*는 '바다*sea*로부터 꿈*dream*을 나누고, 즐거움*delight*을 드리며, 고객에게 감동 드라마*drama*를 전하겠다'는 당찬 포부를 담고 있다. 차별점은 패키징이다. 먹기 좋게 개별 포장하고, 디자인도 세련되게 바꿨다. 생일날 항상 미역국을 먹는다는 점에 착안해, 생일 선물하기 좋게 '하트 미역'도 개발했다. 손질이 쉽지 않아서 요리하기 망설여졌던 해초를 물에 담그기만 하면, 손쉽게 샐러드로 즐길 수 있는 제품도 만들었다. 이 해초 샐러드는 크라우드 펀딩 270% 달성할 정도로 인기를 끌었다. 미국 진출도 앞두고 있다. 해초를 즐겨 먹지 않던 미국, 캐나다에서도 최근 해조류가 환경 파괴를 막는 식품으로 알려지면서 관심이 높아지고 있다. 아마존을 통해 시장에 진출해 반응을 살핀 후 시장을 넓혀갈 계획이다.

망원동만의 생활 문화를 만들어나가다
## 58. 알맹상점

- 서울시 마포구 망원동
- almang.net
- blog.naver.com/almangmarket
- @almang_market
- 라이프스타일

플라스틱, 유리 용기가 버려지는 것을 아까워하던 이들이 모여 만든 리필 스테이션 '알맹상점'. 알맹상점 공동 대표들은 망원시장에서 '비닐 없이 알맹이만 사자'는 '알맹이 캠페인'을 통해 만났다. 시간이 지나면서 캠페인이 한계에 부딪히자 이들은 지속적인 수익을 창출하기 위한 비즈니스 모델을 연구했다. 그리고 망원동 시장 카페 한쪽에 통을 놓고 세제를 판매했다. 커다란 세제통만으로도 사람들의 이목을 끌기 시작했다. 이러한 관심을 발판 삼아 2020년 망원동에 한국 최초 리필 스테이션을 열었다.
알맹상점 공간은 단순히 리필 스테이션 역할에 그치지 않는다. 같은 가치를 지향하는 사람들을 모으는 커뮤니티이기도 하다. 알맹상점을 통해 제로 웨이스트를 경험할 수 있게 한다. 공간 운영 외에도 브리타코리아에 필터 재활용을 요구하는 '브리타 어택', 화장품 용기 재활용을 촉구한 '화장품 포장재 어택'을 진행했다. 매장에는 종이 팩, 플라스틱 병뚜껑, 폐카트리지 등을 회수하는 공간도 있다. 최근에는 책 <알맹이만 팔아요, 알맹상점>을 펴냈다. 쓰레기를 줄이기 위한 활동과 캠페인, 직접 고른 친환경 제로 웨이스트 물건 등을 소개하는 내용을 담았다.

제로 웨이스트 실천, 삼베로부터
## 59. 예고은삼베

- 강원도 동해시 구호동
- sambe.co.kr
- 입점하지 않음
- @k_yegoeun_sambe
- 라이프스타일

제로 웨이스트 숍을 자주 드나들어본 사람이라면 익숙한 브랜드 '예고은삼베'. 삼베는 예부터 즐겨 사용하던 천연 소재로 대마의 줄기로 만든다. 대마 농사는 재배 시 농약, 비료가 필요 없고, 재배면적당 효율이 높아 친환경 농작물로 손꼽힌다. 태생부터 제로 웨이스트에 맞닿은 소재인 셈이다. 예고은삼베를 운영하는 김기선·박자야 부부는 15년 전 서울에서 강원도 평창으로 이주해 대마 농사를 직접 짓기 시작했다. 환경단체에서 일한 경험이 있는 박자야 대표는 서양화가와 공예 작가라는 경력도 있어 제품 개발과 디자인에 적극적으로 참여한다. 삼베는 자체 향균, 향독 성분이 있는 천연섬유다. 쓰고 난 뒤 땅에 묻으면 100% 썩어서 사라진다. 수분 흡수율과 내구성이 좋아 다양하게 활용할 수 있다는 것이 장점이다.
예고은삼베에서는 용도에 맞게 사용할 수 있는 6종의 삼베 실과 삼베로 만든 주방용품, 의류, 침구류를 판매한다. 100% 삼베 원단으로 만든 '삼베마스크', '삼베행주'가 이곳의 인기 상품. 예고은삼베 제품은 자체 온라인 몰과 전국 50여 곳이 넘는 제로 웨이스트 숍에서 구입할 수 있다.

누구나 좋은 공간을 누릴 권리가 있다
## 60. 오롯컴퍼니

- 서울시 강동구 암사동
- orot.company
- 입점하지 않음
- @orot.company
- 공간 디자인

'오롯컴퍼니'는 도시 속 낡고 열악한 주거 공간을 개선하는 사회적 기업이다. 건축을 전공한 이종건 대표는 도시재생지원센터에서 근무하며 주거환경 개선의 필요성을 체감했다. 도시 청년이 많이 사는 주거 형태인 옥탑방, 반지하, 지하 창고의 환경을 개선하는 '옥반지 프로젝트'가 대표 사업. 빈집, 열악한 공간에 적용하는 전문 시공법을 연구하기 위해 '리빙랩 곰팡이 연구소'도 운영한다. 조금만 손을 대면 기존 것과는 전혀 다른 반짝반짝한 공간이 탄생한다. 반지하, 옥탑방은 임대료가 저렴하고 공간에 개성이 담겨 있다. 근처에 골목 문화를 거느리고 있다는 점도 장점. 기존의 단점은 효율적으로 개선해서 주거, 사무, 공유 공간으로 바꿀 수 있다는 것을 보여주는 게 오롯컴퍼니의 목표다. 미국에 많은 스타트업이 '차고 창업 garage startup'으로 성공을 일궜다. 미국 차고 역할을 우리의 반지하에 적용할 수 있다는 것이 이 대표의 생각. 옥반지 프로젝트를 통해 쌓은 기술과 사례를 적용해 지방 소도시에서도 사업을 진행해나갈 예정이다.

PART 2 뉴 로컬브랜드 리뷰

MZ 세대가 오름에서 노는 방법
## 61. 오르머

- 제주도 제주시 구좌읍 송당리
- oreumerjeju.com
- smartstore.naver.com/oreumerjeju
- @oreumerjeju
- 여행 플랫폼

'오름을 오르는 사람들'이라는 뜻의 '오르머'에서는 제주 오름을 기반으로 청년 커뮤니티를 만드는 프로젝트를 진행한다. 한국관광공사의 우수관광벤처로 선정된, 국내에서는 유일하게 오름 콘텐츠를 기반으로 한 로컬 브랜드이기도 하다. 윤선주 대표는 2018년 7월부터 좋아하는 오름에 같이 갈 친구를 모집하며, 오름을 주제로 다양한 콘텐츠를 만들었다. 매주 고정적으로 오름에서 즐기는 '캠크닉camcnic', 드로잉, 요가, 우중 산책 프로그램을 진행하고, 부정기적으로 운동회, 음악회를 열었다. 오르머는 386여 개가 넘는 제주 오름 중 100대 오름을 자체적으로 선정했다. '제주 100대 오름 스크래치 지도'를 통해 오름에 대한 대중의 관심을 모았다. '제주 100대 오름 수첩'을 제작, 오름 여행 시 유용한 정보도 제공한다. 오르머를 위한 굿즈와 체험 프로그램을 운영하며 브랜드 가치를 공고히 하고 있다. 앞으로도 '제주 100대 오름 챌린지'를 통해 제주 오름을 체험할 기회를 열어갈 계획이다. 여행객과 지역 청년들이 만날 수 있는 커뮤니티 문화도 만들어나갈 예정이다.

여행 중 즐거운 쉼표가 되어주는 디자인 숍
## 62. 오어즈

- 강원도 강릉시 교동
- oars.kr
- smartstore.naver.com/muktae
- @oars.kr
- 디자인 소품

강릉시 교동에 위치한 디자인 숍 '오어즈Oars'. 열심히 살아온 일상을 내려놓고 온전히 휴식을 취할 수 있는 공간을 지향한다. 독일 베를린에서 창작 활동을 하던 김나홈 작가는 귀국 후 청소년기를 보낸 강릉에 자리 잡았다. 강릉에서 결혼하고, 그래픽 디자이너인 아내 안성경 작가와 함께 오어즈를 오픈했다. 오어즈의 컬러는 강릉의 산을 담은 초록과 동해 바다를 담은 파랑이다. 강릉의 매력을 두 가지 컬러로 담아낸 것. 강릉을 상징하는 디자인을 담은 포스터, 엽서와 디자인 상품, 내추럴 와인 등을 판매한다. 공간을 운영하면서 부부는 꾸준히 그림, 사진 작업을 한다. 매월 그들이 작업한 새로운 엽서도 출시한다. 사진에 일러스트를 덧입히는 개성 넘치는 작품들이 방문객들의 눈길을 사로잡는다. 실생활에 유용한 생활용품도 만든다. 강릉의 아웃도어 라이프스타일에 맞춘 비치타월, 야외에서 와인을 담을 때 유용한 와인 보냉 백 등도 있다. 오어즈에서 걸어서 8분 거리에 서부시장이 있는데, 그곳에서 사용할 장바구니도 제작했다. 관광객들에게 인지도가 낮은 서부시장에 대한 응원을 가득 담았다.

계절 따라 즐기는 제주 블렌딩 티
## 63. 우연못

- 제주도 제주시 노형동
- wooyeonmot.co.kr
- 입점하지 않음
- @wooyeonmot.teahous
- 식품

'우연못'은 제주만의 특색을 담은 차브랜드다. 차를 좋아하던 어머니 덕에 어린 시절부터 차를 즐겨 마셨다는 류연우 대표. 중국 유학 시절, 중국 차 문화를 접한 것이 전환점이 되었다. 제주에도 오랜 역사를 지닌 다원이 있지만 대중적인 차 문화가 없는 것이 안타까웠다.
그런 생각에서 그는 한국에 돌아와 제주 노형동에 티하우스 우연못을 열었다. 일상에서 차를 즐길 수 있도록 티 텀블러와 간단한 다구를 제안했다. 시음회, 티코스, 티 클래스를 꾸준히 열어 우연못만의 차 문화를 알리고 있다. 우연못이 주목한 키워드는 '제주'다. 특히 각 계절에 어울리는 차를 제주 재료로 함께 만들어내는 일을 진행 중이다. 7월의 블렌딩 차 '제주브렉퍼스트'는 귤빛이 가득 비추는 제주의 포근하고 생기 넘치는 아침을 모티브로 만들었는데, 진피와 제주 홍차를 블렌딩했다. '나이트오브곶자왈', '서귀오름'처럼 제주산 재료를 넣고 특색을 살려 다양한 종류의 블렌딩 차를 만든다. 계절 차회도 여는데, 그 계절에 수확하는 재료로 만든 음식과 계절에 잘 어울리는 차를 함께 맛볼 수 있는 코스로 진행한다.

천연 광물, 생활용품이 되다
## 64. 운기석9020

- 강원도 정선군 정선읍 봉양리
- ungiseok9020.modoo.at
- smartstore.naver.com/dongminstone
- @ungiseok
- 라이프스타일

'운기석'은 오직 강원도 정선에서만 채광되는 천연 광물이다. 고유한 나무 무늬도 아름답지만, 많은 양의 게르마늄과 미네랄 성분이 포함돼 '건강한 보석'으로도 알려져 있다. 1990년부터 아버지가 운영하던 광산을 2020년 남매가 물려받았다는 의미의 '운기석9020'. 2020년 관광 두레 사업을 시작하면서 지금의 사업체로 운영하게 됐다. 전국에 하나뿐인 운기석 광산에서 오빠가 원석을 채광하고, 동생이 원석을 가공해 판매한다. 운기석으로 액세서리를 만들 뿐만 아니라, 베개 커버, 샴푸, 라돈 차단 페인트 같은 생활용품도 개발했다.
정선을 찾는 여행객을 위해 운기석에 정선을 담은 기념품을 만들고, 체험 프로그램도 운영한다. 운기석으로 만드는 마스크 스트랩, 팔찌, 목걸이와 스스로 습도를 조절하는 아트 액자 만들기 등이 있다. 운기석9020은 앞으로도 운기석을 활용한 다양한 생활용품을 개발할 예정. 또한 지역과의 상생을 목표로 정선만의 특색을 담은 문화 공간도 꾸려나갈 계획이다. 운기석9020의 제품은 정선 오일장과 스마트스토어에서 구입할 수 있다.

토종꿀, 젊은 감각으로 재해석하다
## 65. 워커비

- 전북 익산시 왕궁면 광암리
- workerbee.kr
- 입점하지 않음
- @workerbeekorea
- 식품

깔끔한 디자인과 귀여운 꿀벌 그림이 눈을 사로잡는 '워커비' 제품들. 워커비는 2018년 로컬웍스에서 론칭한 국내 '블렌딩 허니' 브랜드다. 언뜻 보면 해외 제품인가 싶을 정도로 기준 토종꿀과는 확연히 다른, 세련된 담음새를 자랑한다. 특별한 건 디자인뿐만이 아니다. 얼그레이 꿀, 모히토 꿀, 바닐라 꿀 등 음료로 즐길 수 있는 13가지 다양한 제품군도 소비 욕구를 자극한다.
경남 산청에서 양봉업을 하던 할아버지를 통해 노력과 가치에 비해 대접을 받지못하는 양봉 농가의 현실을 접했다. 이후 꿀을 제대로 알리고 부가가치를 높이기 위해 부지런히 '발품'을 팔았다. 20~30대 여성을 타깃으로 하고, 그들의 기호에 맞게 제품을 개발했다. 찬물에 잘 녹도록 하고, 튜브형 용기로 바꿔 짜 먹기 쉽게 바꿨다. 꿀의 쓰임새를 확대하기 위해 잼이나 시럽 대신 넣을 수 있는 블렌딩 허니로 만들었다.
꿀벌을 보호하기 위해 환경보호에도 앞장선다. 꿀은 100% 재활용할 수 있는 단일 소재 페트병에 담고, 라벨은 리무버블 스티커를 포장 박스는 무코팅 용지를 사용한다.

지역의 현재 의미를 찾다
## 66. 원더러스트

- 충북 청주시 사창동
- thewanderlust.co.kr
- smartstore.naver.com/wanderlust_official
- @thewanderlust_official
- 콘텐츠 기획

'원더러스트'는 충북·청주 지역의 문화 자원을 바탕으로 출판물, 문화 상품, 굿즈, 행사와 교육 등 콘텐츠를 기획하고 진행하는 로컬 콘텐츠 그룹이다. 이옥수 대표는 충북에서만 경험할 수 있는 소중한 지역 문화를 콘텐츠로 만들고자 2018년 원더러스트를 열었다. 독일어인 원더러스트는 '익숙한 장소에서 새로운 의미를 발견하는 개척자'를 뜻한다. 그냥 지나칠 수 있는 동네의 공간, 문화를 기록하며 지역만의 콘텐츠를 만들어간다. 그리고 콘텐츠를 경험한 여행객들이 지역을 찾는 선순환 구조를 만들고자 하는 것이 이들의 목표다. 2020년 지역 기록화 작업물 <아카이북 무심천>, <아카이북 수암골>, 두 권의 <아카이브>시리즈를 출간한 것도 이러한 작업의 일환. '아카이북'은 지역을 아카이빙해 책으로 펴내는 작업물 명칭으로 '아카이브 Archive'와 '북 Book'의 합성어다. 원더러스트와 함께 지역 예술가를 위한 거점 공간인 '라이트하우스'도 만들었다. 여가 문화를 동네, 골목에서 즐길 수 있는 문화 예술 교육 플랫폼 '유자차 스튜디오'도 운영하고 있다.

황학동 세컨드 핸드 제품으로 꾸민 '인스타 감성' 공간
## 67. 원써드

📍 서울시 중구 황학동
🏬 입점하지 않음
📷 @onethird_hwanghak
🏷 복합 문화 공간

카페 '원써드'는 새 물건을 만들어낼 때 배출되는 온실가스가 전 세계 온실가스 배출량의 1/3을 차지하는 것에 경각심을 갖게 하고자 붙인 이름이다. 박선영 대표는 런던 유학 당시 유럽 전역에서 '지속 가능성'이 화두로 떠오르는 것을 지켜봤다. 그리고 한국에도 이러한 메시지를 알리고자 했다. 이 주제를 좀 더 친근하게 보여줄 공간으로 카페를 떠올렸다. 서울에서 중고 물건이 많은 동네를 찾다가, 중고품이 쌓여 있는 황학동 가구거리로 정했다.

유학 시절 자주 찾던 카페 분위기로 공간을 연출했지만, 새로 산 물건은 에스프레소 머신 하나뿐이다. 인근에서 찾은 중고 제품에 간단한 디자인을 입히는 방식으로 아름다움을 더했다. 이런 이유에서 원써드에 붙은 별명은 '황학동 발품 수집 숍'. 매장의 모든 가구와 그릇은 황확동 가구거리에서 직접 고른 세컨드핸드 제품이다. 원써드는 지속 가능성의 중요한 요소로 지역과의 상생을 꼽았다. 지역 주민에게 다가가기 위한 노력도 게을리하지 않는다. 카페의 시그너처 메뉴는 황학동커피로, 동네 이름을 넣어 로컬 브랜드 의미를 살렸다.

나무 서핑보드, 서퍼의 꿈을 싣다
## 68. 웨이브우드

📍 강원도 강릉시 초당동
🌐 wavewood.kr
🔗 blog.naver.com/wavewood
🏷 공예

'웨이브우드' 이동근 대표는 10년 동안 다니던 직장을 그만두고, 다른 서퍼들처럼 서핑 숍을 열기로 결심했다. 서핑 숍을 운영하려면 우선 서핑을 잘해야 했다. 서핑을 잘하는 방법을 찾다가 서핑보드를 공부하기 시작했다. 어릴적 할아버지의 목수 공방에서 일하던 경험을 되짚어가며 나무 서핑보드를 직접 제작했다. 스티로폼 서프보드는 쉽게 파손되어 해양 쓰레기가 된다. 나무보드는 친환경소재인데다 성능 면에서 스티로폼 보드에 뒤지지 않는다. 다만 가격이 비싸다는 단점이 있다. 서핑보드 제작 기술을 배우기 위해 서울에서 1년 정도 가구 디자인 학교에 다니며 목공 공부를 마쳤다. 2018년 여름, 목제 공방 웨이브우드를 열었다. 공방을 처음 열었을 때는 찾는 이가 많지 않았다. 그러나 이제는 입소문이나 나무 보드를 찾는 이가 제법 많아졌다. 2022년 5월에는 이러한 수요에 맞춰, 양양에서 강릉으로 공간을 넓혀 이전하며, 다양한 목공 클래스도 운영 중이다. 앞으로는 보드뿐만 아니라 가구 제작까지 영역을 확장해나갈 계획이다.

호스텔에서 체험하는 '강릉 스타일'
## 69. 위크엔더스

- 강원도 강릉시 교동
- weekenders.kr
- 네이버 예약 가능
- @official.weekenders
- 호스텔

2019년 6월 오픈한 '위크엔더스'는 강릉 라이프스타일을 체험할 수 있는 호스텔이다. 이곳을 오픈한 한귀리 공동 대표는 방송국 PD 시절, 주말마다 강릉을 오갔다. 그저 강릉의 산과 바다가 좋아서였다. 그러다 어렵게 입사한 직장을 5년 만에 퇴사하고, 강릉역 앞에 호스텔을 열었다. 50년 된 여인숙이 그의 손을 거쳐 전혀 새로운 공간으로 거듭났다. '일상에서 한발 물러나 쉬면서 다양한 경험을 하는 여행'이 위크엔더스가 방문객에게 건네는 테마다. 강릉을 느낄 수 있는 바다, 소나무 숲, 한옥에서 요가와 서핑, 명상을 즐길 수 있는 상품이 준비돼 있다. 1인 여행객을 위한 프로그램은 매회 오픈하기 무섭게 매진될 정도로 인기다. 위크엔더스에서 제공하는 로컬 푸드 또한 이곳을 찾는 재미를 더한다. 강원도 전통 음식은 물론, 강릉 유명 맛집들을 한데서 경험할 수 있는 로컬 다이닝을 접할 수 있다. 메밀전병, 감자전, 꼬막비빔밥 등이 제공하는데, 조식으로는 강릉 초당두부를 활용해 개발한 두부 스프레드를 바른 베이글과 따뜻한 순두부를 맛볼 수 있다. 자체적으로 개발한 로컬 굿즈와 함께 두부 스프레드도 판매한다.

순천을 널리 이롭게 하라
## 70. 유익한상점

- 전남 순천시 조곡동
- smartstore.naver.com/uikstore
- @hello_uikstore
- 복합 문화 공간

NGO에서 활동했던 '유익한상점' 양진아 대표는 그 경험을 살려 공정 무역 상품을 지역에 소개한 유익한상점을 오픈했다. 2016년 순천역 앞길, 가게 한편 숍 인 숍 형태의 작은 시작이었다. '세상을 이롭게 하는 소비'라는 가치로 큐레이션 한 상품이 인기를 끌면서, 2018년에는 단독 매장을 열게 됐다. 가장 인기 있는 제품은 순천만 갈대로 만든 '순천 갈대꽃 빗자루'. 지역 아이들이 그린 그림을 활용한 문구 등 로컬 굿즈도 판매한다. 순천 이야기와 환경보호 이슈를 담은 지역 매거진 <유익>을 4호까지 발행하기도 했다. 지역에 사라져가는 문화 유산을 로컬 콘텐츠로 발전시킨 '갈대 학교 프로젝트'도 진행했다. 순천역 인근 90년 된 한옥을 재생한 공간에서 갈대 빗자루 장인과 함께 직접 빗자루를 만들어보는 체험으로 구성했다. 2019년에는 '종이 팩 자원 순환 챌린지'인 '밀크로드' 사업을 시작했다. 동네 주민들이 종이 팩을 모아 가져오면, 제지업체에 보내 두루마리 화장지 원료로 재활용하는 것이다. 2020년부터 1년에 한 번, 순천 작은 동네들의 매력을 알리는 동네 매거진 <d>도 펴내고 있다.

놀고 성장하고 싶은 대구 청년, 여기 모여라
## 71. 이번주말

- 대구시 중구 교동
- thisweekend.co.kr
- 입점하지 않음
- @thisweekend_official
- 커뮤니티

'이번주말'은 같은 취미와 취향을 공유하는 청년들을 위한 커뮤니티 플랫폼이다. 시작은 일본어 재능 기부였다. 일본어를 배우기 위해 찾아온 중국인 유학생들이 중국어 수업을 열었다. 이후 각자 자신의 재능을 '털어' 개성 넘치는 수업을 진행하면서 성장세가 이어졌다. 더 많은 크리에이터, 커뮤니티와 협업하려면 새로운 '판'이 필요했다. 이런 이유에서 2016년 1월 대구 최초의 취향 기반 커뮤니티 플랫폼 '이번주말'을 시작했다. 더 많은 청년이 "이번 주말에 뭐 해?" 라고 물어봤을 때, 바로 대답할 수 있는 즐길 거리를 찾아주고 싶었다. 혼자 이루기 힘든 계획을 커뮤니티 안에서 함께 도전하기도 한다.

이번 주말은 수도권에 있는 유사한 서비스를 벤치마킹하며 시작했다. 그러나 대구만의 이야기와 모임이 쌓이면서 1년에 800여 개의 모임이 열리고, 약 7,000여 명이 참여하는 플랫폼으로 성장했다. 로컬 크리에이터가 참여하며 다양한 콘텐츠도 이곳을 통해 생성되고 있다. 콘텐츠가 있으니 사람들이 모이고, 사람들이 모여드니 새로운 콘텐츠가 생기는 '선순환'의 현장이다.

쓰레기를 업사이클링하다
## 72. 이티씨블랭크

- 부산시 금정구 부곡동
- etcblank.com
- smartstore.naver.com/etcblank
- @etc_blank
- 라이프스타일

우리는 새로운 것을 얻는 만큼 쓰레기를 만들며 살아간다. 집 한 쪽에 쌓여 있는 스티로폼, 종이 상자를 볼 때마다 죄책감이 드는 것도 사실. '이티씨블랭크' 최명지 대표는 이러한 마음을 행동으로 옮겼다. 버려진 폐박스를 주워다 핸드폰 케이스를 만든 것이다. 쓰레기 업사이클링 브랜드 이티씨블랭크가 시작된 순간이다.

핸드폰 케이스를 만들기 위해서는 꽤 많은 공정을 거쳐야 한다. 항상 다른 디자인이 나오는 것이 특징. 형형색색, 다양한 모습을 한 쓰레기는 최 대표에게 영감의 대상이 된다. '폐박스로 만든 폰 케이스& 그립톡' 프로젝트는 펀딩을 통해 선보였고, 목표액 650%를 달성하며 큰 성과를 거뒀다.

부산에 살다 보니 해양 쓰레기 문제도 지나칠 수 없어 바닷가에 떠내려온 폐플라스틱을 주우며 상품을 확장했다. 광안리, 일광해수욕장, 송도해수욕장, 해운대 등을 돌며 쓰레기를 수집했다. 그리고 이것들을 이용해 다양한 형태와 이미지를 담은 오브제를 만들었다. 최근에는 프린팅 불량 등으로 유통될 수 없는 폐포대 자루를 가방으로 업사이클링한 제품을 선보였다.

## 73. 이플릭

오픈런 행진 '대구 티셔츠'

- 대구시 중구 문화동
- eplc.co.kr
- 입점하지 않음
- @eplc
- 패션

영문으로 'DAEGU'라는 큼지막한 글자를 프린팅한 '대구 티셔츠'. 대구 스트리트 웨어 브랜드 '이플릭'이 2016년 브랜드 론칭 1주년을 기념하기 위해 만든 제품이다. 대구 티셔츠는 시장에 선보이자마자 완판되며, 매년 시즌 상품으로 한정 판매되고 있다.
TV 프로그램 <쇼미더머니>에 한 출연자가 이 티셔츠를 입고 나오며 화제성에 불을 붙이기도 했다. 700매 한정이다 보니, 출시되는 날에는 매장 앞에 줄을 서서 기다리는 사람들이 있을 정도. 판매되는 컬러 조합도 매년 달라서 '소장용'으로 모으는 컬렉터도 많다.
윤동원 대표의 대구에 대한 애정은 남다르다. 브랜드명이 아닌 지역 이름을 제품에 넣고, 대구 지역 번호 '053'을 이미지로 활용한다. '대프리카'로 불리는 대구를 이미지화한 제품도 출시했다. 2022년 대구 프로 축구 팀 '대구FC'와 협업해 상징 컬러와 창단 연도를 넣은 한정판 상품도 선보였다. 당시 티셔츠 구매자 모두에게 협업 기념 스티커를 증정해 화제가 되기도 했다. 앞으로도 로컬에 대한 자부심, 대구의 개성을 담은 디자인을 꾸준히 만들어나갈 예정이다.

## 74. 인더로컬

인천 원도심의 매력을 탐구하다

- 인천시 중구 중앙동
- smartstore.naver.com/re-incheonclub
- @inthelocal_incheon
- 복합 문화 공간

'인더로컬'은 인천 중앙동, 원도심을 기반으로 로컬 콘텐츠를 만들어간다. 김아영 대표는 대학원에서 문화경영을 전공한 후 인천 개항장 일대에서 활동했다. 그리고 원도심 지역에 청년 문화가 사라지고 있음을 체감했다. '청년이 사라지면 문화도 없고 인천도 없다'는 위기감에서 시작한 것이 인더로컬이다.
출판, 로컬 굿즈, 투어와 전시 등 다양한 콘텐츠를 만들어온 인더로컬의 시작은 지역 매거진이다. 잡지 <하이파이브 인천:개항장 편>에서 개항장 지역의 다양한 이야기를 담았다. 핸드 북 <마주잡다>는 인천 원도심에서 대를 이어 손기술로 삶을 살아가는 장인 8명을 취재했다. 인천의 아름다운 풍경을 향으로 담은 디퓨저 '소아인천'도 출시했다. 동인천 골목을 누비며 로컬 매력을 탐색하는 투어 상품을 기획해 진행하기도 했다. 2022년 9월에는 오프라인 공간 '포디움126'을 오픈했다. 1층에는 로컬 편집숍과 카페, 2층은 코워킹 스페이스로 운영한다.
인더로컬의 목표는 동인천을 대표하는 마을 호텔을 만드는 것. 그러기 위해 이곳의 매력을 알리고, 사람들을 모을 수 있는 다양한 콘텐츠를 만드는 데 집중할 생각이다.

제주 청년들이 만든 찐 제주 카페
## 75. 인스밀

- 제주도 서귀포시 대정읍 일과리
- insmill.com
- 입점하지 않음
- @ins_mill
- 카페

제주에서 나고 자란 토박이 청년 10명이 의기투합했다. 700평 부지에는 야자수와 소철로 정원을 꾸몄다. 용암 분출물로 만든 제주 화산 송이를 바닥에 깔고, 거센 바람을 피하고자 만들어지은 초가로 지붕을 꾸몄다. 방앗간으로 사용되던 오래된 곡물 창고가 요즘 감성으로 가득찬 공간으로 탈바꿈했다. 카페 '인스밀'을 찾는 사람들은 넓은 유리 통창을 통해 온몸으로 제주를 느끼며 휴식을 취할 수 있다.
이곳에서는 제주 농작물을 이용한 메뉴를 맛볼 수 있다. 제주 사람들이 즐겨마시던 보리로 만든 미숫가루 '보리개역'이 대표 메뉴. 무농약 제주 보릿가루를 넣은 보리과즐과 대정읍 특산물인 마늘을 이용한 '마농 스콘', 겨울 메뉴로 보리 가루를 넣어만든 '보리 국화빵'도 선보인다.
인스밀은 제주 로컬 콘텐츠를 녹여낸 다양한 상품을 출시 사업 영역을 확대하고 있다. 보리 개역을 여행자를 위한 '굿즈'로 판매하고 있다. 자연주의 화장품 '파파레시피'와 협업해 제주 보리 추출물로 만든 '제주 보리 마일드 솝'과 핸드크림을 만들어 선보였다.

해발고도 '0'부터 시작하는 한라산 트레킹
## 76. 제로포인트트레일

- 제주도 제주시 건입동
- zeropointtrail.com
- smartstore.naver.com/zeropointtrail
- @zeropointtrail
- 아웃도어 액티비티

'제로포인트트레일 Zeropointtrail'은 한라산을 오르는 새로운 방법을 제안한다. 해발 '0'미터부터 한라산 정상까지 오르는 것. 일반적으로 알고 있는 한라산 '입구'는 해발 600~700m 언저리에 있다. 이제까지 놓쳐왔던(?) 한라산을 0에서 시작해보자는 의미를 담은 '챌린지'다. 산악계에서는 이를 '시투서밋 Sea to Summit'이라고 부른다.
유아람 대표는 매년 한라산을 10회 이상 찾았다. 그도 항상 '입구'에서 시작했다. 그러다 존경하는 산악인에게 영감을 받아 프로그램을 계획하게 됐다. 제주항에서 백록담으로 이어지는 총 31km의 거리, 본인만의 시투서밋 코스를 계획했다. 최종적으로 등반에 성공하며 기분 좋은 깨달음도 얻었다. 2020년 2월 정식으로 프로그램을 선보였다. 개별적으로 지정된 장소에서 시작해 등반을 완주하는 형식이다. 코로나 기간임에도 참여자들이 늘었고, 현재 1,300명이 넘는 사람들이 완주에 성공했다.
최근에는 '스타트업아일랜드 제주 개인투자조합 1호' 투자 유치에 성공하며, 서울 5대 산과 강원도 설악산 등 다른 지역 산들의 새로운 루트도 열어가는 중이다.

유기농업 성지(聖地)에서 만나는 젤라또
## 77. 젤라부

- 충남 홍성군 홍성읍 오관리
- blog.naver.com/gelaboo
- @gelaboo_gelato
- 식품

충남 홍성은 우리나라를 대표하는 유기농법 산지다. 다양한 식재료가 유기농, 친환경 공법으로 생산된다. '젤라부'는 홍성에서 생산하는 우유, 요구르트, 쌀, 토마토 등 친환경 로컬 재료로 젤라또를 만든다. 지역 제철 과일과 채소로 만들기 때문에 시즌마다 메뉴가 달라지는 것이 특징이다.
시그너처 메뉴는 홍성 크로바 목장 우유와 홍성 쌀로 만든 '홍성쌀 젤라또'. 홍성 평촌 목장 유기농 요거트로 만든 블루베리 요거트, 지역에서 만든 두부를 활용한 '홍성 두부 젤라또' 등 젤라부에서만 맛볼 수 있는 특별한 메뉴도 가득하다. 젤라부는 홍성 원도심 '홍고통'에 자리한다. 홍고통은 '홍성고등학교로 통하는길'이라는 홍성 지역민들끼리 통하는 은어. 번화했던 골목이지만, 이제는 그 빛을 많이 바랬다. 젤라부는 홍성의 볼거리, 먹거리를 추천해주는 홍성 관광 안내소 역할도 자처한다. 이 밖에도 지역 농부들과 함께 '농부 시장'을 꾸미기도 했다. 지역 외식 창업자 모임에 참여 '어린이날 선물꾸러미'를 기탁하는 등 커뮤니티 활동도 적극적이다. 젤라부 제품은 매장이나 홍성읍 일대에서 배달로 맛볼 수 있다.

목포에서 찾은 '피쉬테리'라는 세계
## 78. 주식회사 메뉴앳

- 전남 목포시 수강동
- 입점하지 않음
- @fishterie
- 식품

대중화된 와인 문화와 함께 와인과 '합(合)'이 좋은 샤퀴트리에 대한 관심도 높다. 서울 아닌 로컬에서도 샤퀴트리 맛집 한 두 곳 정도는 어렵지 않게 찾을 수 있을 정도다. 아쉬운 것은 육류를 가공해 만든 샤퀴트리는 베지테리언은 즐길 수 없는 메뉴라는 점. 목포 '메뉴앳'은 이런 부담 없이 와인을 즐길 수 있도록, 생선으로 만든 샤퀴트리인 '피쉬테리$^{fish+charcuterie}$'를 개발했다.
피쉬테리는 목포에서 잡은 생선을 염장·훈연·발효 건조해 만든 새로운 수산 가공품. 메뉴앳에서 직접 만든 장르다. 김하연 오너 셰프는 일본과 프랑스 요리학교를 졸업한 후 서울에서 비스트로를 운영하다 고향인 목포에 내려왔다. 목포에서 직장 생활을 하던 중 '피쉬테리' 아이디어를 떠올리고, 여러차례 노력한 끝에 지금의 메뉴를 완성했다.
메뉴앳은 피쉬테리 같은 로컬 재료를 이용한 제품 개발과 쿠킹 클래스 등을 기획한다. 피쉬테리를 즐길 수 있는 공간은 '피시테리안'이란 이름으로 준비돼 있다. 제철 수산물을 활용한 메뉴와 와인을 즐길 수 있는 곳이다. 대표 메뉴는 목포 근해에서 잡은 생선으로 만든 '참치베이컨'과 '민어피쉬테리' 등이다.

17평에서 1,700평이 된 방앗간
## 79. 옛간

- 울산시 울주군 상북면 양등리
- yetgan.co.kr
- smartstore.naver.com/yetgan
- @yetgan
- 식품

광주 양림동, '모단 시대'를 엿보다
## 80. 쥬스컴퍼니(10년후 그라운드)

- 광주시 남구 양림동
- comefunny.modoo.at
- smartstore.naver.com/holly_soymilk
- @10yground
- 복합 문화 공간

1959년 울산 북구 강동동에서 시작한 방앗간 '옛간'. 수십 년간 참기름을 생산하며 제조 기술 분야 노하우를 축적했다. 그러나 매출은 답보 상태. 뭔가 변화가 필요했다. 변화의 움직임은 손자 박민 대표가 회사 경영에 나서면서 시작됐다.
1년간 시장조사를 통해 브랜드 없이 제조되던 기존 참기름 제품의 문제점을 파악했다. 이후 옛간에 대한 스토리텔링 작업을 시작했다. 울산 작은 마을에서 시작해 60년간 자리를 지켜온 이야기로 브랜드 스토리를 만들었다. 유튜브, 인스타그램을 적극적으로 활용했다. 변화의 와중에도 60년간 변함없이 옛간을 찾는 단골들을 위해 원료와 방식은 그대로 유지했다. 직접 원재료를 재배하고, 할아버지가 개발한 참기름 제조 방식인 '찜 누름 방식'을 지켜갔다.
회사 규모는 점점 커져 17평에서 시작한 방앗간은 1,700평 부지에 공장을 세울 정도로 성장했다. 전통 참기름 1위에 오르며 연 매출 100억을 달성했다. 이제는 울산을 비롯한 서울, 제주 등 전국 200개 유통 채널에서 판매되고 있다. 최근에는 미국, 일본, 호주 등 해외로 판로를 확장해나가고 있다.

광주시 양림동은 해외 선교사들에 의해 근대문화가 전해진 곳이다. 지역 문화 기획자인 '쥬스컴퍼니' 이한호 대표는 '1930년대 양림동'에 주목했다. 선교사와 문화 예술인이 어우러진 양림동은 다양성과 개방성으로 가득한 곳이었다.
그 당시 시대 상황과 지역에 대해 조사한 후, 본격적으로 사업을 시작했다. 주민과 함께 스토리 클럽을 운영하고, 이를 기반으로 한 공연 '모단걸 다이어리'를 마을에서 열었다. 지역 사람들이 모일 수 있는 공간은 작은 규모의 '다형다방'에서 시작했다. 점차 사람들이 모여들자 한옥을 활용한 '양림쌀롱'으로 옮겨갔다. 그도 감당이 안 돼 오래된 유치원을 재생한 '10년후 그라운드'로 확장했다.
양림동 이야기를 담은 로컬 상품도 만들었다. '모단보이 커피'와 '모단걸 맥주', '호리두유'가 그것. 호리두유는 그 당시 선교사들이 굶주리던 아이들을 위해 콩과 포도당을 넣은 두유를 만들어주던 것을 모티브로 했다. 국산콩을 껍질까지 갈아 넣은 '전두유'에 오직 천일염, 유기농 설탕만 넣었다. 두 차례에 걸친 펀딩도 성공적으로 마쳤다. 호리두유는 10년후 그라운드와 스마트스토어에서 구입할 수 있다.

작은 가게, '지구별'을 살리다
## 81. 지구별가게

- 제주도 제주시 노형동
- jigubyulstore.com
- smartstore.naver.com/thedayinjeju
- @jigubyul_store
- 라이프스타일

처음은 어려운 환경에 처한 소녀들을 돕는 마음에서였다. 2016년 '깔창 생리대' 문제를 뉴스로 접한 노형동 주민들이 직접 면 생리대를 만들어 보내는 봉사 활동을 시작했다. 이러한 활동은 '함께하는 그날 협동조합'으로 이어졌고, 환경을 위해 유기농 면으로 더 많은 생활용품을 만들고자 하는 브랜드 '소락' 론칭으로 이어졌다. 할 일은 소락에서 멈추지 않았다. 둘러보니 늘어나는 쓰레기로 몸살을 앓고 있는 제주가 보였다. 지구와 사람, 제주섬을 지키기 위한 활동으로 제로 웨이스트 리빙 랩 '지구별가게' 문을 열었다. 지구별가게에서는 '소락'의 유기농 순면 제품과 제로 웨이스트를 실천하는 데 도움을 주는 생분해성 제품, 다회용품 등을 판매한다. 2022년 10월, 지구별가게는 공간을 확장 이전하며 '시즌2'를 시작했다. 이곳에서는 리필 스테이션, 공유 옷장, 플랜트 숍, 지구를 위한 편의점 등 다양한 제로 웨이스트 문화를 경험할 수 있다. 유동 인구가 많은 제주 도심에 위치한 매장에서 동네 주민들에게 제로 웨이스트 문화를 알리고 확산해나갈 예정이다.

한지, 제2의전성기를 맞다
## 82. 천양P&B

- 전주시 완산구 풍남동
- chunyangpaper.com
- smartstore.naver.com/hanji1966
- 제조업

전주 풍남동에 위치한 '천양P&B'는 1966년 전통한지 공장인 '호남한지'로 시작해 3대에 걸쳐 제지 산업의 명맥을 이어가는 '제지 명문가'다. 한지의 더 많은 쓰임새를 연구하기 위해 2007년에는 기업 부설 연구소도 설립했다. 사양 산업으로 생각되어지던 한지 사업이 어떻게 발전해나갈 수 있는지 보여준 '산증인'같은 기업이다.
천양P&B가 제안하는 한지의 쓰임새는 무궁무진하다. 인쇄용 한지, 친환경 한지 벽지, 심지어 요즘 일상생활에 빼놓을 수 없는 마스크에까지 이용된다. 한지 벽지의 경우 국내 최초로 대량생산이 가능한 건축용 한지를 개발해 건축 문화재, 한옥, 병원, 일반 가정 등에 시공되고 있다. 자체 브랜드 '더 한지'를 론칭해 생활용품, 문구 상품 등을 자체 기획·생산하고 있다.
한지의 활약은 국내에 머물지 않고 글로벌하게 이뤄지고 있다. 루브르 박물관 문화재를 복원하는 데 전주 한지가 사용되고, 터키 정부는 이슬람 경전 코란을 복원하는 데 한지를 사용했다. 천양P&B는 이러한 '한지의 재발견'을 통해 다양한 제품을 개발해나갈 계획이다.

'위트' 담은 불교 굿즈를 만나다
## 83. 추추비니

- 울산시 중구 성남동
- choochoobini.com
- smartstore.naver.com/choochoobini
- @choochoobini_shop
- 디자인 소품

불교 굿즈를 판매하는 '추추비니'에서는 고리타분한 옛 사찰 감성은 찾아볼 수 없다. 세련된 그림체에 위트 있는 문구를 가미한 그림과 엽서, 키링들이 그 자리를 채운다. 편안하고 귀엽고 매력적인 종교로서 불교를 알리기 위해 불자 심효빈 대표가 고뇌하며 만든 공간이다. 종교적 색채를 줄이고 예술성과 대중성을 높인 불교 굿즈는 불교 신자뿐만 아니라 일반 고객에게도 인기가 높다. 심대표는 20대 시절, 처음 울산 황룡사에 방문해 불교를 접한 날을 잊지 못한다. 처음이었지만 낯설지 않은 느낌, 그 편안함이 그리워 힘들때마다 법당을 찾았다. 이러한 경험을 젊은 세대들에게 알리기 위해 불교 굿즈를 기획하게 됐다는 것. 이러한 상품들은 '서울국제불교박람회', '서울디자인페스티벌', '홍콩일러스트레이션페어'에서 선보이며 국제적으로도 많은 관심을 받게 됐다. 울산은 <삼국유사>에 기록된 사찰이 10여 곳에 이를 정도로 불교문화재가 많은 곳이다. 추추비니는 이런 문화적 자산을 이용해 울산 불교문화 콘텐츠를 본격적으로 발전시킨다는 목표를 갖고 있다. 매장은 전시회와 불교문화 공간으로도 사용할 생각이다.

스니커즈, 대구 '명물'이 되다
## 84. 캐치볼

- 대구시 중구 봉산동
- catchball.kr
- 입점하지 않음
- @catchball.official
- 패션

스니커즈 브랜드 '캐치볼'은 대구에 기반을 두고 있다. 캐치볼을 운영하는 회사 '브러셔' 이경민 대표는 대구에서 나고 자랐다. 이 대표가 청년 시절 야심 차게 시작한 수제화 브랜드는 빛을 보지 못하고 사라졌다. 제작 비용이 비싸고 소량 생산으로 수익을 창출하기 어려웠기 때문. 시행착오를 발판 삼아 캐치볼을 론칭했다. 캐치볼은 펀딩을 통해 대중에게 알려지고, 목표 금액의 8배를 달성하며 화려하게 데뷔했다. 캐치볼은 디자인뿐만 아니라 내구성 또한 훌륭하다. 40년 이상 경력의 신발 장인의 손을 빌려 견고한 품질을 완성했다. 착용감을 개선하기 위해 자세 교정 목적으로 나온 '오솔라이트'를 사용해 완성도를 높였다. 기본 디자인에 다양한 소재를 입혀나가는 것이 캐치볼만의 특징. 경북 영천에서 천연 염색을 하는 업체와 협업해 천연 염색 스니커를 만들었다. 130년 역사를 지닌 일본 '쿠라시키' 캔버스를 제품에 활용하고, 유럽 최고 가죽 전문 브랜드인 '마스트로또' 스웨이드를 이용하기도 한다. 최근 키즈 라인과 테니스화, 골프화를 출시하며 다양한 스니커즈 제품을 선보이고 있다.

'왕릉뷰' 카페에서 즐기는 커피 한 잔 주민들을 모으다.
## 85. 커피플레이스

- 경북 경주시 노동동
- coffeeplace.kr
- smartstore.naver.com/coffeeplace
- @coffeeplace.go
- 카페

통유리창 너머 보이는 왕릉. 경주에서만 가능한 '왕릉뷰'를 자랑하는 '커피플레이스'. 가게 이름이 적힌 눈에 띄는 간판도 없이 그저 커다랗게 'COFFEE'라고만 적혀 있다. 자세히 들여다보니 입구에 아주 작은 글씨로 '커피플레이스'라고 쓴 명패가 붙어 있다. '커피 맛집'으로 소문나 여행객도 많이 찾지만, 지역 주민의 '사랑방' 역할을 하는 곳이기도 하다. 이른 아침 동네 사람들은 이곳에 들러 커피를 마시고, 서로 안부를 물으며 하루를 시작한다. 경주 황리단길이 '뜨기' 전, 2010년부터 노동동에 일찌감치 자리 잡았다. 그리고 이곳만의 커피 문화를 만들어나갔다. 커피 한 잔이 평범한 시간을 특별하게 만들 수 있다는 믿음으로 공간의 가치를 지키려 한다. 경주에 다섯 곳, 포항에 두 곳 등 지점도 문을 열었다. 지역과의 상생을 위해서, 가맹점으로부터 로열티를 받지 않는 점도 특징이다.
거리가 멀어 방문하지 못하는 고객을 위해 스마트스토어를 통해 원두를 판매한다. 최근에는 이곳 커피 맛을 그대로 담은 캡슐 커피도 출시했다.

마니아가 만든 아웃도어용품
## 86. 케일

- 서울시 마포구 염창동
- cayl.co.kr
- 입점하지 않음
- @cayl_official
- 아웃도어 용품

2011년 시작한 아웃도어 브랜드 '케일'. '사랑하는 만큼 올라라 *Climb As You Love*'라는 의미를 담았다. 볼더링을 즐기던 이의재 대표는 브랜드 네임과 로고를 만들고, 아웃도어 티셔츠를 판매하면서 사업을 시작했다. 그리고 10년이 지난 지금, 공고한 마니아층을 형성됐다. 새롭게 선보이는 컬렉션 대부분이 품절이 될 정도로 대단한 인기다. 아웃도어 액티비티에 '진심'인 이대표의 진정성은 아무나 흉내 낼 수 없다. 자신이 만든 옷을 입고 사용하며 아웃도어 활동을 즐긴다. 그리고 느낀 불편함이나 아이디어는 제품에 바로바로 반영한다.
케일을 이용하는 고객들은 제품 디테일에 감탄한다. 새로 추가되는 장식, 기능을 보면 브랜드의 운영철학을 느낄 수 있다. 대표 제품 중 하나인 '마리 롤 탑' 백팩은 강화도 마니산에서 이름을 따왔다. 한국 하이킹 스타일에 맞도록 당일 하이킹에 적합한 경량 배낭으로 만들고, 자체 개발한 원단을 사용했다. 다른 배낭 시리즈 '태백', '백두' 등도 등산 상황에 맞는 배낭을 제안한다.

'인천판' 크리에이티브 타운
## 87. 코스모40

- 인천시 서구 가좌동
- cosmo40.com
- 입점하지 않음
- @cosmo.40
- 복합 문화 공간

농산물 버리지 마세요, 피부에 양보하세요
## 88. 코코베리

- 대전시 동구 용운동
- smartstore.naver.com/cocoberry
- @cocoberry_official
- 라이프스타일

인천 가좌동에 위치한 '코스모40'은 전시, 공연, 퍼포먼스, 워크숍, 커뮤니티 이벤트 등을 경험할 수 있는 복합 문화 공간이다. 근처 공장 단지와 섞여 있어 '왜 하필 이곳에?'라는 의문이 들 법하지만, '태생'을 알게 되면 이해가 간다. 40년간 인천 가좌동에 자리 잡고 있던 코스모화학이 2016년 이전하면서 그중 일부 건물이 코스모40으로 다시 태어나게 됐다. 전시와 이벤트 공간으로 남겨두고 3층에만 F&B 브랜드를 입점했다. 오픈 이후 지역 커뮤니티의 행사가 이곳에서 진행되고 있다. 스케이트보드 대회 '인천상륙작전', 음악 축제 '런다운 인천', 45개 로컬 숍이 참가한 마켓 '서멀장' 등의 행사가 열렸다.

꾸준히 지역 커뮤니티를 구축해온 결과일까. 코스모40 인근에는 다양한 로컬 업체들이 새롭게 자리 잡는 중이다. 섬유 브랜드 '쿤스트 호이테', 서핑숍 '서프코드', 핸드메이드 브랜드 '뚜까따' 같은 인천 출신 창업가들이 쇼룸과 스튜디오를 운영하고 있다. 얼마 지나지 않아 또다시 바뀐 인천 가좌동의 모습을 기대해볼만 한 대목이다.

먹을 수 있는 부분을 제외하고 버려지는 농업 부산물을 활용할 방법은 없을까. '코코베리'는 이러한 물음에서 탄생했다. 대전대학교에서 응용화학과 창업학을 복수 전공한 나상훈 대표는 일찍이 창업에 관심을 가졌다. 2016년 방문한 딸기 농장에서 한 해 동안 발생하는 부산물이 5톤이 넘는다는 사실을 알고, 부산물에서 기회를 포착했다. 원료를 추출하는 연구를 거듭한 끝에 2017년 코코베리를 창업했다. 딸기의 번식 기관으로 열매 수확후 버려지는 '기는 줄기'에서 황산화 물질을 추출하는 데 성공한 것. 여러 시행착오를 거쳐 2021년 딸기 '기는 줄기 추출물'을 이용한 화장품 '리원'을 출시했다. 소비자 반응을 보기 위해 시도한 시험 판매에서 좋은 반응을 얻었다. 같은 해 11월에 열린 청년창업재단 창업경진대회 지역 리그에서 우승도 거머쥐었다. 최근에는 수박 잎과 줄기에서 추출한 항염 성분을 이용해 만든 마스크 팩을 출시했다. 앞으로도 지역의 농업 부산물을 활용한 연구와 제품 개발을 진행해나갈 예정이다.

PART 2 뉴 로컬브랜드 리뷰

세계에서 인정받은 한국산 블렌딩 티
## 89. 큐앤리브즈

- 서울시 동작구 본동
- kewandleaves.com
- smartstore.naver.com/kewandleaves
- @kewandleaves
- 식품

최근 차 문화는 '블렌딩 티'를 빼고 이야기할 수 없다. 녹차, 홍차 등에 꽃 향이나 과일, 허브를 더해 새로운 향과 맛으로 즐기는 문화가 큰 흐름으로 자리 잡았다. '큐앤리브즈'는 로컬을 담은 블렌딩 티. 세계 최고급 찻잎과 허브에 국산 로컬 식재료를 활용해 완성도를 높였다. 성현진 대표는 영국 유학 시절, 차의 매력에 푹 빠졌다. 한국에 돌아와 브랜드에 스토리를 담은 블랜딩티를 연구했다. 로컬 식재료에 동서양의 허브를 혼합한 블렌딩 티를 만드는데 6년 여의 시간을 보냈다. 이후 수십여 가지의 블렌딩 티를 개발하고, 매월 어울리는 블렌딩 티를 제안한다. 국내 차업계 최초로 '식음료계의 미슐랭'이라고 평가받는 국제미각심사기구iTQi에서 최고 등급 3관왕을 차지하며, 실력을 인정받았다. 2017년 벨기에 iTQi에 수상한 허브 블렌딩 티 '시트러스 러브'는 제주 유기농 귤피와 루이보스, 캐모마일 등의 허브를 블렌딩한 티다. 2018년 수상한 '블랙유주'는 전남 고흥에서 나는 유기농 유자와 루이보스를 혼합했다. 한국인을 위한 모닝티로 개발한 '서울 블랙퍼스트'는 떫은 맛을 덜어내고 구수함을 더했는데, 찻잎과 국산 약콩을 블렌딩해 만들었다.

스케이트보드에 관한 모든 것
## 90. 팀버샵

- 서울시 마포구 서교동
- timbershop.kr
- 입점하지 않음
- @timbershop
- 아웃도어용품

2012년 서울 남산 아래에서 시작한 '팀버샵'은 한국을 대표하는 스케이트보드 브랜드. 지금까지 10년간 성장세를 이어오며 온·오프라인 채널을 통해 50개 이상의 스케이트보드 브랜드를 소개하고 있다. 2013년에는 팀버샵이 자체 제작한 팀버 스케이트보드도 출시했다. 한국에도 실력 있는 스케이트보더가 많았지만, 해외 브랜드와 소속 계약을 맺기는 쉽지 않은 것이 현실. 팀버숍은 국내 유망 선수들에게 대회 출전 시 자체 제작 보드를 후원하며, 선수 양성에도 힘쓰고 있다. 팀버샵 조양수 대표는 '찐' 스케이트보드 마니아로 유명하다. 그는 오직 스케이트보드와 관련된 일을 하고자 했고, 다른 일을 하는 건 생각해 본적도 없었다. 팀버숍을 열기 전 직장 생활도 스케이트보드 관련된 곳에서만 일했다. 조 대표는 스케이트보드와 관련된 커뮤니티와 문화를 만들어가기 위해 노력할 것이라는 비전을 지니고 있다. 이를 위해 해외 유명 선수를 초청해 대회를 개최하고, 국내외 스케이트보드 브랜드 공장을 탐방하면서 꾸준히 콘텐츠를 생산해 나갈 생각이다.

자연으로 돌아가는 수제 천연 비누
## 91. 파도스튜디오

- 강원도 강릉시 주문진읍 교항리
- padoofficial.com
- smartstore.naver.com/yangyangsoap
- @padostudio
- 라이프스타일

서핑을 좋아해서 강릉에 정착하게 된 '파도스튜디오' 채화경 대표. 그녀는 사랑하는 강릉 바다를 지키기 위해 할 수 있는 일을 고민하다 '천연비누' 제작에 나섰다. 비누 제작 과정에도 지역의 자연과 사람을 존중하는 서퍼들의 정신을 담았다. 채 대표는 서울에서 서핑, 스노보드 등 스포츠 웨어 브랜드 디자이너로 일했다. 직장 생활할 때도 주말에는 강원도 바다와 산에서 시간을 보냈다. 강원도가 좋아서 2014년 결혼과 동시에 양양으로 이주했다. 서핑 숍을 운영하면서 취미로 비누 창업반 수업을 들었다. 직접 만든 수제 비누를 서핑하는 주변 친구들에게 선물로 주었다. 천연 성분인 데다 두꺼운 선크림까지 잘 지워진다는 입소문이 나면서 찾는 이들이 생겼다. 이러한 반응에 힘을 얻어 2019년 강릉 주문진에 작은 공방 파도스튜디오를 열었다. 그녀는 제품 포장재도 허투루 선택하지 않는다. 오직 땅속에서 분해되는 생분해 비닐만 사용한다. 플라스틱 없이 그릇을 닦을 수 있는 '맨손 설거지 비누', 자연을 훼손하며 얻는 팜 오일 사용을 하지 않는 '팜오일프리 비누'도 판매하고 있다.

타이포그래피 디자이너 양성소
## 92. 파주타이포그래피배곳

- 경기도 파주시 서패동
- pati.kr
- blog.naver.com/pajutypography
- @paju.typography.institute
- 디자인 학교

타이포그래피는 서체나 글자 배치 등을 구성하고 표현하는 일이다. 디자인 요소 중 빼놓을 수 없는 중요한 요소이기도 하다. 파주에 위치한 '타이포그래피배곳'은 2013년 디자이너들에 파주출판도시에 의해 세운 디자인 학교. '안상수체'를 만든 대한민국 타이포그래피 거장, 안상수 디자이너가 교장을 맡고 있다. 타이포그래피배곳은 '디자인을 배우는 과정 자체가 창의적이어야 한다'는 신념하에 교육과정을 만든다. 파주출판도시에서 뜻을 공유하는 학교, 단체와 협업 하며 규모를 키우고 있으며, 4년제 '한배곳 과정'과 대학원 과정에 해당하는 2년제 '더배곳 과정'을 운영하고 있다. 이곳의 가장 큰 특징은 독자적인 커리큘럼. 한배곳 과정은 실기 위주의 수업으로 진행한다. 더배곳 과정은 타이포그래피를 중심으로 워크숍과 코칭, 사회 문화와 디자인을 연결하는 방법을 연구한다. 이 모든 과정을 학생이 주체가 돼 이끌어나가게 한다. 2022년 영국 라이프스타일 매거진 <모노클>이 주최한 '모노클 디자인 어워드'에서 '가장 특별한 디자인 학교'에 선정되기도 했다.

방치된 목장, '캠프닉(campnic)' 명소가 되다
## 93. 팜0311성주하늘목장

- 경북 성주군 벽진면 용암리
- farm0311.com
- 입점하지 않음
- @farm_0311
- 복합 문화 공간

버려진 '폐목장'이 '캠프닉campnic' 명소로 거듭났다. 참외 산지로 유명한 성주군에 참외 명성을 위협(?)할 만큼 강력한 존재감을 지닌 곳이다. '팜0311성주하늘목장'은 성주군 외곽 목장 부지를 재생해 만들었다. 한때는 소 1,000마리를 넘게 사육하던 목장이었지만, 기능을 잃고 17년 동안 버려져 있던 곳. 그곳을 바꾼 건 여국현 대표를 포함한 5명의 성주 청년이다. 봄에는 앉은뱅이밀을 심고, 가을에는 메밀을 심어, 고즈넉한 풍경을 만들어갔다. 사이사이 직접 디자인한 텐트를 놓았다. 이러한 노력이 빛을 발해, 농장은 경북을 넘어 전국에서 찾는 '핫플'이 되었다. 2020년에는 1만5,000명이 이곳을 찾았고, 2021년에는 4만 명이 찾았다.
여행자들에게 먹거리 이슈는 허투루 넘길 수 없는 중요한 요소다. 이곳에서는 오전 11시부터 8시까지 먹거리 키트 등 원하는 재료를 구입해 바비큐를 해 먹을 수 있다. 재료 역시 지역에서 공수한 것들이다. 각종 체험 행사도 준비돼 있어 계획을 세우지 않더라도 알차게 시간을 보낼 수 있다.

익산에서 놀고, 일하며, 만들어라
## 94. 품격사회협동조합

- 전북 익산시 창인동
- 입점하지 않음
- @pum_gyeok_go
- 복합 문화 공간

반짝거리는 청년들의 아이디어가 로컬 문화를 바꾼다. '품격사회협동조합'은 익산을 사랑하는 청년들이 의기투합해 만든 '청년 공동체'. 서로 머리를 맞대고 익산에서 놀 거리, 일할 거리를 고민하는 커뮤니티다. 특히 문화적 가치가 골목마다 들어찬 원도심에 집중한다. '익산 로컬 브랜드 100개 만들기'라는 목표 아래 지역 브랜드 발굴에도 힘을 쏟는다. 지역 기반 창업 교육 프로그램, 익산 청년들과 소상공인을 위한 플리마켓, 팝업 스토어, 지역 예술가들과 함께하는 축제 등을 기획·운영하며 커뮤니티도 확대해나가고 있다. '품격사회협동조합'은 청년들에게 '추억'을 만들어주기 위해 노력한다. 재미있게 놀았던 경험은 곧 지역에 대한 애정이 된다는 것이 그들의 생각이다. 2021년 5월 문을 연 '무슨이리야'는 익산역에서 걸어서 5분 거리에 있는 코워킹 스페이스다. 공유 주방과 사무실을 갖춘 곳으로 다양한 교육과 회의 공간으로 이용된다. 2022년에는 '로컬 노마드 칼리지' 1~2기를 진행했다. 로컬 창업에 관련된 이론을 익히고 실전 경험을 전해 듣는 시간을 가졌다.

제주 재료로 만든 한국형 샤퀴트리
## 95. 피프틴디그리

- 제주도 제주시 아라동
- 15degreesjeju.com
- smartstore.naver.com/15degrees
- @15degrees.jeju
- 식품

'피프틴디그리'는 제주산 흑돼지와 한우로 한국인 입맛게 변형한 수제 샤퀴트리를 선보인다. 이원태 대표는 영국 미슐랭 레스토랑과 호주 와이너리에서 수련을 마친 실력파 셰프. 식재료가 풍부하고 로컬 레스토랑과 협업할 기회가 많은 제주에 정착했다. 제주에 위치한 리조트에 근무하며 샤퀴트리 재료와 맛을 파악하고, 한국화된 샤퀴트리 레시피를 개발하기 위해 노력했다. 그 결실이 바로 피프틴디그리다.
2021년 10월 오픈한 이곳은 샤퀴트리를 기본으로 샤퀴트리로 만든 샌드위치, 데일리 와인, 외국 식자재를 함께 파는 그로서란트 성격의 공간으로 완성했다.
까다롭게 고른 재료로 만든 다양한 종류의 샤퀴트리는 금세 입소문이 났다. 인근 주민뿐만 아니라 여행객들에게도 인기다. 제주 로컬 매거진 <iiin>과 함께 샤퀴트리 5종을 선보이는 이벤트도 진행했다. 제주 프렌치 식당 '리스투아', 비스트로 '봉블라봉뱅'과 함께 진행한 팝업도 성공적이었다. 제주 로컬 식자재를 이용한 샤퀴트리를 만들고, 다양한 로컬 브랜드와 협업을 계획해나갈 생각이다.

울트라 라이트 하이킹을 아시나요?
## 96. 하이커하우스보보

- 제주도 서귀포시 남원읍 위미리
- smartstore.naver.com/hikerhausvovo
- @hikerhaus_vovo
- 복합 문화 공간

제주를 대표하는 라이프스타일로 서핑, 요가, 골프와 함께 빼놓을 수 없는 것이 하이킹이다. '하이커하우스보보'는 하이커를 위한 카페. 조현수 대표는 서울에서 다니던 회사를 그만두고 하이커하우스보보를 오픈했다. '울트라 라이트 하이킹'을 제대로 알리고, 경험케 하기 위해서다. 이곳에서는 울트라 라이트 하이킹을 위한 용품, 하이커를 위한 트레일 푸드를 판매한다. '보보 그래놀라', '호지티 그래놀라' 같은 그래놀라 제품과 직접 내린 커피를 젤리 형태로 만든 '보보 에너지 큐브'도 판매한다. 특히 그래놀라 제품은 제과제빵을 배운 조 대표가 직접 재료를 배합해 만든 아이템. 작지만 에너지원이 되어주기에 충분하다. 하이킹 목적과 일정에 따라 적합한 장비를 추천해주고 다루는 방법도 상세히 안내한다. 하이커하우스보보가 직접 만든 하이킹에 적합한 행동식 '보보 에너지바'와 '에너지젤리'는 쇄도하는 고객들의 주문에 힘입어 최근 온라인 판매를 시작했다.

'전국구' 명소가 된 동네 호텔
## 97. 핸드픽트호텔

- 서울시 동작구 상도동
- handpicked.kr
- 입점하지 않음
- @handpicked.hotel.seoul
- 호텔

영국 라이프스타일 매거진 <모노클>이 선정한 '100대 호텔'에 동네 호텔이 이름을 올려 화제가 됐다. 서울 동작구 상도동에 위치한 '핸드픽트호텔'이 바로 그곳.
9층에 위치한 로비에 도착하면 통창으로 소담한 상도동의 풍경이 눈에 들어온다. 객실 내부는 요란스러울 것 없는 편안한 분위기다. 김성호 대표는 경영 컨설턴트로 일하며 홍콩, 유럽 등지의 다양한 호텔을 경험했다. 그러던 중 주거 지역에 자리한 로컬 호텔의 매력에 빠졌다. 지역 생활 문화, 주거 형태가 호텔에 온전히 담겨, 방문객이 아닌 거주자 같은 느낌이 들었다. 찾는 이들에게 자연스럽게 동네 정서를 전하고 싶었다. 그렇게 결심하고 만든 것이 핸드픽트호텔이다. 투숙 고객 45%가 지역 주민이라는 점이 이색적이다. 동네를 벗어나지 않고 익숙한 공간에서 휴식을 취하고자 하는 수요 덕분이다. 1층은 누구나 드나들 수 있는 커뮤니티 공간으로 오픈해두었다. 지하 1층은 놀이 공간과 카페, 편집숍으로 꾸몄다. 2016년 오픈 이후 12만 명이 묵어 가며 상도동 원도심에 활력을 불어넣는데 힘을 보태고 있다.

비누 재료 찾아 방방곡곡을 누비다
## 98. 호호히

- 서울시 노원구 공릉동
- hohohi.kr
- smartstore.naver.com/hohohi
- @hohohi.official
- 라이프스타일

'빛나고 맑게'라는 의미를 담은 순우리말 상호답게 '호호히'. 환경과 건강을 이롭게 하는 제품을 제안한다. 지역과 상생하고 자연에 해를 끼치지 않는 재료를 찾기 위해 정다솜 대표는 '발품'으로 제품 재료를 수급한다.
정 대표는 한때 뷰티 브랜드 마케터로 일했다. 자극적인 마케팅과 확일화된 아름다움을 내세워야 하는 현실에 한계를 느꼈다. 자신이 잘 아는 분야에서부터 변화를 시작해보고자 창업을 결심했다. '2022 넥스트 로컬 지원사업'에 선발되어 '나주 인디고 샴푸바'를 론칭하고 크라우드 펀딩을 통해 좋은 결과도 얻었다.
호호히 제품은 직접 지역에서 찾은 원료로 차별화했다. 베스트셀러 상품인 '나주 인디고 샴푸바'는 나주 특산물인 '쪽'을 원료로 했다. 나주시 다사면 쪽 농가에서 재배한 쪽을 직접 제공받는다. '장성 피톤 탑투토 워시바'는 장성에서 찾은 편백 잎을 이용한다. 수증기 증류 추출 방식으로 편백 잎에서 고농축 편백 에센셜 오일을 추출해 사용했다. 브랜드 가치를 공유할 수 있는 다양한 브랜드와 컬래버레이션도 진행하고 있다.

'제주의 허파', 숲이 들려주는 이야기
## 99. 환상의숲곶자왈공원

제주도 제주시 한림읍 한경면 저지리
jejupark.co.kr
네이버 예약: booking.naver.com/booking/6/bizes/631456
@hwansang_forest
체험 프로그램

'환상의숲곶자왈공원'은 한 해 평균 15만 명이 찾는 지역의 대표적인 관광 명소다. 이곳을 꾸려가는 이형철 대표는 마비된 몸과 상처받은 마음을 치유하기 위해 숲을 찾았다. 그리고 가시덤불이 우거진 곶자왈에 숲을 가꾸고 돌을 나르며 길을 만들었다. 점차 아름다운 숲으로 알려지며 찾는 이가 늘기 시작했다.
숲 해설을 통해 곶자왈의 가치를 제대로 알리고자 2011년 4월 '곶자왈 환상숲' 문을 열었다. 해설을 듣길 원하는 단 한 사람이라도 있다면 숲 해설을 진행하겠다는 각오로 운영했지만, 처음에는 찾는 이가 없었다. 서울에서 연구원으로 일하던 이지영 씨가 아버지인 이 대표와 함께 숲을 지키고자 다양한 프로그램을 만들며 분위기는 점차 긍정적으로 변했다. 이제는 친절한 숲 해설로 입소문을 타면서, 마을 주민으로 구성된 직원 10명이 매 시간 숲 해설을 진행하고 있다.
'제주의 허파'라고 불리는 곶자왈은 무분별한 계획으로 현재 전체의 32% 정도가 사라진 상태. 자연과 공존하기 위해 노력하는 이형철 대표와 같은 이들 덕에 그 소중한 가치를 지켜나가는 중이다.

안전하고 깨끗한 생활용품 제작소
## 100. 희녹

서울시 성동구 성수동
hinok.life
brand.naver.com/hinok
@hinok.life
라이프스타일

'희녹'을 이끄는 박소희 대표는 19년간 화장품 회사에서 일했다. 회사 생활을 하면서도 언젠가 자신만의 사업체를 꾸려보고 싶었다. 마음 놓고 안전하게 사용할 수 있는 소독제, 살균 제품을 만들어보겠다는 마음에서 희녹을 시작했다.
박 대표는 스토리가 있는 제품을 개발하는 데 힘을 쏟았다. '이 제품에 왜 이 재료가 들어가야 하는지' 설명할 수 있어야 한다고 생각했다. 제품에 사용할 100% 편백수를 만들기 위해 3년 여간 공을 들였다. 예로부터 제주는 바람을 막는 방풍림으로 편백나무를 심어왔다. 이곳에서 수작업으로 가지치기를 하고, 잎을 채취해 자신이 찾던 편백수를 완성했다. 자라는 중에 자연스럽게 거치는 가지치기 결과물만 사용한다는 원칙을 지켜 만든 희녹의 대표 제품인 천연 탈취제 '더 스프레이'다.
희녹은 로컬 업체들과의 협업도 앞장선다. 제주자원식물연구소에서 원료를 채취하고, 제주에 공장을 둔 화장품 제조사에서 세정 성분을 만든다. 상생을 통해 앞으로도 다양한 제품을 개발할 계획이다.

# 부록

나아가며: 로컬의 미션

로컬 브랜드, 로컬 브랜드 상권이란?

포틀랜드스쿨 로컬 콘텐츠 창업 교육 과정: BLC

Naver Agenda Research

감사의 말

*나아가며: 로컬의 미션*

# '로컬' 미션의 완수 복제할 수 없는 콘텐츠가 '답'이다

로컬의 본질은 문화 창출 능력이다. 창조경제 시대에 부응해 개인, 동네, 도시, 지역, 국가 모두 저마다의 '다움'을 구현하려고 노력한다. 개인과 집단의 경쟁력, 나아가 생존이 문화 창출 능력에 달렸기 때문이다. 복제 불가능한 콘텐츠는 필연적으로 '나다움', '동네다움', '도시다움', '국가다움'을 맞닥뜨린다. 로컬은 동네, 도시, 지역에서, 독립적인 문화를 창출하는 생활권을 의미한다.

생활 문화로서 로컬은 그 자체만으로 의미를 지닌다. 자신이 사는 지역과 동네에 장소성을 기반으로 한 정체성과 의미를 부여한다.

비즈니스 문화로서 로컬은 지역 경제의 실핏줄이다. 주민들에게는 기본 서비스를 제공하고, 여행자에게는 다른 지역이 경험할 수 없는 콘텐츠를 제공한다. 로컬 비즈니스가 없으면 지역과 동네 공동체는 생존하기 어렵다.

로컬의 세 번째 기능은 도시 문화 배양이다. 사람들의 취향과 라이프스타일이 직주 근접, 직주락 근접으로 이동하면서, 동네는 이제 놀이, 일, 생활을 근거리에서 해결하는 '직주락 센터'로 진화하고 있다. 동네 간 경쟁이 도시 경쟁과 유사한 양상을 보인다. 누가 매력적인 동네 문화로 창조 인재를 유치하는지에 따라 경쟁력이 결정된다.

로컬 생활, 비즈니스, 도시 문화 기능을 연결하는 것은 로컬 브랜드 생태계다. 로컬이 지속적으로 로컬 브랜드를 배출하지 않으면, 즉 로컬이 로컬 브랜드 생태계로 발전하지 않으면 지속 가능성을 담보할 수 없다.

현재로서 로컬이 배출한 가장 수준 높은 로컬 브랜드 생태계는 강릉 커피 브랜드 생태계다. 2000년대 초반 커피 크리에이터가 강릉 시장에 진입한 후 테라로사, 보헤미안박이추커피, 커피커퍼, 서울우유 강릉커피 등 전국적으로 유명한 커피 브랜드를 배출했다. 커피 브랜드가 가시적인 성과라면, 이를 잉태한 생태계가 강릉 커피 산업의 비밀이다.

강릉 커피 생태계는 로컬 브랜드 상권, 로컬 콘텐츠 타운, 로컬 생산 단지 분야에서 강세를 보인다. 다른 지역 특산물과 달리 강릉 커피 산업은 커피 콘텐츠를 지역 '거리'에서 문화로 승화했다. 커피 콘텐츠를 '쇼케이스*showcase*'하고 소비자로 하여금 체험하게 하는 공간이 도시 곳곳에 배치되어 있다. 생태계 차원에서 중요한 요소인 앵커 상업 시설(로컬 콘텐츠 타운), 앵커 생산 시설(로컬 생산 단지), 앵커 상권(로컬 브랜드 상권)이 집적돼 있다는 것도 눈여겨봐야 할 부분이다.

이러한 로컬 브랜드 생태계를 완성해나가고 싶다면 어떻게 움직여야 할 것인가. 성공 사례에서는 로컬 브랜드 상권 조성, 특히 로컬 브랜딩과 로컬 스쿨의 중요성이 강조된다.

로컬 브랜드 상권은 일종의 문화지구로 정부 계획에 의해 강제적으로 조성하기는 어렵다.

정부가 해야 할 일은 로컬 스쿨을 통해 지속적으로 로컬 크리에이터를 공급하는 것이다. 동시에 기존 상인을 위한 로컬 기술 교육을 추진해야 한다.

상권 단위로 로컬 브랜드를 육성하는데는 많은 시간이 많이 소요된다. 그래서 로컬 브랜드 양성과 더불어 상권 활성화를 동시에 진행할 필요가 있다. 과거와 같은 하드웨어 중심의 상권 활성화를 말하는 것이 아니다. 상권 마케팅과 브랜딩 중심으로 진행해야 한다. 여기서도 혁신이 필요하다. 방법은 상권 매거진과 SNS 운영에서 찾을 수 있다. 청년들이 젊은 감각으로 매거진과 SNS를 통해 상권을 홍보하는 방식이다. .

매거진과 SNS를 통한 상권 활성화의 사례는 마포구의 '사이골목 프로젝트'를 참고할 수 있다. 청년 일자리 창출과 소상공인-사회적 경제 협업의 일환으로 상권 홍보와 마케팅을 통해 상권과 소상공인을 지원하는 사업이다.

사이골목 프로젝트는 핫 플레이스뿐 아니라 일반 골목 상권도 지원한다. 우리가 사는 동네 안에는 여러 유형의 상권이 있다. 로컬 브랜드 리뷰가 주목하는 크리에이터/콘텐츠 상권도 있지만 전통시장, 아파트 단지 상권, 대로변 상권, 생활 밀착형 상권도 있다. 일차적으로 크리에이터 상권이 문화지구로 전진했지만, 다른 상권도 콘텐츠를 강화해 문화지구형 상권으로 전환해야 한다.

로컬 브랜딩은 사이골목 프로젝트와 같이 상권과 지역 콘텐츠를 매거진 형태로 발굴·홍보하는 것이 중요하다. 브랜드 네이밍도 동네 이름, 지하철역, 골목길 지명을 활용하는 것이 좋다. 콘텐츠가 쌓여 차별화가 가능하면 브랜드 카피와 디자인에도 공을 들여야 한다.

> 다음은 사이골목 프로젝트 소개문이다:
> "사이골목은 청년 로컬에디터가 골목을 찾아 다니며 마포지역 골목 스토리를 아카이빙하고, 소상공인 홍보를 지원하는 사업입니다. 지역 밀착형 월간지 <사이골목> 발행을 시작으로, 홍보물 제작과 SNS 교육 등 골목상권 및 소상공인 맞춤형 홍보, 마케팅을 통해 골목경제 활성화를 지원합니다."

로컬 브랜드 상권을 형성해 위해 정부가 할 수 있는 일은 보행 환경, 건축 환경, 문화 시설을 지원하는 것이다. 개성 있는 상가가 들어갈 건축물을 지원하고, 상권 보행 환경을 중로(4차선 이하 도로)와 골목길로 연결된 격자형 도로망 중심으로 재편하며 유동 인구를 창출해야 한다. 또 보행 흐름을 연결하는 문화 시설을 요소요소에 배치해 '창의적인 상인'이 모여들 수 있는 환경을 만들어야 한다.

로컬 스쿨도 새로운 학교보다는 기존 창업 시설을 연결하는 커뮤니티 형태로 운영해야 한다. 정부 기관 중 청년 창업가를 지원하는 센터가 로컬 스쿨 네트워크를 강화해나가는 데 도움을 줄 수 있을 것이다.

중요한 것은 훈련 내용이다. 로컬 콘텐츠 발굴, 공간 기획, 커뮤니티 디자인, 비즈니스 모델, 장소 기반 창업 훈련, 현장 실습과 훈련 외에도 로컬 창업이 다른 기술 창업이나 소상공인 창업과 다르다는 것을 명확하게 교육할 필요가 있다. 로컬에 일차적으로 뿌리를 내리고 가지를 치는 로컬 비즈니스는 다른 영역과 확연히 다른 창업 아이템, 비즈니스 모델, 현금 흐름을 요구한다.

<로컬 브랜드 리뷰 2023>이 소개한 로컬이 강한 도시와 동네는 로컬 브랜드 생태계로 발전할 잠재력이 가장 높은 지역이다. 모쪼록 정부, 대기업, 로컬 브랜드, 주민, 그리고 시민사회가 참여해 지역을 살리고 지역 정체성을 확립하는 더 많은 로컬 브랜드 생태계를 만들어주길 바란다.

# 로컬 브랜드,
# 로컬 브랜드
# 상권이란?

로컬 브랜드는 로컬로 차별화하고 지역 시장을 중심으로 활동하는 독립 기업이다. 현재 시장에서 두각을 나타내는 로컬 브랜드는 로컬 크리에이터 기업이다. 지역 자원을 연결한 비즈니스 모델로, 다른 지역 기업에선 복제할 수 없는 경쟁력을 갖춘 로컬 크리에이터들이 창업한 브랜드다. 이들의 핵심 자산은 공간, 콘텐츠, 커뮤니티다. 로컬 크리에이터는 개성 있는 공간, 콘텐츠와 더불어 동네에서 주민과 파트너가 참여하는 커뮤니티를 구축한다.

2021년 발행한 <머물고 싶은 동네가 뜬다>에서는 로컬 브랜드를 세 가지 유형으로 분류했다. 공간 기반의 '앵커 스토어', 공간을 운영하지 않는 '라이프스타일 비즈니스', 로컬 크리에이터에게 서비스를 제공하는 '인프라 비즈니스'가 그것이다.

로컬 크리에이터와 일반 소상공인은 어떻게 다를까? 지역에 뿌리를 내리고 줄기를 뻗는 로컬 브랜드와 지역 경계를 넘나드는 소상공인 기업은 분명 다르다. 대기업이 발굴하려는 소상공인 브랜드는 경쟁 기업과 차별화하기 위해 사용하는 경영 기법, 즉 '브랜딩'으로 전국적으로 유명해진 작은 기업이다. 로컬 브랜드는 이 중 로컬 차별화를 브랜딩이라는 방식으로 선택한 기업이다. 로컬 차별화로 전국적인 평판을 얻은, 지역 기반 기업이 바로 로컬 브랜드다.

로컬 브랜드는 다음 기준을 만족하는지에 따라 그 가치가 평가된다.
① 지역성과 창의성을 갖춘 기업을 차별화된 로컬 브랜드 기업으로 정의한다.
　그렇다면 기업은 스스로 로컬 브랜드 기업으로서 정체성을 지니고 있는가.
② 사업에 활용하는 지역 자원은 무엇인가 (자연환경, 특산물, 유휴 공간·건물, 지역 문화,
　이야기 소재 등).
③ 기업 경영의 어느 부분에 '지역성'을 반영하는가 (브랜드·브랜드 스토리, 상품 개발,
　마케팅, 건축·인테리어 등).

<로컬 브랜드 리뷰 2023>이 소개한 로컬이 강한 상권이 보여주듯 로컬 브랜드는 특정 지역과 상권에 집적하는 경향을 보인다. 로컬 브랜드가 모인 상권을 로컬 브랜드 상권이라 정의하면, 로컬 브랜드 상권 유형은 지역 자원과 특색으로 차별화된 상권, 특정 유형의 로컬 브랜드가 집적된 상권으로 분류할 수 있다. 상권 마케팅과 브랜딩을 통해 상권을 차별화하는 사업이 바로 로컬 브랜딩이다. 로컬 브랜드 상권을 새로운 지역 산업 플랫폼으로 육성하려면, 로컬 크리에이터 양성과 로컬 브랜딩을 통해 브랜드(예: 강릉 커피 전문점, 서교동 독립 서점, 전포동 편집숍 등)의 집적을 지원하고 유도하는 것이 중요하다.

로컬 브랜드 상권 양성에서 주의해야 할 점은 '로컬 브랜드 없는 로컬 브랜딩'이다. 이는 로컬 브랜드 상권 양성의 명분으로 지역 브랜딩 사업만 존재하고, 로컬 브랜드는 빠져버린 것을 의미한다. 로컬 브랜드 중심 상권을 만들려면 지역 단위 로컬 스쿨 운영을 통해 로컬

크리에이터를 지속적으로 공급해야 한다.

대기업 매장도 로컬 브랜드일까. <로컬 브랜드 리뷰 2023>은 원칙적으로 로컬 브랜드를 대기업 브랜드와 프랜차이즈가 아닌 독립 기업으로 한정한다. 그러나 특정 조건을 만족하는 것들에 대해서는 예외적으로 분류한다.

첫 번째 예외 조건은 지역 특색을 살린 공간이다. '아모레퍼시픽' 오설록이 대표적인 사례다. 제주 녹차 문화와 산업을 쇼케이스하는 로컬 공간 역할을 충분히 수행한다. 제주 탑동 로컬이 친환경 중심으로 구성된다면, 제주 탑동에 위치한 대기업 친환경 브랜드도 탑동 로컬의 일원이다.

두 번째 조건은 지역을 재생하는 공간에 있다. 로컬 호텔 모델을 개척한 포틀랜드 '에이스호텔'은 새로운 지역으로 진출할 때 낙후 지역을 의도적으로 선정. 재생하기 위해 노력한다. 문화재 수준 건물을 사들여 로컬 콘셉트와 브랜드로 재생한다. 이렇듯 로컬을 재생하는 대기업이나 프랜차이즈가 만들어낸 공간은 로컬 브랜드로 분류한다.

우리나라 대표적인 지역 재생 대기업 공간으로는 스타벅스 대구종로고택점을 들 수 있다. 스타벅스가 '한국의 집'으로 운영되던 한옥 공간을 리모델링해 입주했다. 일본에서는 이런 도시 재생 스타벅스 매장을 콘셉트 스토어 _Concept Store_ 라 부른다.

소비자가 인식하는 로컬 브랜드와 로컬 브랜드 상권은 지속적으로 증가한다. <로컬 브랜드 리뷰 2023>는 일관된 기준으로 현재 로컬 커뮤니티에 알려진 로컬 브랜드를 선정했다. 객관적인 통계에 의해 로컬 브랜드와 로컬 브랜드 상권을 추출하는 방법은 아직 과제로 남아 있다. 현재로선 네이버 스마트플레이스와 스마트스토어를 운영하는 사업자 수가 로컬 브랜드의 잠재적 규모를 보여주는 통계다. 스마트플레이스는 특정 지역 검색 시 제공되는 오프라인 소상공인 정보를 사업자가 스스로 등록하고 관리할 수 있는 무료 플랫폼으로 독창적이고 다양한 업체가 자신의 개성을 돋보이게 하고 다양한 솔루션을 통해 고객과 연결될 수 있어 많은 소상공인 사업자들이 적극적으로 이용하는 서비스다. 2023년 12월 전국의 스마트플레이스 사업자는 227만 개에 이르며, 스마트플레이스를 이용하는 비수도권 지역 업체도 111만 개에 달한다. 스마트스토어는 기술력이나 자본이 없더라도 다양한 청년, 소상공인, 지역 사업자등 누구나 쉽게 온라인 스토어를 개설할 수 있는 이커머스 솔루션이다. 온라인을 통해 멀리 떨어져 있는 로컬 브랜드와도 연결할 수 있으며, 온라인에서 오프라인으로 디지털 역전환이 가능하다. 수도권이 아니더라도 좋은 로컬 브랜드 생태계가 형성된다면 언제 어디서든 로컬 브랜드가 탄생할 수 있다.

# 포틀랜드스쿨 로컬 콘텐츠 창업 교육 과정: BLC *Basic Local Concept*

로컬 브랜드의 차별성은 로컬 콘텐츠다. 의미 있는 로컬 콘텐츠를 발굴해 의미 있는 비즈니스 모델을 개발하는 기업만이 로컬 브랜드로 뿌리내릴 수 있다.

현재 공공과 민간에서 시행하는 소상공인 창업 교육은 로컬 콘텐츠보다 보편적 비즈니스 기술 또는 지역 문제 해결 능력을 키우는 데 집중한다. 로컬 브랜드의 중요성을 고려할 때 창업 교육은 로컬 콘텐츠 활용 중심으로 전환되어야 한다. 현재 진행되는 로컬 콘텐츠 사업화 교육과정으로는 포틀랜드스쿨의 베이식 로컬 콘셉트 *Basic Local Concept, BLC* 과정을 들 수 있다. BLC는 기존 교육과 달리 로컬 콘텐츠 중심으로 비즈니스 아이템과 모델을 개발하는 로컬 창업 이론 교육이다.

BLC는 로컬 비즈니스 창업 계획을 '나의 어떤 콘텐츠를 내 지역의 어떤 장소와 공간에서 어떤 시그너처를 제공하는 어떤 비즈니스 아이템으로 만들겠다'라는 문장으로 완성하는 작업이다. 스타벅스 창업자 하워드 슐츠가 스타벅스 BLC를 작성한다면 '나의 밀라노 커피 콘텐츠를 커피 도시 시애틀의 전문직이 많은 가로에서 제3의 공간을 제공하는 에스프레소 카페로 만들겠다'라로 적을 것이다.

BLC가 창업 계획을 한 문장으로 간략하게 표현하지만 최종 문장은 10개의 워크시트 작업을 통해 완성된다. BLC 문장을 작성하는 과정은 4단계로 진행된다.

**1단계: 로컬 비즈니스 차별성 이해**
BLC 교육은 로컬 비즈니스 창업이 다른 창업과 어떻게 다른지 이해하는 것으로 시작한다. 나의 콘텐츠 발굴, 공간과 장소 연결, 시그너처 개발, 창업 아이템 유형 등 로컬 비즈니스를 일반 비즈니스와 구분하는 주요 개념과 이론을 소개한다.

전국 비즈니스 대비 로컬 비즈니스의 장점도 강조한다. 사랑받는 지역 기업이 구축할 수 있는 주민 팬덤, 복제 불가능한 지역 자원 활용, 테스트 베드로서의 홈 마켓이 지역이 지역 기반 로컬 크리에이터 기업에 주는 이점이다.

**2단계: 지역성에 기반한 나의 콘텐츠 발굴**
BLC의 두 번째 단계는 나의 콘텐츠 발굴이다. 많은 로컬 비즈니스 창업자가 창업 이유를 살고 싶은 곳에서 하고 싶은 일을 하길 원하기 때문이라고 말한다. '나다움'과 '지역다움'의 실현이 창업 동기에 내포되어 있다. 시장에서 요구하는 기술적 완성도, 즉 '장인다움' 또한 나의 콘텐츠를 구성하는 중요한 요소다.

정리하면, 로컬 비즈니스 창업자는 내가 지향하는 라이프스타일에서 나다움을, 내가 가진 기술이나 역량에서 장인다움을, 내가 지향하는 지역과 장소에서 지역다움을 찾고 이를 융합해 나의 콘텐츠를 만든다. 나의 콘텐츠가 나다움, 장인다움, 지역다움의 교집합인 것이다. 나다움, 장인다움, 지역다움을 체계적으로 분석해 나의 콘텐츠를 발굴하고 이를 사업화하는 것이 로컬 비즈니스의 본질이다.

창업 단계에서 나의 콘텐츠 발굴은 개념화 과정이다. 새로운 기술과 자산을 습득한다기보다는 이미 보유한 기술과 자산을 나의 언어로 표현하는 작업이다. 많은 창업자가 자신의 콘텐츠를 표현하는 데 익숙하지 않기 때문에 개념화 1단계에서는 하워드 슐츠가 밀라노 커피 스타일을 나의 콘텐츠로 표현했듯 자신이 좋아하는 브랜드나 크리에이터의 스타일을 차용할 것을 권고한다.

**3단계: 나의 콘텐츠를 장소와 공간에 연결**
로컬 비즈니스의 가장 큰 차별성은 온라인이 제공할 수 없는 공간과 장소성을 제공한다는 것이다. 다양한 장소성 분석 툴을 활용해 나의 콘텐츠에 맞는 장소와 공간을 찾아야 한다. 나의 콘텐츠와 공간은 양방향으로 작용한다. 나의 콘텐츠를 공간으로 구현하고, 동시에 나의 공간이 나의 콘텐츠를 정의한다.

지역 상생 또한 공간 기획 교육의 중요한 목표다. 지역 랜드마크 입점, 개방적인 건축 디자인, 동네 조망 활용, 지역 예술가와 장인 작품 전시, 로컬 브랜드 팝업 스토어 운영 등 지역과 상생할 수있는 다양한 공간 디자인을 통해 지역에서 주민, 고객, 협업 파트너로 구성된 커뮤니티를 구축한다.

**4단계: 시그너처 콘텐츠 중심의 비즈니스 아이템 개발**

나의 콘텐츠와 공간을 비즈니스 아이템과 시그너처 콘텐츠로 구현하는 단계다. BLC 단계에서 비즈니스 아이템은 비즈니스 업종으로 시작한다. 카페, 서점, 편집숍 등 창업하고자 하는 비즈니스 업종이 다른 기업과 차별화하는 시그너처 콘텐츠를 찾는 작업을 수행한다. 시그너처는 나의 콘텐츠를 대표하는 상품, 서비스, 또는 공간이다.

BLC 작업으로 로컬 비즈니스 창업 이론 교육이 끝나는 것은 아니다. BLC 문장을 사업 모델로 구체화하는 비즈니스 모델 교육, 공간 기획을 구체화하는 지역 상생 공간 기획 과정을 추가로 이수해야 한다.

BLC 작성 연습은 자신의 사례만으로는 부족하다. 자신이 좋아하는 로컬 브랜드, 비즈니스 인사이트를 얻기 위해 방문하는 로컬 브랜드 등 기존 로컬 브랜드의 BLC를 자신의 관점에서 작성하고 대화와 토론을 통해 이를 검증하고 확인함으로써 BLC 개발 능력을 연마할 수 있다.

― *Naver Agenda Research*

# 네이버가
# 로컬 브랜드와
# 함께 걷고 싶은 길

**문화적 가치를 창출하는 골목 상권의 힘**

지난 해 '글로벌'을 키워드로 성장하는 로컬 브랜드 20개와 국내에서 새롭게 떠오르는 뉴 로컬 브랜드 112개를 정리한 <로컬 브랜드 리뷰 2022>에 이어 올해 <로컬 브랜드 리뷰 2023>이 발간되었습니다. 이번에는 골목길의 개성 있는 로컬 브랜드들이 형성하는 '상권'과 이를 지탱하는 '로컬 크리에이터'를 주목합니다. 상권은 로컬 브랜드를 자원으로 삼아 온라인에서 오프라인으로, 동시에 오프라인에서 온라인으로 사람들을 움직이게 합니다. 나아가 지역 경제를 견인할 수 있는 관광 및 산업 단지로까지 진화하기도 합니다. 지역 고유의 라이프스타일과 정체성을 지닌 로컬 브랜드는 지역의 문화적 가치를 창출하는 힘을 가지고 있습니다. 네이버는 이러한 골목 상권의 힘을 데이터로 읽어내고, 서비스로 융합하고, 기술로 증폭해 로컬 생태계가 더욱 활성화되기를 바랍니다.

**네이버와 로컬 브랜드의 파트너십**

로컬 브랜드의 성장은 새로운 콘텐츠, 발견의 즐거움, 다양성과 맞닿아 있습니다. 특히 다양성은 네이버가 늘 고민해야 하는 숙제이기도 합니다. 로봇 친화형 건물인 1784, AI 등 첨단 기술을 갖추기 위한 과감한 투자로 진화를 거듭하고 있지만, 그럼에도 변치 않는 네이버의 정체성은 '검색'이기 때문입니다. 어떤 질문에도 적절한 답과 추천을 제시해야 하는 네이버에 다양성은 일종의 DNA입니다. 다양성을 지향하는 네이버에 지역성을 바탕으로 하는 반짝이는 아이디어와 매력적인 스토리를 지닌 로컬 브랜드는 매우 중요한 파트너입니다. 브랜드의 중심이 되는 로컬 크리에이터들이 지역 상권을 더욱 강하게 만들 수 있도록, 네이버는 다양한 도구와 채널을 제공하며 '디지털 성장 사다리'가 되어주고 있습니다.

통합 검색, 지도, 내비게이션 등 네이버의 다양한 서비스에 브랜드를 노출하는 '스마트플레이스', AI 기술로 입지나 인지도와 상관없이 더 많은 동네 상점을 추천해주는 '스마트어라운드', 저렴한 비용으로도 홍보할 수 있는 '지역소상공인광고', 대면 거래 중심의 전통시장 상인과 농산물 생산자가 온라인에 진출할 수 있도록 돕는 '동네시장 장보기'와 '산지직송', 그리고 '네이버비즈니스스쿨'의 사업자 교육 프로그램까지. 이외에도 네이버는 더 많은 로컬 브랜드가 오프라인에서 탄생하고 발견될 수 있도록 전방위적 노력을 기울이고 있습니다. 지난 6년간 꾸준히 가꿔온 '프로젝트 꽃' 역시 중소기업과 창작자의 성공을 바탕으로 우리 경제에 분수 효과를 만들어내려는 네이버의 사업 철학을 대변합니다.

다양하고 개성 넘치는 네이버 디지털 생태계에 대해 궁금하다면
<네이버 디지털 생태계 리포트 2022>를 읽어보세요!

**네이버와의 시너지를 통해 로컬 생태계가 연결되고 지속 가능하도록**

네이버는 플랫폼 기업으로서 로컬 생태계 구성원들이 서로 이어지고 상호작용할 수 있는 장을 제공하고자 합니다. 로컬 크리에이터들이 오프라인은 물론 온라인에서도 활발히 교류할 수 있도록 로컬 커뮤니티를 마련하고, 상권을 중심으로 형성된 지역 문화가 사회적이고 경제적으로 지속 되도록 로컬 콘텐츠의 확산을 지원합니다. 브랜드가 상권으로, 상권이 지역 문화로, 지역 문화가 다시 크리에이터를 자극하는 로컬 생태계의 선순환이 네이버의 기술력과 서비스 노하우와 함께한다면 큰 시너지를 낼 수 있을 것이라고 믿습니다.

이번 <로컬 브랜드 리뷰 2023>이 지역 상권에 대한 해상도를 높이고, 더 많은 로컬 브랜드를 발견하는 계기가 되기를 진심으로 기대합니다. 지역 고유의 문화적 가치가 네이버와 함께 로컬 생태계로 자리 잡을 수 있도록, 그리고 더 큰 글로벌로 뻗어갈 수 있도록, 네이버는 앞으로도 로컬 브랜드에 지속적인 관심과 노력을 기울이겠습니다.

# 감사의 말

본 연구는 네이버의 지원으로 문화적 가치를 담은 로컬이 풍부한 도시와 동네를 살피고, 새롭게 부상하는 한국의 로컬 브랜드 사례를 정리하며, 로컬 브랜드의 현황을 파악했습니다. 이는 향후 로컬 브랜드의 성장과 활성화를 위한 지원 방안을 모색하기 위함입니다. 국내 소상공인 기업을 위한 다양한 온라인 비즈니스 서비스를 제공해온 네이버가 소상공인 지원을 도시와 동네를 기반으로 창업부터 브랜드화, 글로벌 진출까지 로컬 기업 성장 전 단계로 확장한다면, 가까운 미래에 세계로 진출하는 로컬 브랜드의 글로벌 플랫폼으로 자리 잡을 것이라 전망합니다. 로컬 브랜드와 도시와 동네의 관계를 연구한 본 연구가 소상공인 플랫폼 활성화와 플랫폼을 통한 로컬 브랜드의 성장에 도움이 되기를 바랍니다.

본 연구에 많은 도움을 준 네이버, 연세대학교 국제학연구소, 콘텐츠그룹 재주상회, 이소민 연구조교에게 감사를 표합니다.